# Manual de la objeción de conciencia en las profesiones sanitarias

JOSÉ MIGUEL CASTILLO CALVÍN

# MANUAL DE LA OBJECIÓN DE CONCIENCIA EN LAS PROFESIONES SANITARIAS

FUNDACIÓN UNIVERSITARIA ESPAÑOLA

Publicaciones
de la
FUNDACIÓN
UNIVERSITARIA
ESPAÑOLA

Colección Dogmática y Jurisprudencia - 1

FUNDACIÓN UNIVERSITARIA ESPAÑOLA
Alcalá, 93. 2800 MADRID
Tel. 91 431 11 22
e-mail: coordinacion@fuesp.com

ISBN: 978-84-19672-44-5
eISBN: 978-84-19672-45-2
Depósito Legal: M-5711-2025

*A D. Antonio Fernández de Buján y Fernández,*

*Maestro del Derecho, en reconocimiento a su imprescindible y paciente ayuda en el camino de mi Tesis Doctoral, germen de este libro, y por honrarme con su amistad.*

*A D. Juan Antonio Bueno Delgado, por sus siempre juiciosas recomendaciones como tutor de la investigación.*

*A la Fundación Universitaria Española, por hacer posible la publicación de esta obra.*

*Y a Esther, Rodrigo y Alonso, por su derroche de amor y generosidad.*

«La Patria no puede subsistir sin libertad ni la virtud sin ciudadanos»
JEAN JACQUES ROUSSEAU
(Discurso sobre Economía Política, 1758)


«La sociedad debe marchar como la naturaleza, gradualmente y no a saltos:
los progresos jurídicos deben irse eslabonando, si han de encarnar en las
costumbres del país»
MANUEL ALONSO MARTÍNEZ
(Exposición de Motivos de la Ley de Enjuiciamiento Criminal de 1882)

SEGUNDA PARTE
LA OBJECIÓN DE CONCIENCIA FARMACÉUTICA

# PARTE FINAL
## CONCLUSIONES

## APÉNDICE DOCUMENTAL

# PRÓLOGO

LA VALIOSA MONOGRAFÍA que ahora ve la luz, y que tengo el honor de prologar, permite apreciar las cualidades que distinguen a su Autor, D. José Miguel Castillo Calvín, no sólo como abogado de gran prestigio, con una impecable trayectoria profesional, sino como una persona ilustrada y brillante, siempre actualizada y tan preciso para el razonamiento jurídico, como certero en sus valoraciones y juicios críticos.

El libro de José Miguel Castillo se publica en el Fondo Editorial de la Fundación Universitaria Española, a cuyo Patronato me honro en pertenecer. Como director de la Tesis Doctoral de la que trae su causa la obra que ahora nos ocupa, quiero dar las gracias a D. Juan Antonio Bueno Delgado, Profesor Titular de la Facultad de Derecho de La Universidad de Alcalá, en la que se leyó la Tesis, por su labor como tutor de la investigación.

Su sobresaliente formación jurídica, su agudeza mental, la fortaleza ante las dificultades, y el espíritu inquieto de José Miguel Castillo no se limita al volumen que ahora nos presenta, sino que se extiende a todo su quehacer profesional, con un compromiso profundo en la defensa de los derechos fundamentales. Todo ello le ha permitido pronunciarse con especial brillantez en las controversias que han suscitado las distintas fuentes de conocimiento, como el mayor experto español sobre la objeción de conciencia farmacéutica, en atención a sus publicaciones sobre la materia y al protagonismo asumido como Letrado en los tres únicos recursos planteados al respecto hasta el momento en nuestro país en sede judicial.

Entre los mencionados recursos en los que asumió la asistencia letrada, cabe resaltar el recurso de amparo resuelto por sentencia dictada por el Tribunal Constitucional en junio de 2015, que constituye su primer y único pronunciamiento sobre esta controvertida materia, en la que pueden entrar en colisión la obligación legal de dispensación del farmacéutico y el ejercicio de la objeción de conciencia en casos excepcionales y justificados.

El germen de este libro se encuentra en la investigación académica que Castillo Calvín plasmó en su Tesis Doctoral, calificada por unanimidad con sobresaliente cum Laude, por un Tribunal presidido por el Profesor D. Rafael Navarro Valls, sin duda uno de los mayores especialistas en nuestro país en la materia.

En el debate posterior a la exposición del doctorando en el acto académico de defensa de la Tesis se destacó por todos los vocales intervinientes la originalidad de la investigación, la coherencia en el hilo argumental y el análisis riguroso y profundo de la jurisprudencia y la bibliografía atinente a la temática estudiada, que ha sido minuciosamente revisada y actualizada en la obra que ahora ve la luz, sobre una cuestión de máxima relevancia y actualidad.

De esta manera, teniendo en cuenta las últimas reformas y la más reciente doctrina, realiza un análisis legislativo y jurisprudencial de la objeción de conciencia en España en el ámbito de las profesiones relacionadas con las ciencias de la salud y más específicamente de los farmacéuticos, haciendo un recorrido por el desarrollo histórico-legislativo y jurisprudencial de este derecho, con especial énfasis en la protección de su dimensión constitucional, a la luz de los textos legislativos, nacionales e internacionales, que lo regulan, las resoluciones jurisprudenciales, de tribunales españoles e internacionales que le afectan, y las aportaciones doctrinales realizadas sobre su contenido y efectos. Todo ello, con un análisis previo del reconocimiento de la objeción de conciencia en nuestro ordenamiento como un derecho constitucional que deriva de la libertad ideológica y religiosa reconocida como fundamental en el art. 16 CE.

Analiza igualmente el cumplimiento por el legislador de la previsión constitucional del art. 30.2 CE respecto a su desarrollo normativo, así como la protección que le corresponde cuando no existe tal regulación expresa. El análisis se extiende también a la cobertura que se brinda a este derecho en el ámbito institucional de las profesiones sanitarias en su correspondiente normativa deontológica. Y, finalmente, trata la colisión entre la obligación de dispensación del farmacéutico y el ejercicio de la objeción desde le perspectiva jurisprudencial, valorando en detalle la relevante STC 145/2015, de 25 de junio.

«Con la STC 145/2015 –destaca el autor–, el Tribunal Constitucional recupera con toda fortuna el planteamiento que sobre la objeción de conciencia sanitaria de los médicos al aborto había adoptado en su STC 53/85 y que ahora hace extensivo a los farmacéuticos, con la consecuencia de apartarse definitivamente de la muy restrictiva visión que sobre este derecho se instauró a raíz de la sentencia de 27 de octubre de 1987 que, recordemos, vinieron a desvincular la objeción de conciencia del derecho a la libertad ideológica y religiosa, denegando la tutela constitucional de aquellas modalidades que no hubieran sido objeto de expreso reconocimiento legal» .

Cabe subrayar así mismo el notable impacto que la materia que se trata tiene, entre otros sectores científicos, en los ámbitos del Derecho Constitucional, la Filosofía del Derecho, el Derecho Eclesiástico del Estado y el Derecho Civil. Y resulta igualmente destacable el planteamiento final de unas propuestas pioneras para resolver una cuestión tan actual, como deficientemente resuelta en nuestra jurisprudencia, mediante sugerentes y originales conclusiones, a las que adiciona un extenso desarrollo de proposiciones *de lege ferenda*.

Nos encontramos, en definitiva, con una obra excelente llamada a ser de referencia en la cuestión abordada, con planteamientos originales, escrita con integridad y elegancia, rigurosa en la metodología y sólidamente fundamentada en el análisis de la Jurisprudencia y la doctrina.

No cabe pues más que felicitar a José Miguel Castillo Calvín por el brillante y valioso trabajo realizado, y agradecerle su infatigable labor como jurista de primer nivel y letrado de gran prestigio en el foro.

En Madrid, a 1 de mayo de 2023

ANTONIO FERNÁNDEZ DE BUJÁN Y FERNÁNDEZ
Catedrático de Derecho Romano de la Universidad Autónoma de Madrid. Académico de Número de la Real Academia de Jurisprudencia y Legislación de España

| | |
|---|---|
| AEPD | Agencia Española de Protección de Datos |
| Art. (s) | Artículo (s) |
| TC | Auto del Tribunal Constitucional |
| ATS | Auto del Tribunal Supremo |
| BOE | Boletín Oficial del Estado |
| Cap. | Capítulo |
| CBE | Comité de Bioética de España |
| CCAA | Comunidades Autónomas |
| CC | Código Civil |
| CDE | Código Deontológico de la Enfermería |
| CDF | Código Deontológico de los Farmacéuticos |
| CDM | Código de Deontología Médica |
| CE | Constitución Española de 1978 |
| CEDH | Convenio Europeo de Derechos Humanos |
| CDFUE | Carta de Derechos Fundamentales de la Unión Europea |
| CGPJ | Consejo General del Poder Judicial |
| CI | Cuestión de inconstitucionalidad |
| CNMC | Comisión Nacional de los Mercados y la Competencia |
| CP | Código Penal, aprobado por LO 10/1995 de 23 de noviembre |
| DA | Disposición Adicional |
| DT | Disposición Transitoria |
| DUDH | Declaración Universal de Derechos Humanos |
| Ed. | Edición |
| FJ. | Fundamento Jurídico |

| | |
|---|---|
| IVE | Interrupción voluntaria del embarazo |
| LEC | Ley 1/2000, de 7 de enero de Enjuiciamiento Civil |
| LJCA | Ley 29/1998, de 13 de julio, reguladora de la Jurisdicción Contencioso-Administrativa |
| LO | Ley Orgánica |
| LOLR | Ley Orgánica 7/1980, de 5 de julio, de libertad religiosa |
| LOPJ | Ley Orgánica 6/1985, de 1 de julio, del Poder Judicial |
| LORE | Ley Orgánica 3/2021, de 24 de marzo, de regulación de la eutanasia |
| LOTC | Ley Orgánica 2/1979, de 3 de octubre, del Tribunal Constitucional |
| LPAC | Ley 39/2015, 1 de octubre, de Procedimiento Administrativo Común |
| Núm. | Número |
| Ob. cit. | Obra citada |
| OC | Objeción de Conciencia |
| OCS | Objeción de Conciencia Sanitaria |
| OCF | Objeción de Conciencia del farmacéutico |
| OMC | Organización Médica Colegial de España |
| P./ pp. | Página (s) |
| PDD | Píldora postcoital o del día después |
| PIDCP | Pacto Internacional de Derechos Civiles y Políticos |
| RA | Recurso de Amparo |
| Rec. | Recurso |
| Ref. | Referencia |
| Res. | Resolución |
| RC | Recurso de casación |
| RD | Real Decreto |
| RDL | Real Decreto Legislativo |
| RI | Recurso de Inconstitucionalidad |
| Ss. | Siguientes |
| SAN | Sentencia de la Audiencia Nacional |
| STSJ | Sentencia del Tribunal Superior de Justicia |
| STSJA | Sentencia del Tribunal Superior de Justicia de Andalucía |
| STS | Sentencia del Tribunal Supremo |
| SSTC | Sentencias del Tribunal Constitucional |

| | |
|---|---|
| SSTS | Sentencias del Tribunal Supremo |
| STC | Sentencia del Tribunal Constitucional |
| STEDH | Sentencia del Tribunal Europeo de Derechos Humanos |
| TC | Tribunal Constitucional |
| TJUE | Tribunal de Justicia de la Unión Europea |
| Vol. / V | Volumen |

# Indicaciones previas de estilo

- La cita de sentencias del Tribunal Supremo y de los Tribunales Superiores de Justicia, cuando no se precise la jurisdicción, se entenderán referidas al orden contencioso-administrativo.
- Para facilitar la lectura manteniendo la mayor homogeneidad en el texto, sólo se empleará la letra cursiva en las citas a pie de página y, salvo singulares aportaciones doctrinales, no se incluirá el nombre del autor en el texto principal sino en las notas a pie de página. Salvo en la referencia bibliográfica final, para la cita del autor se empleará la mayúscula sólo en la letra inicial.
- Respecto a la numeración de notas a pie de página, he optado por una numeración correlativa sin empezar de nuevo en cada capítulo.

# Introducción

La presente monografía, aborda el estudio del derecho a la objeción de conciencia en España en el ámbito de las profesiones sanitarias y más específicamente de los farmacéuticos. Y es en este particular ámbito de actividad donde se realizan las aportaciones más novedosas y significativas, al efectuar un detallado análisis de los tres primeros recursos planteados en nuestro país por farmacéuticos objetores que dieron lugar a las únicas sentencias que, al menos hasta el momento, se han pronunciado acerca de la colisión entre la obligación de dispensación y el ejercicio de la objeción. Concretamente, ha sido en ésta última resolución (STC 145/2015, de 25 de junio de 2015), la primera ocasión en la que el Alto Tribunal ha tenido la oportunidad de exponer su criterio sobre el ejercicio de la objeción por parte de los profesionales de la farmacia tras la comercialización de productos con posibles efectos abortivos. Y en estos tres procedimientos quien suscribe este trabajo tuvo la oportunidad de asumir la dirección letrada.

Esta afirmación no supone veleidad alguna por parte de su autor, sino la mera constatación de una vinculación real con la materia que le ha permitido contar con un material y datos que lógicamente no han podido estar a disposición de aquellos expertos que han abordado este mismo tema.

Debo añadir a este respecto que antes del año 2001 son escasas las referencias bibliográficas que tratan la objeción de conciencia farmacéutica. La justificación se encuentra en que en ese año se publicó la Orden andaluza que obligaba a las oficinas de farmacia a tener y dispensar la píldora postcoital bajo amenaza de sanción, norma que fue recurrida por el primer farmacéutico que ejercitaba su derecho a la objeción. De esta manera el problema generado por la efectiva colisión entre este derecho con el deber legal de dispensación, hasta ese momento escasamente tratado por la doctrina y tan solo en un plano meramente teórico, se convirtió de la noche a la mañana en una cuestión de actualidad y con verdadero alcance práctico, dando inicio a un complejo y amplio debate social, político y profesional, con enfrentada división de opiniones. Y esta cobertura doctrinal se vería incrementada unos años después con ocasión de la admisión a trámite del primer recurso de amparo formulado por un farmacéutico, convirtiéndose en cuestión de máxima actualidad una vez se obtuvo el primer y, hasta ahora, único reconocimiento constitucional.

No obstante, antes de centrar en la segunda parte el estudio de la objeción farmacéutica, resultaba imprescindible iniciar nuestro recorrido refiriéndonos a la común trayectoria legislativa y jurisprudencial de este derecho, así como a sus diferentes manifestaciones, para luego abordar su reconocimiento en el ámbito sanitario. De esta manera, al destacar las controvertidas cuestiones que en la práctica se suscitan podemos alcanzar a comprender la compleja y poliédrica naturaleza de la objeción y las dificultades que su ejercicio genera en cualquiera de sus ámbitos.

Destacaremos por ello, en primer lugar, cómo la Constitución dejó meramente enunciadas y abiertas al debate diversas cuestiones sobre las que no pudo alcanzarse el necesario consenso constituyente. Y la objeción de conciencia era uno de estos asuntos que, vinculado al catálogo de derechos fundamentales y libertades públicas, suscitaba una abierta polémica ideológica y política y no pocos interrogantes sociales que, con el tiempo, y como ocurre en cualquier sociedad democrática madura, deberían ser finalmente resueltos bien por el legislador, bien por nuestros tribunales.

Así, el único supuesto expresamente constitucionalizado de objeción es el referido a la prestación del servicio militar (art. 30.2 CE). Y será precisamente la ubicación sistemática del precepto que lo contempla el que justifique la discusión acerca de si la objeción de conciencia goza o no del carácter de derecho constitucional «fundamental». Por otro lado, la previsión que el artículo realiza acerca del necesario desarrollo legislativo posterior ha permitido cuestionar la protección al objetor cuando la concreta modalidad que se pretende ejercer carece de un reconocimiento y regulación específica. Además, la ausencia en el art. 16 de nuestra Constitución de una mención destinada a reconocer la objeción de conciencia, dejaba abierto el debate sobre la vinculación entre este derecho y la libertad ideológica y religiosa, dando así lugar a las interpretaciones doctrinales más dispares.

Por ello, cuando su ejercicio se ha venido extendiendo a otras modalidades no previstas expresamente en nuestra Carta Magna, el Tribunal Constitucional tenía que ofrecer respuesta desde una posición eminentemente jurídica a un debate con indudables componentes socio-políticos que, por sus condicionantes éticos y morales, trasciende de los estrictos límites del Derecho. Sin embargo, como veremos a lo largo de este trabajo, el Tribunal Constitucional, delimitando el alcance de este derecho, ha venido manteniendo posiciones contradictorias en sus diversos pronunciamientos. Como resultado, tan solo podemos contar con una dispersa y absolutamente discordante jurisprudencia anclada en viejos dogmas y no pocos prejuicios, donde la personal perspectiva ideológica y convicciones morales se han trasladado igualmente a quienes debían emitir el necesario juicio de ponderación.

En definitiva, nos encontramos ante una problemática realidad jurídica que se encuentra en un primer plano de actualidad en el debate político-legislativo, ciudadano y judicial, adobada por las interpretaciones jurisprudenciales más dispares que, sin duda, ha contribuido a limitar y condicionar negativamente el legítimo ejercicio de este derecho a pesar de que su relevancia constitucional es incuestionable.

Por todo ello, siendo necesario contar con reformas legislativas y clarificadores criterios jurisprudenciales, el presente trabajo realiza un diagnóstico de las dificultades y desajustes que surgen en esta espinosa materia y ello con la pretensión –siempre modesta–, de exponer finalmente una serie de propuestas encaminadas a mejorar la aplicación y eficacia de este derecho.

Con los objetivos planteados se realiza en el presente estudio un recorrido sobre el proceso legislativo de este derecho de dimensión constitucional, analizando de forma pormenorizada y con visión crítica la doctrina jurisprudencial, así como su cobertura en la deontología profesional. Para ello se ha preferido destacar la cita legal y jurisprudencial desde la fuente original frente a la referencia ofrecida por algunos autores, no siempre exacta. Esto no significa que se sustraiga del examen el criterio doctrinal, pues se refieren las aportaciones más relevantes en una materia que, por las profundas divergencias que suscita, vienen dando lugar a tan apasionantes como apasionados debates.

El trabajo se estructura para ello en dos partes. En la primera se aborda en un primer capítulo la objeción de conciencia en general, en la que partiendo de la delimitación conceptual y naturaleza del derecho se destacan sus aspectos fundamentales y contenido esencial, así como las diferencias entre objeción y desobediencia civil. A continuación, se analiza la cobertura legal de la objeción de conciencia en nuestra Constitución; en primer lugar, en el art. 30.2 CE en relación a la prestación del servicio militar –hoy desaparecida–, para referirnos luego a su reconocimiento como concreción de la libertad ideológica del art. 16 CE. En este apartado se valora la dimensión objetiva y subjetiva de este derecho fundamental, sus cláusulas limitadoras, la vertiente negativa de su ejercicio, estudiando también si el menor puede ser titular del derecho a la libertad religiosa.

Seguidamente se hace referencia a una de las cuestiones más controvertidas, concretamente si el reconocimiento de este derecho debe quedar limitado a las modalidades que se encuentran previstas de forma expresa, debiendo por tanto el legislador ponderar en cada caso los imperativos de la conciencia con las exigencias derivadas del interés general, o si, por el contrario, éste se puede entender aplicable directamente desde la misma Constitución y, por tanto, sin necesidad de que el legislador tenga que dotarlo de una regulación legal específica. A continuación, se aborda la respuesta que tanto el Tribunal Constitucional como el Tribunal Supremo han venido ofreciendo a este debate, dejando constancia de la evolución doctrinal, así como de sus importantes contradicciones.

Dejamos para la parte final de este primer capítulo, el reconocimiento internacional del derecho y más concretamente por el Consejo de Europa, tanto desde la perspectiva de su protección normativa en los instrumentos internacionales, como de la posición de la Asamblea Parlamentaria y del Comité de Ministros, con especial referencia a la doctrina del Tribunal Europeo de Derechos Humanos de la que analizaremos su evolución jurisprudencial y, específicamente, su posición ante la objeción al aborto.

Una vez establecidos los anteriores fundamentos generales, el segundo capítulo de esta parte primera se centra en la objeción de conciencia en el ámbito de las profesiones sanitarias, en el que el ejercicio de la objeción adquiere una especial relevancia y complejidad en cuanto afecta directamente a la prestación de servicios públicos tan esenciales como aquellos que están ligados a la salud de las personas.

Por ello, tras analizar el reconocimiento que de este derecho se realiza en los correspondientes códigos deontológicos, se valoran las condiciones para su legítimo ejercicio –entre las que se encuentran la comunicación previa y el registro de los profesionales objetores–, así como los supuestos en los que no se puede invocar, diferenciando el ejercicio colectivo –proscrito–, de aquella objeción que encuentra fundamento en un ideario de naturaleza corporativa o institucional, supuesto éste último perfectamente admisible, concretamente para las instituciones sanitarias. Una vez visto lo anterior, se trata la cobertura legal y jurisprudencial de la objeción de conciencia en el ámbito sanitario frente al aborto antes y después de la Ley Orgánica 2/2010, de 3 de marzo, de salud sexual y reproductiva y de la interrupción voluntaria del embarazo.

La segunda parte se centra en el estudio de la objeción de conciencia farmacéutica. En su primer capítulo, aunque no corresponde al presente trabajo analizar de manera exhaustiva el modelo farmacéutico español, he considerado conveniente ofrecer algunas breves pinceladas sobre el mismo, reseñando algunos de los elementos que caracterizan nuestro peculiar sistema, pues viene a condicionar tanto el desempeño de la actividad de los profesionales de las oficinas de farmacia, como su misma libertad personal en el caso de que surjan conflictos de conciencia relacionados con la dispensación. A continuación, vengo a referir la previsión normativa estatal y autonómica respecto a la colisión entre la obligación de dispensar y el ejercicio de la objeción.

En el capítulo segundo vengo a tratar la que denomino «la conquista del derecho» refiriendo el contexto y origen del conflicto, así como los precedentes judiciales (STS de 23 de abril de 2005 y STSJA de 8 de enero de 2007), para finalmente abordar su reconocimiento constitucional en la STC 145/2015, de 25 de junio, analizando de forma detallada la fundamentación jurídica de la demanda, los fundamentos de oposición al recurso, la doctrina de la mayoría del Pleno del Tribunal, así como los votos particulares de la sentencia. Por las razones que ya he tenido ocasión de comentar, entiendo que este capítulo resulta especialmente relevante en el presente trabajo.

Y en el tercer capítulo de esta segunda parte, aunque previamente se haya examinado con carácter general la objeción de conciencia desde la perspectiva deontológica profesional, se analiza en detalle la actualización de la normativa deontológica de los farmacéuticos con motivo de la aprobación del código deontológico de 2018 y, posteriormente, del nuevo texto publicado en el año 2023; realizada, por tanto, tras haberse dictado la STC de 25 de junio de 2015 que, como hemos visto, resulta trascendental para el ejercicio de este derecho por parte de los farmacéuticos gracias al expreso amparo que la doctrina constitucional le brinda.

# PRIMERA PARTE

# LA OBJECIÓN DE CONCIENCIA EN ESPAÑA

# Capítulo I. Objeción de conciencia: Cuestiones Generales

## 1. Delimitación conceptual y naturaleza

### 1.1. Introducción

En términos generales, no se puede admitir que la conciencia personal prevalezca sobre la norma jurídica obligatoria para todos. Sin embargo, cuando dicha norma impone conductas que entran en grave conflicto con la conciencia individual de manera que su cumplimiento ocasionaría un daño moral irreparable, esta exigibilidad *erga omnes* puede restringirse excepcionalmente.

Teniendo en cuenta lo anterior, la objeción de conciencia se presenta como una forma de desobediencia del derecho que busca ser jurídicamente aceptada, en cuanto de manera individual se plantea una excepción a la norma con fundamento en sólidos imperativos religiosos, éticos o morales.

Entre las diferentes acepciones más comúnmente empleadas, destacaremos la que adopta el Comité de Bioética de España, que entiende por objeción de conciencia «la negativa de una persona a realizar ciertos actos o tomar parte en determinadas actividades jurídicamente exigibles, para evitar una lesión grave de la propia conciencia»[1]. Esta misma naturaleza subyace en la definición ofrecida por los profesores

---

[1] *Vid.* Comité de Bioética de España (2011); *Opinión sobre la Objeción de Conciencia en Sanidad.* Madrid.

Navarro-Valls y Martínez-Torrón[2], quienes consideran que este derecho consiste «en la negativa de una persona, por motivos de conciencia, a someterse a una conducta que en principio sería jurídicamente exigible, ya provenga la obligación directamente de la norma, ya de un contrato, ya de un mandato judicial o de una resolución administrativa».

Por su parte, el Tribunal Constitucional que describe el derecho del individuo a ser respetado por el Estado en sus escrúpulos o convicciones de conciencia[3], define la objeción de conciencia como «el derecho a ser eximido del cumplimiento de los deberes legales o constitucionales por resultar ese cumplimiento contrario a las propias convicciones». Considera, además, que «constituye una especificación de la libertad de conciencia, la cual supone no sólo el derecho a formar libremente la propia conciencia, sino también a obrar de modo conforme a los imperativos de la misma»[4].

## 1.2. Diferencias entre objeción de conciencia y desobediencia civil

Para aproximarnos al presente tema resulta conveniente referirnos a la distinción clásica entre objeción de conciencia y desobediencia civil, pues aun tratándose de dos figuras ligadas por una naturaleza común presentan notables diferencias que conviene dejar reseñadas.

Así, en la desobediencia civil destacan sus connotaciones de carácter político y su ejercicio colectivo y coordinado como «forma de resisten-

---

[2] *Vid.* NAVARRO-VALLS, R. y MARTÍNEZ-TORRÓN, J. (1997); *Las objeciones de conciencia en el Derecho Español y Comparado*. Madrid. Ed. Mc. Graw-Hill, pp. 12-15.

[3] Conforme a la STC 160/1987, de 27 de octubre: *derivado del derecho más abstracto de libertad ideológica, como especificación o concreción del mismo, puede describirse, más que definirse, como el derecho del individuo a ser respetado por el Estado en sus escrúpulos o convicciones de conciencia, que le impelen al rechazo de la prestación personal del servicio militar, eximiéndosele de ella mediante la prestación, en su caso, de un servicio civil, sustitutorio del de armas*».

[4] El Tribunal Supremo viene afirmando reiteradamente desde la STC 15/1982, de 23 de abril, que «*la objeción de conciencia supone la concreción de la libertad ideológica y religiosa reconocida en el art. 16 de la Norma Suprema*».

cia civil»[5], o bien como «insumisión política al Derecho dirigida a presionar para que se adopte una decisión legislativa»[6], siendo indudable su valor como instrumento de cambio normativo.

Por el contrario, la objeción de conciencia tiene una dimensión ético-moral de ejercicio individual, al entrar en conflicto la conducta impuesta por la norma con sus convicciones personales. Por tanto, no pretende desafiar al poder político ni tampoco transformar la legalidad, sino que plantea una excepción que, confirmando la regla, persigue la exoneración de su cumplimiento. Por ello, como acertadamente señala Martínez Calcerrada, consiste básicamente «en desoír la voz del legislador para oír la voz de la conciencia»[7].

Destacaremos igualmente por su claridad expositiva, la Declaración sobre la Objeción de Conciencia aprobada el 24 de octubre de 2009 por la Asamblea General del Consejo General de Colegios Oficiales de Médicos:

> La Objeción de Conciencia es una forma de resistencia al Derecho que viene condicionada por la imposibilidad de obedecer una ley, norma, reglamento u orden en base a las convicciones morales de una persona. Es, en síntesis, la negativa individual a someterse, por razones de conciencia, a un acto médico que, en principio, sería legalmente exigible. Se diferencia de la desobediencia civil en que, en ésta última, se asume la represión que el no cumplimiento de la norma pueda reportarle al infractor, pretende la derogación de esa norma y suele ser una conducta de carácter colectivo y con argumentos de carácter político, mientras que la OC es una conducta individual, basada en presupuestos de tipo moral o religioso y en la que el objetor no pretende la derogación de la norma no acatada, sino solamente el

---

[5] Al respecto, RUIZ-BURSÓN, F.J. (2010); «La regulación de la objeción de conciencia en la Ley Orgánica 2/2010, de 3 de marzo, de Salud Sexual y Reproductiva y de Interrupción Voluntaria del Embarazo». *Rev. Persona y Derecho*, nº 63, pp. 163-196. También, MALEN SEÑA, J.F. (1988), en *Concepto y justificación de la desobediencia civil*. Barcelona, Ed. Ariel.

[6] *Vid.* MUGUERZA CARPINTIER, J. (1986); «La obediencia al derecho y el imperativo de la disidencia (una intrusión en un debate)». *Rev. de Ciencias Sociales*, núm. 70, pp. 27-40.

[7] *Vid.* MARTÍNEZ CALCERRADA, L. (1986), *Derecho Médico General y Especial*, en *Derecho Médico*, Vol. 1. Ed. Tecnos, pp. 619.

no ser reprendido por pretender preservar el dictamen de su conciencia al no cumplir la norma.

En todo caso, la confusión entre objeción de conciencia y desobediencia civil queda patente en la doctrina constitucional. Concretamente en las SSTC 160/1987 y 321/1994, que, por esta razón, han llegado a malinterpretarse en numerosas ocasiones.

Como señala el Magistrado don Andrés Ollero Tassara en su voto particular concurrente en relación con la STC de 25 de junio de 2015[8]: «Los insumisos, recurrentes en estas dos últimas sentencias, ya habían visto satisfecha su condición de objetores al servicio militar. Pasan sin embargo a ejercer una actitud de desobediencia civil, impensable como derecho, porque no pretendían una mera excepción. Cuestionaban la norma con carácter general y aspiraban a que la sanción por su conducta (y su impacto mediático) removieran la conciencia social socavando la legitimidad del precepto. Al ignorarse en las citadas sentencias esta distinción entre objeción y desobediencia civil, el propio Tribunal se creía así obligado a trasladar a la objeción el reproche que la desobediencia civil merece. Distinguiendo adecuadamente entre objeción de conciencia y la desobediencia civil que la insumisión implica, desaparece por el contrario todo indicio de incoherencia en las sentencias citadas».

Aunque no corresponde al presente estudio realizar un análisis en profundidad sobre la desobediencia civil, sí consideramos conveniente dejar reseñada la opinión de quien es considerado por la doctrina como su más destacado precursor, el filósofo alemán Jürgen Habermas[9], quien señala que «todo Estado democrático de derecho que está seguro de sí mismo, considera que la desobediencia civil es un componente normal de su cultura política, precisamente porque es necesaria».

Acogiendo esta acertada visión sobre su utilidad y relevancia, la Sala de lo Penal del Tribunal Supremo en su conocida como *Sentencia del Procés*, de 14 de octubre de 2019, reconoce que «la desobediencia civil, entendida como pública exteriorización de la disidencia y la reivindica-

---

[8] Esta STC de 25 de junio de 2015 es objeto de análisis en la Segunda parte del presente trabajo.

[9] *Vid.* HABERMAS, J. (1997); *Ensayos políticos*. Barcelona, Ed. Península.

da necesidad de cambio, tiene un valioso papel encaminado a la reinter-pretación de lo que mayoritariamente se ha considerado como el bien común» [10].

De esta manera, «no existiendo los consensos perpetuos, ni las socie-dades en permanente estado de asentimiento» como reconoce el Alto Tribunal, debemos considerar que tanto la desobediencia civil en el ám-bito de lo público, como la objeción de conciencia en la vertiente priva-da, son manifestaciones de un *pensamiento disidente* frente a las nor-mas jurídicas sancionadas por el Estado, lo que «únicamente es posible en un Estado democrático de Derecho capaz de reconocer valores y principios por encima del orden jurídico vigente» [11].

Así pues, lejos de quienes consideran que su ejercicio cuestiona la idea del Estado, amenaza la autoridad y el orden público, relativiza los mandatos jurídicos, o bien ataca la esencia misma de la democracia, entendemos que la consagración de un derecho que permita ajustar los comportamientos personales a las propias convicciones resulta plena-mente compatible con una sociedad plural, tolerante, moderna, alejada del conformismo y comprometida con la firme defensa de las libertades fundamentales, pues la objeción de conciencia, a pesar de ser desobe-diencia al derecho es, al mismo tiempo y sobre todo, la mejor garantía –a veces la única– con la que cuentan los ciudadanos para proteger su libertad individual frente a la acción del poder público.

## 1.3. Contenido esencial

El Tribunal Constitucional ha establecido en diversas sentencias lo que entiende por el «contenido esencial» de un derecho a los efectos previs-tos en el art. 53.1 CE [12]. Así considera que en este concepto se compren-

---

[10] STS 459/2019, Sala de lo Penal, de 14 de octubre, causa especial núm. 20907/ 2017.

[11] *Vid.* CARABANTE MUNTADA, J.M. (2005); *Una revisión crítica de la desobediencia civil en la obra de J. Habermas.* Comunicación presentada en las XX Jornadas de Filosofía jurídica y política: Libertad y seguridad. La fragilidad de los derechos», Málaga.

[12] Art. 53.1 CE: «*Los derechos y libertades reconocidos en el Capítulo segundo del presente Título vinculan a todos los poderes públicos. Sólo por ley, que en todo caso*

den «aquellas facultades o posibilidades de actuación necesarias para que el derecho sea recognoscible como pertinente al tipo descrito (…) Todo ello referido al momento histórico de que en cada caso se trata y a las condiciones inherentes en las sociedades democráticas, cuando se trate de derechos constitucionales»[13]. Bajo esta perspectiva y sin perjuicio de su posterior desarrollo, dejaremos ahora enunciados los requisitos que entendemos imprescindibles para que este derecho pueda ser legítimamente invocado.

Y así indicaremos en primer lugar, que resulta necesario que la existencia de una norma jurídica cuyo incumplimiento lleve aparejada sanción, violente gravemente la propia conciencia sin que el ordenamiento jurídico contemple otra forma de resolver el conflicto, ni posibilite al objetor ninguna otra alternativa legal.

Además, la objeción debe estar sustentada en un sólido prejuicio de carácter ético, moral, religioso, humanitario, u otros de análoga naturaleza, siempre que pueda ser debidamente acreditado. Se descarta de esta manera que su fundamento radique en un mero desacuerdo de carácter ideológico o político, al igual que no puede aceptarse que la obligación legal impuesta por el ordenamiento pueda adaptarse caprichosa o arbitrariamente a la propia conveniencia. Sin embargo, de forma inapropiada, no han sido pocas las ocasiones en que se ha pretendido aprovechar este derecho al servicio de intereses ideológicos diversos o se ha tratado de justificar por razones de autonomía individual o simple desacuerdo o desprecio a la ley.

Resulta igualmente necesario que la objeción de conciencia sea ejercitada de forma individual, puesto que la obligación legalmente impuesta sólo es rechazada en cuanto afecta personalmente al objetor, siendo éste el verdadero motivo por el que se busca la exención del deber general. Por tanto, no pretende la modificación o derogación de la norma ni extender de forma general o colectiva la excepción a su cumplimiento, al no tratarse, como hemos señalado, de una desobediencia civil.

---

*deberá respetar su contenido esencial, podrá regularse el ejercicio de tales derechos y libertades, que se tutelarán de acuerdo con lo previsto en el artículo 161,1, a)».*
[13] *Vid.* STC 11/1981, de 8 de abril.

Y en el caso de profesionales de la sanidad, además, tenemos que distinguir su ejercicio de aquellos otros supuestos en que los que el incumplimiento de la obligación tiene su verdadera justificación en una discrepancia técnica, clínica o científica, en donde estaríamos en presencia de una «objeción de ciencia» que, conforme al art. 33. 2 del Código de Deontología Médica, «tiene una protección deontológica al amparo del derecho a la libertad de método y prescripción, siendo diferente de la objeción de conciencia».

## 2. ANTECEDENTES

Es en la Grecia clásica donde tradicionalmente se ha situado el primer caso de desobediencia a la norma por motivos de conciencia, si bien como señala el profesor Fernández de Buján, «en materia de libertad religiosa, hay que esperar a la promulgación del Edicto de Milán sobre tolerancia religiosa, para que la separación entre Derecho –entendiendo por tal el Derecho Positivo–, y la Religión, se configuren como dos realidades diferentes en el seno de la sociedad romana y de la civilización europea. El reconocimiento de este derecho fundamental de la persona en la esfera religiosa en el año 313 de nuestra era, constituye un acontecimiento al que se llega después de un largo proceso de miles de años de historia»[14]. Previamente, en el siglo III, «se prohibía a los cristianos hacer proselitismo de su fe, de manera que la desobediencia al poder absoluto del emperador venía a constituir la principal causa de los procesos individuales seguidos contra los cristianos». Por ello, como indica Fernández de Buján, «el principal choque entre cristianismo y religión oficial del Imperio tuvo lugar en esta época y deriva, en esencia, de la negativa de los cristianos a ofrecer sacrificios al emperador y rendirle culto como si se tratara de un dios»[15].

---

[14] *Vid.* FERNÁNDEZ DE BUJÁN, A. (2014); «En el mil setecientos aniversario del edicto de Milán sobre tolerancia religiosa, del año 313 después de Cristo». *Revista General de Derecho Romano*, núm. 22. Revistas@iustel.com.

[15] *Vid.* FERNÁNDEZ DE BUJÁN, A. (2020); «Cristianismo y Derecho Romano», en *Derecho Público Romano*, 23 ed., capítulo XIII. Ed. Civitas.
Sobre la influencia del cristianismo en la política legislativa del Emperador Justiniano *Vid.* estudio (con prólogo del profesor FERNÁNDEZ DE BUJÁN, A.), BUENO DELGADO,

En todo caso, lo cierto es que «el derecho romano no llegó a reconocer en ningún momento la objeción de conciencia como un derecho, de manera que tan solo el devenir histórico pudo resolver este desafío, aceptando la existencia de una libertad de conciencia en el ser humano y el reconocimiento de su carácter inviolable»[16].

En la actualidad, en nuestro país, la objeción de conciencia irrumpe con fuerza al despuntar la década de los ochenta[17] aunque a diferencia de lo que sucede en la actualidad, tan solo era invocada en aquellos momentos en relación a contados supuestos, destacando de entre todos, el referido a las obligaciones militares de los ciudadanos. Esto no puede extrañarnos, pues la primera referencia legislativa en nuestro país a este derecho era la contenida en el Real Decreto 3011/1976, de 23 de diciembre, que limitaba su reconocimiento a la objeción de carácter religioso al servicio militar.

Igualmente, la Constitución Española de 1978, si bien hace referencia a la «cláusula de conciencia» de los profesionales de la información (art. 20.1 d) CE), tan sólo menciona la objeción de conciencia en relación a las obligaciones militares de los españoles. Así se concreta en el art. 30.2 CE, reconociéndola como causa de exención del servicio mili-

---

J.A., *La legislación religiosa en la Compilación Justinianea* (2015). Colección Derecho Romano y Cultura Clásica. Madrid, Dykinson, pp. 502.

[16] Sobre la objeción de conciencia en la antigüedad clásica se ocupa PALOMO PINEL, C.M. (2013); *vid.* «En busca de los orígenes del derecho a la objeción de conciencia: belicismo, conquista y milicia en los primeros siglos del cristianismo», capítulo de la obra *Hacia un Derecho Administrativo y Fiscal Romano II*. Colección *Monografías de Derecho Romano*, Ed. Dykinson. Igualmente, esta misma autora trata la configuración de la noción de tributo injusto en la Patrística y, en concreto, la negativa de los primeros cristianos a pagar los tributos destinados a sufragar el mantenimiento de los templos paganos como germen de una cierta objeción de conciencia tributaria. *Vid.* «La contribución de los primeros escritores cristianos a la delimitación de la noción de tributo injusto» (2016), separata de la obra *Hacia un Derecho Administrativo Fiscal y Medioambiental Romano III*. Colección *Monografías de Derecho Romano y Cultura Clásica*, Dirección del Prof. Dr. D. Antonio FERNÁNDEZ DE BUJÁN, Ed. Dykinson.

[17] Los Profesores Rafael NAVARRO-VALLS y Javier MARTÍNEZ-TORRÓN analizan las objeciones de conciencia más relevantes en; *Conflictos entre conciencia y ley. Las objeciones de conciencia.* (2012), segunda edición. Ed. Iustel

tar obligatorio, e indicando que «la ley regulará, con las debidas garantías, la objeción de conciencia»[18].

Resulta evidente que ningún texto legal –por tanto, tampoco la Constitución–, es perfecto. Y así, de este precepto podemos destacar dos hechos cuya naturaleza y alcance darán lugar a intensos debates doctrinales y a las interpretaciones jurisprudenciales más dispares.

Por un lado, su ubicación sistemática, pues este artículo figura incluido en la Sección Segunda del Capítulo Segundo del Título I, bajo el epígrafe «De los derechos y deberes de los ciudadanos»; por tanto, fuera de la Sección Primera referida a los «derechos fundamentales y libertades públicas» (arts. 15 al 29 CE). Esta circunstancia justifica la discusión acerca de si la objeción de conciencia goza o no del carácter de derecho constitucional *fundamental*.

Por otro lado, por la previsión que realiza acerca del necesario desarrollo legislativo posterior («*la Ley regulará*», señala), lo que igualmente permite cuestionar si cabe la protección al objetor cuando la concreta modalidad que se pretende ejercer carece de un reconocimiento y regulación específica; discutiéndose, además, si su desarrollo legislativo tendrá que venir de mano de una ley ordinaria o, por el contrario, deberá tener carácter orgánico. Estas cuestiones las dejaremos aquí meramente enunciadas, pues más adelante volveremos sobre ellas para analizarlas en profundidad.

Reseñamos ahora una circunstancia que posiblemente no resulte del todo conocida. Y es que en los debates constituyentes celebrados en la Comisión Constitucional del Parlamento se plantearon dos enmiendas que proponían añadir un apartado cuarto al art. 16 CE a fin de reconocer expresamente la constitucionalidad de la objeción de conciencia[19].

---

[18] El citado art. 30 de la CE establece en sus dos primeros epígrafes: «*1. Los españoles tienen el derecho y el deber de defender a España. 2. La ley fijará las obligaciones militares de los españoles y regulará, con las debidas garantías, la objeción de conciencia, así como las demás causas de exención del servicio militar obligatorio, pudiendo imponer, en su caso, una prestación social sustitutoria.*»

[19] El Boletín Oficial de las Cortes del día 6 de octubre de 1978, núm. 157, p. 3459, recoge las enmiendas 17 y 452 presentadas en el Senado en la Legislatura Constituyente: *artículo 16, apartado 4 (nuevo). Voto particular núm. 79 (enmienda número 171, del Grupo Parlamentario Progresistas y Socialistas Independientes. 4. Queda garantizado*

Como señala Andrés Ollero, «nuestra Constitución podría así haberse adelantado a lo previsto en el ámbito europeo por la Carta de los Derechos Fundamentales de la Unión, que alude bajo el rótulo Libertades, a la libertad de pensamiento, de conciencia y de religión y vincula a ella el derecho a la objeción de conciencia, cuyos efectos se producirán de acuerdo con las leyes nacionales que regulen su ejercicio»[20].

Expuesto lo anterior, y volviendo al íter cronológico que venimos desarrollando, podemos recordar cómo en su momento se justificó la desaparición —aunque la ley utiliza formalmente el término suspensión— de *la mili* el 31 de diciembre de 2001[21], así como la consiguiente instauración en nuestro país de un sistema de ejército profesional, debido a la oleada de objeciones formuladas en los años precedentes por miles de jóvenes que, al amparo de este derecho, rechazaban incorporarse a filas. Si bien la mayoría asumieron realizar a cambio una prestación social sustitutoria[22] tal y como obligaba la Ley 48/1984, no fueron pocos los que plantearon una completa insumisión al extender su negativa no solo al servicio militar sino también a la prestación social sustitutoria, a pesar de que tal desobediencia comportaba severas penas de cárcel.

De esta manera, tras el histórico cambio de contexto, resulta evidente que la previsión constitucional respecto a la objeción de conciencia referida al servicio militar obligatorio quedó completa y definitivamente desfasada.

---

el derecho a la objeción de conciencia, que se ejercerá, en cada caso, con arreglo a lo que disponga la ley. Voto particular número 80 (enmienda número 4521, de don Lluis María Xirinacs Damians. 4. Se reconoce el derecho a la objeción de conciencia. Disponible en: www.senado.es/legis0/publicaciones/pdf/BOC_157.PDF

[20] *Vid.* OLLERO TASSARA, A. (2009); *La Objeción de Conciencia en La Constitución Española,* en *Implicaciones bio-jurídicas y clínicas de la objeción de conciencia de los profesionales sanitarios.* Colegio Oficial de Médicos de Valladolid, p.26.

[21] La prestación del servicio militar queda suspendida a partir del 31 de diciembre de 2001, conforme a la disposición adicional 13 de la Ley 17/1999, de 18 de mayo, de Régimen del Personal de las Fuerzas Armadas, en relación con el R.D. 247/2001, de 9 de marzo, por el que se adelanta la suspensión de la prestación del servicio militar al 31 de diciembre de 2001.

[22] En enero de 1977 se crea el *Movimiento de Objeción de Conciencia* que plantea estrategias de desobediencia civil no violenta frente al reclutamiento obligatorio en nuestro país.

A partir de este primer supuesto expresamente constitucionalizado de objeción, pronto se fueron multiplicado los casos en los que se invocaban otras modalidades de ejercicio inicialmente no contempladas en nuestra Carta Magna, en un proceso que Navarro Valls ha venido a denominar con acierto como un auténtico *Big Bang Jurídico*.[23] Así se enlazará tempranamente a la despenalización del aborto, uno de los grandes debates éticos y morales en la España del siglo XX. Más adelante, será ejercitada en cientos de recursos frente a la controvertida asignatura de *Educación para la Ciudadanía*, poniendo nuevamente a la objeción en un primer plano del debate político, ciudadano y judicial.

Y, ya en la actualidad, sin perjuicio de que las anteriores modalidades sigan generando nuevas y acaloradas discusiones –como ocurre con el denominado *Pin Parental* también en materia de educación[24]–, volvió a surgir con fuerza con motivo de la tramitación parlamentaria de la proposición legislativa presentada por el Grupo Parlamentario Socialista en el Congreso de los Diputados a fin de regular la eutanasia, aprobada finalmente por la Ley Orgánica 3/2021, de 24 de marzo. Precisamente de esta ley emana el mandato dirigido a las Comunidades Autónomas para crear un registro de profesionales sanitarios objetores de conciencia a realizar la prestación de la *ayuda para morir*, demostrando, una vez más, que la manifiesta e irreconciliable polarización de posturas que enfrentan las diferentes concepciones de orden ideológico, ético y religioso, también tiene mucho que ver con la amplitud y eficacia con la que se pretende reglamentar su ejercicio en cada caso concreto.

### 3. MARCO LEGAL

Abordaremos ahora la cobertura legal de la objeción de conciencia con carácter general, dejando para el segundo Capítulo el análisis de su específica concreción al ámbito sanitario frente al aborto y a la eutanasia.

---

[23] *Vid.* NAVARRO VALLS, R. (2015); «Un Big Bang Jurídico: conciencia contra ley», en *Diario del Derecho*. Ed. Iustel. Disponible en: www.iustel.com/diario_del_derecho/noticia.asp?ref_iustel=1135815

[24] El debate sobre el conocido como *Pin Parental* surge a raíz de la propuesta del partido político VOX, respecto al adoctrinamiento en ideología de género de los menores en los centros educativos.

## 3.1. Regulación en el ámbito de la prestación del servicio militar

Como hemos visto, el derecho a la objeción de conciencia a la prestación del servicio militar se contempla en nuestra Constitución en su art. 30.2 CE, otorgándole además de manera expresa la tutela del recurso de amparo previsto en el art. 53.2 CE[25], equiparándolo de esta manera con los derechos fundamentales y libertades públicas.

Y cumpliendo con el mandato constitucional «La ley fijará las obligaciones militares de los españoles y regulará, con las debidas garantías, la objeción de conciencia», se dictó la Ley 48/1984, de 26 de diciembre, reguladora de la Objeción de Conciencia y de la Prestación Social Sustitutoria (hoy derogada[26]), siendo ésta la primera vez en nuestro país en que se desarrolla un marco regulatorio expreso que, en adelante, permitirá la plena aplicación y eficacia de este derecho.

Con esta finalidad la norma prevé los mecanismos necesarios para poder garantizar a los ciudadanos el derecho a obrar en coherencia con sus propias convicciones.

En el Preámbulo de esta Ley 48/1984 se señalan cuáles son sus principios inspiradores[27] y, respecto a las causas que por razones de con-

---

[25] El art. 53.2 CE señala que «*Cualquier ciudadano podrá recabar la tutela de las libertades y derechos reconocidos en el artículo 14 y la Sección primera del Capítulo segundo ante los Tribunales ordinarios por un procedimiento basado en los principios de preferencia y sumariedad y, en su caso, a través del recurso de amparo ante el Tribunal Constitucional. Este último recurso será aplicable a la objeción de conciencia reconocida en el artículo 30*».

[26] Las limitaciones y críticas que suscitó la Ley 48/1984, motivaron que finalmente se aprobara la Ley 22/1998, de 6 de julio, reguladora de la Objeción de Conciencia y de la Prestación Social Sustitutoria (hoy también derogada) al objeto de garantizar, como señala en su Exposición de Motivos, *el ejercicio del derecho constitucional de objeción de conciencia y mejorar, al mismo tiempo, las condiciones de cumplimiento de la prestación social sustitutoria.*

[27] La Ley 48/1984 señala los siguientes cuatro principios: «1. *la regulación de la objeción de conciencia con la máxima amplitud en cuanto a sus causas, con la mínima formalidad posible en el procedimiento y con la mayor garantía de imparcialidad en cuanto a su declaración. 2. la eliminación de toda discriminación en* cualquier *sentido, entre quienes cumplen el servicio militar y los objetores de conciencia. 3. la previsión de garantías suficientes para asegurar que la objeción de conciencia no será*

ciencia dan lugar a la exención del servicio militar, señala que «no son sólo las de índole religiosa, sino también las de carácter ideológico, filosófico o de naturaleza similar»; añadiendo que «es la incompatibilidad entre las actividades militares y las convicciones del ciudadano, y no la naturaleza de dichas convicciones, lo que justifica la exención del servicio militar».

No obstante, a fin de evitar situaciones de discriminación por razón de creencias e ideologías, conforme a lo previsto en la Constitución, se impone al objetor el cumplimiento de una prestación social sustitutoria.

Dado que el reconocimiento de la condición de objetor de conciencia requería su puesta en práctica, se hizo necesario el oportuno desarrollo de esta Ley que se llevó a efecto por el Reglamento del Consejo Nacional de Objeción de Conciencia y del procedimiento para el reconocimiento de la condición de objetor de conciencia, aprobado por el Real Decreto 551/1985, de 25 de abril[28]. En el mismo de detallan los requisitos, tramites y efectos de las solicitudes que permiten ser reconocido como objetor de conciencia.

Igualmente, la Ley Orgánica 13/1991, de 20 de diciembre, del Servicio Militar incluirá entre las causas que justifican la exención al servicio militar la de «ser declarado objetor de conciencia de acuerdo con la Ley»[29].

La prestación del servicio militar fue *suspendida* definitivamente el 31 de diciembre de 2001 –aunque habría sido más adecuado reconocer formalmente su desaparición–, conforme a la disposición adicional de-

---

utilizada, *en fraude a la Constitución, como una vía de evasión del cumplimiento de los deberes constitucionales. 4. la consecución de que el cumplimiento de la prestación social sustitutoria redunde en beneficio de la sociedad y del propio objetor.*»

[28] El Real Decreto 551/1985, de 25 de abril es derogado por el Real Decreto 266/1995, de 24 de febrero, el cual, a su vez, también se deroga por el Real Decreto 700/1999, de 30 de abril, por el que se aprueba el *Reglamento de la objeción de conciencia y de la prestación social sustitutoria.*

[29] La Ley Orgánica 13/1991, de 20 de diciembre, del Servicio Militar fue derogada por la Ley Orgánica 5/2005, de 17 de noviembre, de la Defensa Nacional, debido al *nuevo reclutamiento de nuestros Ejércitos, la desaparición del servicio militar obligatorio y la implantación de un modelo de Fuerzas Armadas profesionales*, tal como señala en su Exposición de Motivos.

cimotercera de la Ley 17/1999, de 18 de mayo, de Régimen del Personal de las Fuerzas Armadas, en relación con el R.D. 247/2001, de 9 de marzo[30], que del mismo modo había previsto adelantar la suspensión de la prestación del servicio militar a la fecha antes indicada.

## 3.2. Concreción del Derecho Fundamental de Libertad Ideológica y Religiosa

Frente a quienes entienden que no existe un genérico derecho a la objeción de conciencia derivado del art. 16 CE[31], reconoce el Tribunal Constitucional desde su Sentencia 15/1982, de 23 de abril, que la objeción de conciencia es «una manifestación o concreción del derecho fundamental de libertad ideológica y religiosa reconocido en el art. 16 CE».

Este precepto –como hemos visto incluido en la sección correspondiente a los derechos fundamentales y de las libertades públicas–, reconoce en su primer apartado que la libertad religiosa se garantiza tanto «a los individuos como a las comunidades, sin más limitación, en sus manifestaciones, que la necesaria para el mantenimiento del orden público protegido por la ley».

Como vemos, el art. 16 CE se refiere a las *manifestaciones* de este derecho fundamental, término que nuestra jurisprudencia interpreta en un sentido amplio, pues entiende que en el mismo tiene cabida cualquier forma de expresión de comportamientos que encuentren su fundamento en opiniones, ideas o sentimientos religiosos. Desde esta perspectiva, la objeción de conciencia es también una manifestación de esta libertad de creencias, por lo que deberá ser objeto de la específica protección que la norma fundamental brinda.

---

[30] Real Decreto 247/2001, de 9 de marzo, por el que se adelanta la suspensión de la prestación del servicio militar.

[31] Básicamente sostienen que *los ciudadanos y los poderes públicos están sujetos a la Constitución y al resto del ordenamiento jurídico* (*Vid.* nota 57). Así manifiesta su postura Díez-Picazo Giménez, L.M. (2003), en *Sistema de derechos fundamentales*. Pamplona, Ed. Aranzadi-Thompson, pp. 226 a 229.

Este sentido sobre el alcance que debe otorgarse a la protección de este derecho *en sus manifestaciones* –incluyendo por tanto la objeción de conciencia–, se corresponde con la actual interpretación jurisprudencial de «la libertad de manifestar su religión o su creencia, individual y colectivamente, tanto en público como en privado» al que se refieren tanto el art. 9 del del Convenio para la Protección de los Derechos Humanos y de las Libertades Fundamentales, como el art. 10 de la Carta de Derechos Fundamentales de la Unión Europea, textos a su vez inspirados en el art. 18 de la Declaración Universal de los Derechos Humanos, cuyo estudio abordaremos al final del presente Capítulo.

Así que con base en ese criterio interpretativo y al margen del debate que suscita la ubicación sistemática del art. 30.2 CE, entendemos que la objeción de conciencia no solo es un derecho reconocido constitucionalmente, sino que, por su contenido intrínseco, tanto si se le considera de forma autónoma, como vinculado al derecho fundamental de libertad ideológica o religiosa, se trata además de un derecho fundamental de la persona. No obstante, tal afirmación ha sido y sigue siendo objeto de una profunda controversia doctrinal y jurisprudencial con evidentes repercusiones en el ámbito práctico de su reconocimiento y en cuanto al alcance de su protección, que abordaremos en este trabajo.

## A. Dimensión objetiva y subjetiva del derecho

Como señala la STC 154/2002, de 18 de julio (FJ 6), «en su dimensión objetiva, la libertad religiosa comporta una doble exigencia a la que se refiere el art. 16.3 CE: por un lado, la de neutralidad de los poderes públicos, ínsita en la aconfesionalidad del Estado; por otro lado, el mantenimiento de relaciones de cooperación de los poderes públicos con las diversas Iglesias».

En este mismo sentido, ya había indicado anteriormente la STC 46/2001, de 15 de febrero, FJ 4, que «el art. 16.3 de la Constitución, tras formular una declaración de neutralidad (SSTC 340/1993, de 16 de noviembre, y 177/1996, de 11 de noviembre), considera el componente religioso perceptible en la sociedad española y ordena a los poderes públicos mantener las consiguientes relaciones de cooperación con la Iglesia Católica y las demás confesiones, introduciendo de este modo una idea de aconfesionalidad o laicidad positiva que veda cualquier tipo de confusión entre funciones religiosas y estatales».

Y como derecho subjetivo, señala el Tribunal Constitucional que la libertad religiosa tiene una «doble dimensión, interna y externa». Así lo reconoce, entre otras muchas, en la referida STC 177/1996, FJ 9, al señalar que esta dimensión interna de la libertad religiosa «garantiza la existencia de un claustro íntimo de creencias y, por tanto, un espacio de autodeterminación intelectual ante el fenómeno religioso, vinculado a la propia personalidad y dignidad individual».

Junto a esta dimensión interna, señala que también incluye una «dimensión externa de *agere licere* que faculta a los ciudadanos para actuar con arreglo a sus propias convicciones y mantenerlas frente a terceros» (SSTC 19/1985, FJ 2; 120/1990, FJ 10, y 137/1990, FJ 8), y ello «con plena inmunidad de coacción del Estado o de cualesquiera grupos sociales» (STC 46/2001, FJ 4, y, en igual sentido, las SSTC 24/1982, de 13 de mayo, y 166/1996, de 28 de octubre).

Y se complementa, en su medida negativa, por el mandato que contiene el apartado segundo del art. 16 CE en cuanto reconoce que «nadie podrá ser obligado a declarar sobre su ideología, religión o creencias».

Precisa además el Tribunal Constitucional en su sentencia 46/2001, que «la dimensión externa de la libertad religiosa» se extiende a aquellas actividades que constituyen manifestaciones o expresiones del fenómeno religioso, tales como las que se relacionan en el apartado a) del art. 2.1 de la Ley Orgánica 7/1980, de libertad religiosa (LOLR)»[32]. Y ello es así, porque «si no se pudieran mostrar públicamente nuestras convicciones y creencias, el art. 16 CE, se vaciaría de contenido específico reduciéndolo sin más a una mera libertad de pensamiento y de expresión para difundir las propias ideas»[33].

---

[32] El art. 2.1. a) de la Ley Orgánica 7/1980, de libertad religiosa contempla el derecho de toda persona a «*profesar las creencias religiosas que libremente elija o no profesar ninguna; cambiar de confesión o abandonar la que tenía; manifestar libremente sus propias creencias religiosas o la ausencia de las mismas, o abstenerse de declarar sobre ellas*».

[33] En este sentido pronuncia su voto particular en la STS 341/2009, de 11 de febrero, el magistrado Sieira Míguez.

## B. Cláusulas limitadoras

Completamos este recorrido, refiriéndonos a continuación a las cláusulas limitadoras del derecho fundamental a la libertad ideológica, pues en general los derechos fundamentales no tienen carácter absoluto, como ha señalado el Tribunal Constitucional en las sentencias 57/1994 (FJ 6), 58/1998 (FJ 3), y 154/2002 (FJ 8), al expresar que «los derechos fundamentales reconocidos por la Constitución sólo pueden ceder ante los límites que la propia Constitución expresamente imponga, o ante los que de manera mediata o indirecta se infieran de la misma al resultar justificados por la necesidad de preservar otros derechos o bienes jurídicamente protegidos», añadiendo que «las limitaciones que se establezcan no pueden obstruir el derecho fundamental más allá de lo razonable» (STC 53/1986, FJ 3).

Por su parte, la STC 141/2000, FJ 4, considera que estos límites vienen justificados por «el respeto a los derechos fundamentales ajenos y otros bienes jurídicos protegidos constitucionalmente».

De lo anterior se desprende que todo acto o resolución que limite derechos fundamentales ha de asegurar que las medidas limitadoras sean «necesarias para conseguir el fin perseguido» (SSTC 69/1982, FJ 5, y 13/1985, FJ 2), ha de atender a la «proporcionalidad entre el sacrificio del derecho y la situación en la que se halla aquél a quien se le impone» (STC 37/1989, FJ 7) y, en todo caso, ha de «respetar su contenido esencial» (SSTC 11/1981, FJ 10; 196/1987, FFJJ 4 a 6; 12/1990, FJ 8, y 137/1990, FJ 6), por lo que más que *limitar* deberíamos más bien hablar de *delimitar* la libertad en términos razonables y justos que permitan garantizar a todos una convivencia pacífica.

Por otro lado, estas limitaciones también vienen reconocidas en los acuerdos y tratados internacionales ratificados por España que, conforme al art. 10.2 CE[34], vinculan a nuestros tribunales a la hora de interpretar el sentido y alcance de los derechos fundamentales.

---

[34] Señala el art. 10.2 CE que: «*Las normas relativas a los derechos fundamentales y a las libertades que la Constitución reconoce se interpretarán de conformidad con la Declaración Universal de Derechos Humanos y los tratados y acuerdos internacionales sobre las mismas materias ratificados por España*».

Así, el art. 9.2 del Convenio Europeo –al que ya hemos hecho referencia–, determina en términos que igualmente reproducirá el art. 18.3 del Pacto internacional de derechos civiles y políticos, que «la libertad de manifestar su religión o sus convicciones no puede ser objeto de más restricciones que las que, previstas por la ley, constituyen medidas necesarias, en una sociedad democrática, para la seguridad pública, la protección del orden, de la salud o de la moral públicas, o la protección de los derechos o las libertades de los demás».

En nuestro país, en desarrollo del precepto constitucional, la LOLR en su art. 3.1, determina que:

> El ejercicio de los derechos dimanantes de la libertad religiosa y de culto tiene como único límite la protección del derecho de los demás al ejercicio de sus libertades públicas y derechos fundamentales, así como la salvaguardia de la seguridad, de la salud y de la moral pública, elementos constitutivos del orden público protegido por la ley en el ámbito de una sociedad democrática.

Independientemente de la mayor o menor extensión que se dé a la noción de *orden público*[35], el Tribunal Supremo ha venido considerando que se refiere a «conductas externas reales y perceptibles»[36]. Por su parte, el Tribunal Constitucional justifica que el orden público y la seguridad deben actuar como límites al derecho fundamental de libertad religiosa al entender que «no se puede ignorar el peligro que para las personas puede derivarse de eventuales actuaciones concretas de determinadas sectas o grupos que, amparándose en la libertad religiosa y de creencias, utilizan métodos de captación que pueden menoscabar el libre desarrollo de la personalidad de sus adeptos, con vulneración del art. 10.1 de la Constitución»[37].

---

[35] Sobre el significado y alcance de *la cláusula de orden público* que acompaña el reconocimiento constitucional de la libertad ideológica y religiosa en el art. 16 CE, se ocupa extensamente POLO SABAU, J.R. (2012), en *Libertad de creencias y orden público en la Constitución Española: claves de interpretación*. Ed. Foro, Nueva Época, vol. 15, pp. 213-232.

[36] *Vid* STS, Sala Tercera, de 11 de mayo de 2009 (Rec. 69/2007).

[37] *Vid* STS, Sala Tercera, de 14 de febrero de 2013 (Rec. 4118/2011).

A pesar de ello, advierte la STC 46/2001, de 15 de febrero (FJ 11), que el concepto de orden público no puede interpretarse como una «cláusula preventiva frente a eventuales riesgos» porque «en tal caso ella misma se convierte en el mayor peligro cierto para el ejercicio de ese derecho de libertad».

De esta manera señala que «un entendimiento de la cláusula de orden público coherente con el principio general de libertad que informa el reconocimiento constitucional de los derechos fundamentales obliga a considerar que, como regla general, sólo cuando se ha acreditado en sede judicial la existencia de un peligro cierto para la seguridad, la salud y la moralidad pública, es pertinente invocar el orden público como límite al ejercicio del derecho a la libertad religiosa y de culto».

## C. Vertiente negativa de su ejercicio

Entre las sentencias del Tribunal Constitucional que se han ocupado del derecho a la libertad religiosa pero esta vez en su *vertiente negativa*, citaremos en particular las SSTC 177/1996 y 101/2004, referidas a la objeción planteada por un sargento de las Fuerzas Armadas y por un subinspector del Cuerpo Nacional de Policía, quienes fueron obligados a participar en un acto de indudable naturaleza religiosa, como eran, en el primer caso, honrar a la Virgen de los Desamparados y, en el segundo, acompañar a la Hermandad Sacramental de Nuestro Padre Jesús el Rico durante su estación de penitencia.

La primera de las sentencias si bien desestima el recurso de amparo al entender que la vulneración invocada no entrañaba necesariamente la responsabilidad penal solicitada, sin embargo, viene a reconocer expresamente que los hechos denunciados por el recurrente sí han vulnerado su «derecho a la libertad religiosa en su vertiente negativa, que garantiza la libertad de cada persona para decidir en conciencia si desea o no tomar parte en actos de esa naturaleza». En consecuencia, aun cuando considera que la participación en la parada militar obedecía a razones «de representación institucional de las Fuerzas Armadas en un acto religioso», entiende que «debió respetarse el principio de voluntariedad en la asistencia y, por tanto, atenderse a la solicitud del actor de ser relevado del servicio, en tanto que expresión legítima de su derecho de libertad religiosa» (FJ 10).

En similares términos se pronuncia la segunda de las sentencias reseñadas (STC 101/2004) que en este caso sí otorga el amparo constitucional, reconociendo el derecho del recurrente en cuanto no se respetó su decisión personal de no asistir y, por ello, entiende vulnerado el principio de neutralidad de los poderes públicos vinculado negativamente a lo dispuesto en el art. 16.3 CE.

## D. El menor como titular del derecho a la libertad religiosa

Si bien durante la minoría de edad la capacidad de obrar se encuentra limitada en aras a su especial régimen de protección, el ordenamiento jurídico reconoce con carácter excepcional la capacidad del menor, dotando de eficacia jurídica a determinados actos. Así se pone de manifiesto en el ámbito civil en relación a la capacidad para contraer matrimonio, emanciparse, testar, actuar como testigo y ser oído cuando se debe adoptar la decisión sobre su guarda o custodia. Respecto al derecho a la libertad religiosa, como ocurre con los demás derechos fundamentales reconocidos en nuestra Constitución, despliega toda su eficacia también durante este periodo de la vida.

En este punto, y por ser especialmente significativo su pronunciamiento, haremos referencia a la STC 154/2002, en la que el Tribunal Constitucional concede el amparo frente a las sentencias dictadas en casación por la Sala de lo Penal del Tribunal Supremo que condenaban a unos padres como autores responsables de un delito de homicidio, al haberse negado a que su hijo menor de edad en situación de alto riesgo hemorrágico recibiera la necesaria transfusión de sangre. El menor, cuando la transfusión fue autorizada judicialmente, también la rechazó de forma tan contundente que no fue posible realizarla, lo que finalmente provocó su muerte.

Los padres del menor fallecido fundamentaron tal negativa –tanto la suya como la de su hijo–, por motivos religiosos dada su condición de Testigos de Jehová y, finalmente, el Tribunal Constitucional otorgó el amparo solicitado por vulneración del derecho fundamental a la libertad religiosa al considerar que los padres invocaron este derecho como fundamento de su actitud omisiva y, al mismo tiempo, al llevar a su hijo a los hospitales a fin de someterlo a cuidados médicos, y acatar desde un primer momento la decisión judicial que autorizaba la transfusión, posibilitaron la tutela protectora del menor por parte del poder público.

Entre los aspectos peculiares que singularizan el caso pero que resultan especialmente destacables, reseñamos el pronunciamiento que la sentencia realiza acerca de que los menores son titulares del derecho a la libertad religiosa. Sustenta el Tribunal tal afirmación en el art. 2.1 la Ley Orgánica de libertad religiosa que, en desarrollo del precepto constitucional, reconoce tal derecho a «toda persona».

Igualmente, y como instrumentos normativos que complementan el mandato constitucional de protección del menor, la sentencia cita la Convención de Derechos del Niño, de 20 de noviembre de 1989[38] y la Ley Orgánica 1/1996, de 15 de enero, de protección jurídica del menor, que articulando la garantía legal de sus derechos fundamentales prohíbe toda posible «discriminación de los menores por razón de religión» (art. 3) y les reconoce expresamente el «derecho a la libertad de ideología, conciencia y religión» (art. 6.1) cuyo ejercicio «tiene únicamente las limitaciones prescritas por la ley y el respeto de los derechos y libertades fundamentales de los demás» (art. 6.2).

En relación con este derecho, destaca igualmente que, conforme al art. 6.3, «los padres o tutores tienen el derecho y el deber de cooperar para que el menor ejerza esta libertad de modo que contribuya a su desarrollo integral». Se remite, además, a la STC 141/2000 que, en su FJ 5, señala lo siguiente:

---

[38] La *Convención de Derechos del Niño* adoptada por la Asamblea General de las Naciones Unidas el 20 de noviembre de 1989 (Instrumento de ratificación de 30 de noviembre de 1990, publicado en el BOE el 31 de diciembre de 1990), establece que los Estados parte están obligados al *respeto del derecho del niño a la libertad de pensamiento, de conciencia y de religión* (art. 14.1), *sin perjuicio de los derechos y deberes de los padres y, en su caso, de los representantes legales, de guiar al niño en el ejercicio de su derecho de modo conforme a la evolución de sus facultades* (art. 14.2). Asimismo, el art. 14.3 señala que *la libertad de profesar la propia religión o las propias creencias estará sujeta únicamente a las limitaciones prescritas por la ley que sean necesarias para proteger la seguridad, el orden, la moral o la salud públicos o los derechos y libertades fundamentales de los demás.*

Desde la perspectiva del art. 16 CE los menores de edad son titulares plenos de sus derechos fundamentales, en este caso, de sus derechos a la libertad de creencias y a su integridad moral, sin que el ejercicio de los mismos y la facultad de disponer sobre ellos se abandonen por entero a lo que al respecto puedan decidir aquéllos que tengan atribuida su guarda y custodia o, como en este caso, su patria potestad, cuya incidencia sobre el disfrute del menor de sus derechos fundamentales se modulará en función de la madurez del niño y los distintos estadios en que la legislación gradúa su capacidad de obrar.

En todo caso, podemos concluir indicando que cuando la invocación del derecho a la libertad religiosa pretenda justificar una decisión cuyas consecuencias puedan ser irreparables, la capacidad para decidir no puede venir condicionada por la madurez de juicio, sino por el prevalente interés del menor que deberá ser tutelado por los padres y, en su defecto, por el Ministerio Fiscal y los tribunales.

### 4. REGULACIÓN ¿NECESARIA O CONVENIENTE?

La redacción del art. 30.2 CE al emplear la expresión *«la Ley regulará»* (en los mismos términos empleados en el art. 20.1 d) CE, al referirse a la cláusula de conciencia de los profesionales de la información), propició la duda acerca de si el reconocimiento de este derecho debía quedar limitado a las modalidades que se encuentran previstas de forma expresa, debiendo por tanto el legislador ponderar en cada caso los imperativos de la conciencia con las exigencias derivadas del interés general, o si, por el contrario, como nos encontramos ante un derecho fundamental, éste se puede entender aplicable directamente desde la misma Constitución y, por tanto, sin necesidad de que el legislador tenga que dotarlo de una regulación legal específica.

Como hemos visto, el Tribunal Constitucional español aclaró su posición en esta discusión bizantina en la referida STC 15/1982 (FJ 6), al señalar que la intervención del legislador no es necesaria para reconocer este derecho «reconocido explícita e implícitamente en el ordenamiento constitucional como concreción de la libertad ideológica del art. 16 CE», aunque sí para poder regularlo «en términos que permitan su plena aplicabilidad y eficacia.

Refrenda este planteamiento una vez más el Pleno del Tribunal, al reconocer la objeción de conciencia de los médicos frente a la práctica del aborto en la STC 53/85, y ello a pesar de no contar con previsión legal alguna en la LO 9/1985 que, recordemos, despenalizaba el aborto tan solo en determinados supuestos. Y en igual sentido vuelve a manifestarse el Pleno en su STC 145/2015, ofreciendo argumentos que analizaremos más detenidamente en la segunda parte del presente estudio.

Sin embargo, no podemos obviar que este pronunciamiento no es una cuestión pacífica. Así, dentro de la particular interpretación restrictiva al ejercicio de la objeción en abierta contradicción con la doctrina sentada por las SSTC 15/82 y 53/85, se manifiesta la magistrada del Tribunal Constitucional Asúa Batarrita en su voto particular a la STC 145/2015, señalando que «no hay un derecho general a la objeción de conciencia que se pueda aplicar directamente desde la Constitución, y sin que intervenga el legislador», afirmando que sin una expresa regulación «conduciría a satisfacer cualquier tipo de objeción de conciencia, como si la conciencia de cada uno pudiese imperar legítimamente frente a la colectividad y frente al Estado de derecho».

Y en esta misma posición hemos podido comprobar cómo el Tribunal Supremo, influido por la STC 160/87, se pronuncia en relación con las objeciones planteadas frente a la asignatura de *Educación para la Ciudadanía*, considerando que «nuestro ordenamiento jurídico no reconoce un derecho a la objeción de conciencia con alcance general» y que, por tanto, no cabe su ejercicio fuera de los casos expresamente autorizados por el legislador.

En el mismo sentido, esta vez desde el Gobierno, el que fuera ministro de Justicia, Caamaño Domínguez, con motivo de la tramitación del Proyecto de Ley Orgánica de Salud Sexual y Reproductiva y de la Interrupción Voluntaria del Embarazo (aprobada meses después, el 3 de marzo de 2010), declaraba a los medios de comunicación lo siguiente: «En nuestro país no hay más objeción de conciencia que aquella que está expresamente establecida en la Constitución o por el legislador en las Cortes Generales»[39].

---

[39] *Vid.* Noticia: Público (13.8.2009) *Caamaño descarta la objeción de conciencia para el aborto. El ministro tilda de desobediencia civil negarse a interrumpir un em-*

Destacaremos también la posición que el Comité de Bioética de España expresa en su informe Opinión sobre la Objeción de Conciencia en Sanidad, de 13 octubre 2011, que tras reconocer que «regular la objeción significa poner coto y controlar la libertad de las personas de oponerse a la norma cuando juzgan que en conciencia deben hacerlo», viene a considerar que «en una sociedad ideológicamente plural y culturalmente diversa, los contenidos de las conciencias por razones religiosas o culturales son imprevisibles. Por ello, se hace necesario precisar cuáles son las razones específicas que pueden dar lugar a la objeción»[40].

Sin embargo, el legislador no crea este derecho, sino que simplemente lo reconoce y, en su caso, lo desarrolla, sin que su regulación deba nunca tener como finalidad la de controlar la libertad de las personas cuando se trata del ejercicio de un derecho plenamente compatible con una sociedad plural, tolerante y moderna.

En todo caso, compartimos la doctrina mayoritaria, refrendada por el Tribunal Constitucional (STC 145/2015), que considera que estamos en presencia de un derecho constitucional, plasmación concreta de un derecho fundamental y que, por este motivo, no requiere de una expresa regulación para ser reconocido, pues «no se puede privar, ni siquiera temporalmente, el ejercicio de un derecho constitucional»[41], ya que, como señala Ollero Tassara, «no sería admisible un efecto suspensivo del derecho de objeción derivado de la mera omisión legislativa»[42].

Por tanto, toca ahora reflexionar acerca de si resulta o no conveniente que este derecho cuente con una adecuada previsión normativa que garantice que realmente sea viable, en cuanto permita armonizar los intereses tanto del objetor como de aquellos ciudadanos que pueden verse perjudicados por el incumplimiento de la obligación legal que se objeta.

---

*barazo*. Recuperado de: https://www.publico.es/actualidad/caamano-descarta-objecion-conciencia-aborto.html

[40] Disponible en: www.comitedebioetica.es/documentacion/index.php

[41] Así lo reconoce la STC 15/1982, de 23 de abril, al aplazar la incorporación a filas del recurrente hasta que se dicte la Ley prevista en el art. 30.2 CE.

[42] *Vid* OLLERO TASSARA, A. (2008); Prólogo de *La Libertad de conciencia y salud. Guía de casos prácticos*. (Isidoro MARTÍN SÁNCHEZ y otros). Granada, Ed. Comares, p. 20.

Para ello, debemos tener en cuenta que el mismo art. 16 CE admite la posibilidad de que una regulación legal pueda «limitar el ejercicio de las libertades que el propio derecho fundamental reconoce», y ello cuando resulte necesario «para el mantenimiento del orden público protegido por la ley».

Así está previsto en el Preámbulo de la Ley Orgánica 2/2010 que, en relación a la objeción de conciencia de los profesionales sanitarios, señala que este derecho «será articulado en un desarrollo futuro de la Ley». Igualmente, esta necesidad de desarrollar los aspectos legales referidos a su ejercicio viene contemplado en el art. 10.2 de la Carta de Derechos Fundamentales de la Unión Europea, al señalar que «se reconoce el derecho a la objeción de conciencia de acuerdo con las leyes nacionales que regulen su ejercicio».

Y en este ámbito, consideramos no sólo deseable sino también necesario que el legislador realice un adecuado y completo desarrollo normativo de aquellas modalidades de dispensa o exención del cumplimiento de deberes jurídicos que puedan resultar más comunes, previsibles o relevantes, pero sin tratar de acotar las diversas modalidades de objeción que pueden surgir, pues muchas de ellas resultan difíciles de predecir anticipadamente. Solo de esta manera se evitarán situaciones de desprotección e inseguridad jurídica, permitiendo armonizar la garantía de su ejercicio, con la salvaguarda de los derechos e intereses protegidos por la norma.

No obstante, en una cuestión como ésta, en la que por las profundas divergencias ideológicas, éticas y morales, resulta tan difícil alcanzar el deseable consenso, y en donde el procedimiento legislativo, además de condicionado políticamente puede resultar demasiado genérico o bien adolecer de una excesiva rigidez, resulta necesario que, además, los tribunales vengan a completar esta tarea legislativa aplicando mecanismos objetivos de ponderación que, atendiendo a las peculiaridades de cada caso en concreto y a los intereses en conflicto, permitan ofrecer mayores cotas de protección tanto al objetor como a la sociedad en general.

Llegados a este punto, abordaremos otra cuestión relacionada con la anterior, concretamente si esta regulación debe realizarse necesariamente mediante ley orgánica o puede también desarrollarse mediante ley ordinaria.

Señalaremos a este respecto que la STC de fecha 27 de octubre de 1987 recaída en el recurso de inconstitucionalidad 263/85, promovido por el Defensor del Pueblo para impugnar la Ley 48/1984, reguladora de la Objeción de Conciencia y de la Prestación Social Sustitutoria (hoy derogada), vino a declarar que «el derecho a la objeción de conciencia no está sujeto a la reserva de Ley Orgánica por no estar incluido en la lista constitucional de derechos reconocidos en los arts. 15 a 29 CE (Sección 1.ª del Capítulo Segundo, Título I) relativos a la enumeración de los derechos y libertades fundamentales»; y ello, a pesar de que este derecho suponga una «concreción de la libertad ideológica» (STC 15/1982, de 23 de abril), encontrándose ésta última entre los derechos fundamentales para cuyo desarrollo sí que resulta necesaria la Ley Orgánica[43].

No podemos olvidar, sin embargo, que el Tribunal Constitucional llega a esta conclusión en el contexto de una sentencia en la que vino a considerar que la objeción de conciencia no puede calificarse como derecho fundamental; lo que, como veremos a continuación, es una postura que matiza restrictivamente la doctrina precedente (SSTC 15/1982 y 53/85) que se pronunció en el sentido de admitir que «La objeción de conciencia forma parte del contenido del derecho fundamental a la libertad ideológica y religiosa reconocido en el art. 16.1 CE», abiertamente contradictoria con la que más recientemente fija en Pleno en la STC 145/2015, que otorga el amparo al demandante por vulneración de su derecho a la objeción de conciencia vinculado al derecho a la libertad ideológica, lo que, según esta sentencia, debe comportar el reconocimiento del derecho fundamental vulnerado.

---

[43] El art. 81.1 C.E. indica que «*son leyes orgánicas las relativas al desarrollo de los derechos fundamentales y de las libertades públicas, las que aprueben los Estatutos de Autonomía y el régimen electoral general y las demás previstas en la Constitución*». De esta manera se configura la Ley Orgánica (como ha interpretado el Tribunal Constitucional entre otras, en la STC 160/1987, de 27 de octubre) *de modo restrictivo y excepcional en cuanto excepcional es también la exigencia de mayoría absoluta y no la simple para su votación y decisión parlamentaria*.

Por ello, nos parece mucho más acertado el argumento que el Tribunal Constitucional acoge, entre otras muchas, en las SSTC 127/1994, 88/1995 y 151/2014, que descarta igualmente la reserva de ley orgánica, pero no por razón de que el derecho a la objeción de conciencia no sea un derecho fundamental, sino porque la ley orgánica debe quedar reservada a «la regulación de determinados aspectos esenciales para la definición del derecho, la previsión de su ámbito y la fijación de sus límites en relación con otras libertades constitucionalmente protegidas».

De esta manera el desarrollo normativo de los aspectos procedimentales necesarios para su ejercicio o aquellos otros que permiten complementar la regulación básica, podrá realizarse por ley ordinaria, tanto en el ámbito estatal como autonómico[44].

## 5. La objeción de conciencia en la doctrina constitucional

En este contexto, ante la ausencia en el art. 16 CE de una mención destinada a reconocer de modo específico la objeción de conciencia, y quedando sin resolver la cuestión relativa a su reconocimiento y alcance a otras concretas modalidades distintas a la prestación del servicio militar, el Tribunal Constitucional tenía que ofrecer respuesta desde una posición eminentemente jurídica a un debate con indudables componentes socio-políticos que, por sus condicionantes éticos y morales, trasciende de los estrictos límites del Derecho.

Y en efecto, la doctrina de este Tribunal delimitando el alcance de la garantía «no vaciló en relacionar tempranamente libertad ideológica y objeción de conciencia»[45], si bien manteniendo posiciones contradictorias en sus pronunciamientos, lo cual ha incidido de forma determinan-

---

[44] En virtud del art. 149.1. 1º CE, que reserva a la competencia estatal *la regulación de las condiciones básicas que garanticen la igualdad de todos los españoles en el ejercicio de los derechos*, las Comunidades Autónomas con competencia sobre la materia podrán regular contenidos *no esenciales* del derecho a la objeción de conciencia que permitan complementar la regulación básica, pero no podrán desarrollar o limitar sus aspectos básicos.

[45] *Vid* OLLERO TASSARA, A. (2005); *España ¿un Estado laico? La libertad religiosa en perspectiva constitucional.* Pamplona, Ed. Thompson Cívitas.

te en la cambiante doctrina jurisprudencial sobre el reconocimiento y eficacia de este derecho[46].

Podemos justificar tal divergencia interpretativa en que la Constitución había dejado meramente enunciadas y abiertas al debate diversas cuestiones sobre las que no pudo alcanzarse el necesario consenso constituyente. Y la objeción de conciencia era uno de estos asuntos que, vinculado esencialmente al catálogo de derechos fundamentales y libertades públicas, suscitaba una abierta polémica ideológica y política y no pocos interrogantes sociales que, con el tiempo, y como ocurre en cualquier sociedad democrática madura, deberían ser finalmente abordados y resueltos.

Así, en primer lugar, citaremos la Sentencia 15/82, de 23 de abril, dictada por la Sala Primera del Tribunal Constitucional[47] que, en un supuesto de objeción ejercitado por la denegación por parte de la autoridad militar de la prórroga de incorporación a filas, aborda las cuestiones de fondo fundamentales sobre este derecho. Concretamente analiza el reconocimiento de la objeción de conciencia en nuestro ordenamiento como un derecho constitucional; por otro lado, el alcance y cumplimiento por el legislador de la previsión constitucional contenida en el art. 30.2 CE cuando señala que «una Ley regulará con las debidas garantías la objeción de conciencia»; y, por último, la protección constitucional que debe ofrecerse a este derecho cuando dicha regulación no existe. Extractamos a continuación los clarificadores y razonables argumentos que nos ofrece esta sentencia sobre cada uno de los puntos anteriormente expuestos:

- Puesto que la libertad de conciencia es una concreción de la libertad ideológica, que nuestra Constitución reconoce en el art. 16, puede afir-

---

[46] El Prof. RODRÍGUEZ BLANCO aborda esta cuestión en «La objeción de conciencia en la jurisprudencia constitucional española». *Diálogos jurídicos: Anuario de la Facultad de Derecho de la Universidad de Oviedo*, núm. 2, 2017, pp. 107-132. Igualmente, este mismo autor en *Derecho y Religión, nociones de Derecho Eclesiástico del Estado*. (Dúo) 2ª Ed. (2018). Ed. Civitas, pp. 123-134.
[47] La STC 15/1982, de 23 de abril (RA 205/1981), reconoce el derecho del recurrente a que se aplace su incorporación a filas hasta que se dicte la Ley prevista en el art. 30.2 CE, que permita la plena aplicabilidad y eficacia del derecho a la objeción de conciencia alegada.

marse que la objeción de conciencia es un derecho reconocido explícita e implícitamente en el ordenamiento constitucional español» (FJ 6).
- El hecho de que el art. 30.2 emplee la expresión la Ley regulará, no significa otra cosa que la necesidad de la interpositio legislatoris no para reconocer, sino, como las propias palabras indican, para regular el derecho en términos que permitan su plena aplicabilidad y eficacia (FJ 6).
- La objeción de conciencia exige para su realización la delimitación de su contenido y la existencia de un procedimiento regulado por el legislador en los términos que prescribe el art. 30.2 CE, con las debidas garantías, ya que sólo si existe tal regulación podrá producirse la declaración en que el derecho a la objeción de conciencia encuentra su plenitud (FJ 7).
- Sin embargo, el derecho del objetor no está por entero subordinado a la actuación del legislador. Los principios constitucionales y los derechos y libertades fundamentales vinculan a todos los poderes públicos y son origen inmediato de derechos y obligaciones. Su aplicabilidad inmediata no tiene más excepciones que aquellos casos en que así lo imponga la Constitución o en que la naturaleza misma de la norma impida considerarla inmediatamente aplicable, supuestos que no se dan en la objeción de conciencia (FJ 8).
- Cuando se opera con reserva de configuración legal, el mandato constitucional puede no tener, hasta que la regulación se produzca, más que un mínimo contenido (…) que ha de ser protegido, ya que de otro modo el amparo previsto en el art. 53.2 de la Constitución carecería de efectividad y se produciría la negación radical de un derecho que goza de la máxima protección constitucional en nuestro ordenamiento jurídico (FJ 8).
- La dilación en el cumplimiento del deber que la Constitución impone al legislador no puede lesionar el derecho reconocido en ella. (FJ 8).

En una línea similar con la anterior, se pronuncia el Pleno del Tribunal Constitucional en la STC 53/85, de 11 de abril[48], al resolver el recur-

---

[48] La STC 53/85, de 11 de abril, resuelve el recurso de Inconstitucionalidad promovido por cincuenta y cinco diputados contra el texto definitivo del proyecto de Ley orgánica que introduce el art. 417 bis en el Código Penal, por el que se declara que, en determinados supuestos, el aborto no será punible. Esta sentencia, que declara la cons-

so de Inconstitucionalidad planteado frente al proyecto de ley orgánica que introduce el art. 417 bis en el Código Penal, por el que se declara no punible el aborto en determinados supuestos. En esta sentencia, tras una extensa argumentación sobre el valor y alcance de la protección que debe ofrecerse al derecho a la vida «reconocido y garantizado en su doble significación física y moral por el art. 15 CE», el Tribunal también aborda la cuestión relativa al derecho a la objeción de conciencia de los médicos, en cuanto los recurrentes habían alegado que el proyecto no contenía previsión alguna sobre las consecuencias que la norma podía tener en otros ámbitos.

Resuelve el Tribunal Constitucional esta cuestión de la siguiente manera:

> Cabe señalar, por lo que se refiere al derecho a la objeción de conciencia, que existe y puede ser ejercido con independencia de que se haya dictado o no tal regulación. La objeción de conciencia forma parte del contenido del derecho fundamental a la libertad ideológica y religiosa reconocido en el art. 16.1 de la Constitución y, como ha indicado este Tribunal en diversas ocasiones, la Constitución es directamente aplicable, especialmente en materia de derechos fundamentales (FJ 14º).

Sin embargo, la STC 160/1987, de 27 de octubre[49], matizando la doctrina precedente, viene a considerar que, a pesar de tratarse de un «derecho constitucional» o «constitucionalmente reconocido» no se puede calificar de «fundamental». Concretamente señala:

> Se trata, pues, de un derecho constitucional reconocido por la Norma suprema en su art. 30.2, protegido, si, por el recurso de amparo (art. 53.2), pero cuya relación con el art. 16 (libertad ideológica) no autoriza ni permite calificarlo de fundamental.

---

titucionalidad de algunos preceptos, reconoce *la objeción de conciencia de los médicos* (FJ. 14).

[49] La STC 160/87, de 27 de octubre, aborda el recurso de inconstitucionalidad interpuesto por el Defensor del Pueblo, contra la Ley 48/1984, de 26 de diciembre, reguladora de la objeción de conciencia y de la prestación social sustitutoria, y contra la Ley Orgánica 8/1984, reguladora del régimen de recursos y régimen penal en materia de objeción de conciencia y prestación social sustitutoria.

Una vez expuesto lo anterior, y ya en abierta contradicción con las previas SSTC 15/82 y 53/85, afirma el Tribunal que sin el expreso reconocimiento que la Constitución hace de forma excepcional a la objeción de conciencia –referida tan solo a la prestación del servicio militar–, este derecho no podría ejercerse, ni siquiera al amparo del derecho fundamental reconocido en el art. 16 CE. En este sentido subraya lo siguiente:

> Constituye una excepción al cumplimiento de un deber general, solamente permitida por el art. 30.2, en cuanto que sin ese reconocimiento constitucional no podría ejercerse el derecho, ni siquiera al amparo del de libertad ideológica o de conciencia (art. 16 C.E.) que, por sí mismo, no sería suficiente para liberar a los ciudadanos de deberes constitucionales o subconstitucionales por motivos de conciencia, con el riesgo anejo de relativizar los mandatos jurídicos. Es justamente su naturaleza excepcional –derecho a una exención de norma general, a un deber constitucional, como es el de la defensa de España– lo que le caracteriza como derecho constitucional autónomo, pero no fundamental, y lo que legitima al legislador para regularlo por Ley ordinaria «con las debidas garantías», que, si por un lado son debidas al objetor, vienen asimismo determinadas por las exigencias defensivas de la Comunidad como bien constitucional (FJ 3º).

Como vemos, el Tribunal acuña la expresión *derecho constitucional autónomo*, término que, si bien ha sido criticado por una parte de la doctrina, sin embargo, se ha ido imponiendo de un modo paulatino.

No obstante, esta sentencia genera una notable confusión por sus contradicciones. Así, en su FJ 3º, reitera lo establecido por la STC 15/1982, considerando que la objeción de conciencia es un «derecho constitucionalmente reconocido», al que se «otorga la protección del recurso de amparo, lo que le equipara, a los solos efectos de dicho recurso en su tratamiento jurídico constitucional, con ese núcleo especialmente protegido que son los derechos fundamentales y libertades públicas». Por tanto, aunque indica que no se trata de un derecho fundamental, sí se equipara a los derechos fundamentales, a los solos efectos del recurso de amparo.

El mismo día que la anteriormente citada (27 de octubre), el Pleno del Tribunal Constitucional, dicta una segunda sentencia, la núm. 161/1987 que, avanzando aún más en lo anteriormente expuesto en la precedente (STC 160/1987) acerca de la naturaleza excepcional de este derecho, viene a profundizar en su reciente giro doctrinal, afirmando lo siguiente:

La objeción de conciencia con carácter general, es decir, el derecho a ser eximido del cumplimiento de los deberes constitucionales o legales por resultar ese cumplimiento contrario a las propias convicciones, no está reconocido ni cabe imaginar que lo estuviera en nuestro Derecho o en Derecho alguno, pues significaría la negación misma de la idea del Estado. Lo que puede ocurrir es que sea admitida excepcionalmente respecto a un deber concreto.

Además, y a pesar de que las SSTC 15/1982 y 53/85 habían considerado de forma inequívoca que la objeción de conciencia es «una concreción de la libertad ideológica reconocida en el art. 16 de la Constitución», viene a cuestionar esta afirmación de la siguiente forma:

El art. 53.2 de la Norma suprema le otorga de manera expresa la tutela del recurso de amparo, lo que sería innecesario si se tratase de una mera aplicación de la libertad ideológica garantizada en el art. 16, pues entonces bastaría para recurrir en amparo por posibles vulneraciones del derecho a la objeción de conciencia con invocar dicho art. 16 que, de acuerdo con el mismo art. 53.2, está protegido por aquel recurso (FJ 3º).

Resulta trascendente tal pronunciamiento, porque al desvincular la objeción del derecho a la libertad ideológica y religiosa, se desprende que no cabe la tutela constitucional de aquellas modalidades que no hayan sido objeto previamente de un reconocimiento legal expreso. Tal interpretación implica que, al no quedar amparado por la Constitución como un derecho general, el Estado no queda obligado a su tutela y garantía.

La cuestión se complica cuando la STC 321/1994, de 28 de noviembre, en su FJ 4º, al pretender conectar con la doctrina constitucional previa –incluida la STC 15/1982 que, como hemos visto, es abiertamente contraria–, afirma que «el derecho a la libertad ideológica reconocido en el art. 16 CE no resulta suficiente para eximir a los ciudadanos por motivos de conciencia del cumplimiento de deberes legalmente establecidos, con el riesgo aparejado de relativizar los mandatos legales», cuando lo cierto es que tan solo cuando existe una obligación legal es cuando se puede invocar el derecho a la objeción de conciencia.

Añadirá además que «el derecho a ser declarado exento del servicio militar no deviene directamente del ejercicio de la libertad ideológica, por más que se encuentre conectado con el mismo, sino tan sólo de que la Constitución en su art. 30.2 expresamente ha reconocido el derecho a la objeción de conciencia, referido únicamente al servicio militar y cuyo ejercicio supone el nacimiento del deber de cumplir la prestación social sustitutoria, sistema que permite al objetor cumplir los objetivos de la norma de servir a la comunidad salvaguardando sus íntimas convicciones (STC 160/1987). No puede, por lo tanto, el recurrente justificar su negativa al cumplimiento de la prestación social sustitutoria ni apelando a la libertad ideológica, ni mediante el ejercicio de la objeción de conciencia, derecho que la Constitución refiere única y exclusivamente al servicio militar».

Afortunadamente, el Tribunal Constitucional ha terminado fijando y consolidando doctrina en Pleno en su Sentencia 145/2015, de 25 de junio, –que será objeto de detallado estudio en la segunda parte de nuestro estudio-[50], inclinándose de modo indudable por recuperar el planteamiento ya expresado en la STC 15/82, de 23 de abril y, sobre todo, en la STC 53/85, de 11 de abril (ésta referida a la objeción de conciencia sanitaria), al reiterar que el derecho a la objeción de conciencia «existe y puede ser ejercido con independencia de que se haya dictado o no tal regulación» pues «forma parte del contenido del derecho a la libertad ideológica y de conciencia» (FJ 14).

### 6. CRITERIO JURISPRUDENCIAL

No podemos olvidar que, aunque «el Tribunal Constitucional es el garante último de los Derechos Fundamentales y libertades del ciudadano

---

[50] La STC 145/2015, de 25 de junio de 2015 (RA 412/2012), reconoce el derecho a la objeción de conciencia del farmacéutico, anulando la sanción impuesta al carecer su oficina de farmacia de las existencias mínimas de preservativos y del medicamento con el principio activo *levonorgestrel*.

y su máximo intérprete»[51], son los jueces o tribunales ordinarios «los guardianes naturales y primeros de esos derechos»[52], por lo que resulta necesario dejar constancia de cuál ha sido la doctrina del Tribunal Supremo al abordar la objeción de conciencia.

Destacaremos que fruto del posicionamiento doctrinal constitucional instaurado a raíz de las SSTC 160/87 y 161/87, de 27 de octubre, que asumían un cambio sustancial respecto a la precedente doctrina[53], la jurisprudencia del Tribunal Supremo, seguida a su vez de forma mayoritaria por los tribunales ordinarios, ha venido manifestando que «nuestro ordenamiento jurídico no reconoce un derecho a la objeción de conciencia con alcance general».

Concretamente, en relación con el ejercicio de este derecho en el ámbito educativo, se excluye su reconocimiento frente a cualquier asignatura y, en particular, frente a las conocidas como *Educación para la Ciudadanía*, pues considera que «los contenidos de esta asignatura no entrañan una infracción de los derechos fundamentales contenidos en los artículos 16.1 y 27.3 de la Constitución», si bien entiende que «ello no autoriza a la Administración educativa ni a los centros docentes ni a los concretos profesores a imponer o inculcar, ni siquiera de manera indirecta, puntos de vista determinados sobre cuestiones morales que en la sociedad española son controvertidas»[54].

---

[51] Así lo señala la STC 155/2009, de 25 de junio, FJ. 2, con referencia a los arts. 53.2 y 123 CE y art. 1.1 LOTC.

[52] La STC 227/1999, de 13 de diciembre, indica a este respecto que *«los Jueces y Tribunales que uno a uno ejerce y en conjunto conforman el Poder Judicial, por ser los guardianes naturales y primeros de los derechos fundamentales y las libertades ciudadanas».*

[53] SSTC 15/82, de 23 de abril y 53/85, de 11 de abril.

[54] En este sentido: STS, 23 de septiembre de 2011 (RC 3783/2010), FD 2; 24 de junio de 2011 (RC 3632/2010) FD 2; 9 de junio de 2011 (RC 3803/2010); 2 de junio de 2011 (RC 457/2010); 26 de mayo de 2011 (RC 3473/2010); 19 de mayo de 2011 (RC 3905/2010); 12 de mayo de 2011 (RC 3614/2010); 5 de mayo de 2011 (RC 3602/2010); 28 de abril de 2011 (RC 3627/2010); 14 de abril de 2011 (RC 3716/2010); 7 de abril de 2011 (RC 3820/2010); 31 de marzo de 2011 (RC 3808/2010); 24 de marzo de 2011 (RC 3812/2010) y 3 de marzo de 2011 (RC 881/2010); 6 de mayo de 2010 (RC 6202/2009) FD 2; 14 de enero de 2010 (RC 6155/2008) FD 3°.

Sigue en este punto la línea de neutralidad ideológica defendida por el Tribunal Constitucional al señalar que «del principio de la libertad de enseñanza deriva también el derecho de los padres a elegir la formación religiosa y moral que desean para sus hijos»[55], por lo que los poderes públicos deberán garantizar el derecho de los padres a elegir esa educación conforme a sus convicciones.

Además del razonamiento expuesto, esa nutrida jurisprudencia viene a insistir en que el único supuesto en que la Constitución contempla la objeción de conciencia frente a la exigencia del cumplimiento de un deber público es el previsto en su art. 30.2, y constata que «la doctrina del Tribunal Constitucional solamente ha admitido, fuera de ese caso, el derecho a objetar por motivos de conciencia del personal sanitario que ha de intervenir en la práctica del aborto en las modalidades en que fue despenalizado» (STC 53/1985).

Admite también, que «nada impide al legislador ordinario, siempre que respete las exigencias derivadas del principio de igualdad ante la ley, reconocer la posibilidad de dispensa por razones de conciencia de determinados deberes jurídicos».

No obstante, precisa que «en tal caso, se trataría de un derecho a la objeción de conciencia de rango puramente legislativo, no constitucional, y, por consiguiente, derivado de la libertad de configuración del ordenamiento de que dispone el legislador, el cual puede crearlo, modificarlo o suprimirlo según lo estime oportuno». Además, las referidas sentencias no aceptan que de la Constitución surja un derecho a la objeción de conciencia de alcance general, que no podría ser ignorado por el legislador y, en particular, rechazan que derive del art. 16 de la Constitución.

Apoya el Tribunal Supremo este criterio[56] en que «una interpretación sistemática del texto constitucional no conduce en absoluto a esa

---

[55] *Vid.* STC 5/1981, de 13 de febrero.

[56] Así lo expresa el Tribunal Supremo en las siguientes sentencias: STS, Sala 3ª, Pleno, 11 de febrero de 2009 (RC 905, 948; 949 y 1013 de 2008); STS, Sala 3ª, Sección 7ª; 25 de mayo de 2012 (RC 3340/2011); 23 de septiembre de 2011 (RC 3783/2010) FD 2 y 3; 24 de junio de 2011 (RC 3632/2010) FD 2 y 3; 9 de junio de 2011 (RC 3803/2010); 2 de junio de 2011 (RC 457/2010); 26 de mayo de 2011 (RC 3473/2010); 19 de mayo de 2011 (RC 3905/2010); 12 de mayo de 2011 (RC 3614/2010); 5 de

conclusión. Incluso, pasando por alto que la previsión expresa de un derecho a la objeción de conciencia al servicio militar en el art. 30.2 no tendría mucho sentido si existiese un derecho a la objeción de conciencia de alcance general dimanante del art. 16». Sostienen además estas sentencias que el tenor de este precepto «dista de abonar la tesis de que la libertad religiosa e ideológica comprende el derecho a comportarse siempre y en todos los casos con arreglo a las propias creencias». Lo anterior evidencia «que el constituyente nunca pensó que las personas puedan comportarse siempre según sus propias creencias, sino que tal posibilidad termina, cuanto menos, allí donde comienza el orden público».

Por otro lado, el Tribunal Supremo destaca que se alza el mandato inequívoco y de alcance general del art. 9.1 CE que establece que «Los ciudadanos y los poderes públicos están sujetos a la Constitución y al resto del ordenamiento jurídico».

Este es, en opinión de esta doctrina jurisprudencial, «un mandato incondicionado de obediencia al Derecho. Derecho que, además, en nuestra Constitución es el elaborado por procedimientos democráticos». De esta manera viene a concluir que el reconocimiento con alcance general de un derecho a la objeción de conciencia a partir del art. 16, «equivaldría en la práctica a que la eficacia de las normas jurídicas dependiera de su conformidad con cada conciencia individual, lo que supondría socavar los fundamentos mismos del Estado democrático de Derecho».

Esta misma línea argumental es aplicada igualmente por el Tribunal Supremo en relación a la especial sumisión a la Ley de los poderes públicos y, en particular, por parte de jueces y magistrados. Así justifica la denegación del ejercicio del derecho a la objeción de conciencia a un juez a cargo del Registro Civil respecto de los expedientes matrimonia-

---

mayo de 2011 (RC 3602/2010); 28 de abril de 2011 (RC3627/2010); 14 de abril de 2011 (RC 3716/2010); 7 de abril de 2011 (RC 3820/2010); 31 de marzo de 2011 (RC 3808/2010); 24 de marzo de 2011 (RC 3812/2010) y 3 de marzo de 2011 (RC 881/2010); 6 de mayo de 2010 (RC 6202/2009) FD 2 y 3; 14 de enero de 2010 (RC 6155/2008) FD 3; y STS, Sala 3ª, Sección 7ª, 12 de noviembre de 2012 (RC 6856/2010).

les entre personas del mismo sexo, supuesto que aborda en su sentencia de 11 de mayo de 2009 [57], la cual, tras realizar un exhaustivo y detallado análisis de la doctrina jurisprudencial sobre la materia, argumenta que los Jueces y Magistrados no pueden ejercitar este derecho al estar sometidos al *imperio de la ley*, como expresamente proclama el art. 117 CE, siendo esa sumisión la «garantía de los derechos e intereses legítimos de todos».

Considera, además, que esta confianza general se vería cuestionada si se subordinara el ejercicio de la función jurisdiccional o, en este caso, registral, «a las consideraciones particulares de la conciencia de cada juez» [58].

En conclusión, podemos advertir cómo salvo algunas excepciones (SSTS de 16 de enero de 1998 y 23 de abril de 2005), la jurisprudencia mayoritaria, siguiendo el criterio marcado por las referidas SSTC 160/87 y 161/87, de 27 de octubre, se ha venido mostrando reacia a reconocer la objeción de conciencia como un derecho aplicable con carácter general en aquellos supuestos que no han sido contemplados expresamente en el ordenamiento jurídico. Y este mismo planteamiento ha sido igualmente acogido en el resto de pronunciamientos de los tribunales inferiores en la jurisdicción ordinaria al encontrarse vinculados por la jurisprudencia del Tribunal Supremo.

### 7. Reconocimiento internacional: Consejo de Europa

### 7.1. Protección normativa en los instrumentos internacionales

Conforme al párrafo segundo del art. 10 CE, «Las normas relativas a los derechos fundamentales y a las libertades que la Constitución reconoce se interpretarán de conformidad con la Declaración Universal de Derechos Humanos y los tratados y acuerdos internacionales sobre las mismas materias ratificados por España».

---

[57] *Vid* STS, Sala 3ª, Sección 8, 11 de mayo de 2009 (RC 69/2007).
[58] Sobre *la objeción de conciencia de los jueces* se ocupa DEL MORAL GARCÍA, A. (2009) en: «*Jueces y objeción de conciencia*». Disponible en: www.academia. edu/16551569/jueces_y_objeci%c3%93n_de_conciencia_antonio_del_moral

Por su indudable trascendencia en la materia que nos ocupa, haremos referencia en primer lugar a la Declaración Universal de Derechos Humanos (DUDH)[59] que, en su art. 18 establece lo siguiente:

> Toda persona tiene derecho a la libertad de pensamiento, de conciencia y de religión; este derecho incluye la libertad de cambiar de religión o de creencia, así como la libertad de manifestar su religión o su creencia, individual y colectivamente, tanto en público como en privado, por la enseñanza, la práctica, el culto y la observancia.

Este precepto se reproduce básicamente en el art. 18 del Pacto Internacional de Derechos Civiles y Políticos (PIDCP)[60], así como en el art. 1 de la Declaración sobre la eliminación de todas las formas de intolerancia y discriminación fundadas en la religión o las convicciones[61].

Aplicando las anteriores disposiciones, el Consejo de Derechos Humanos, como antes había hecho la Comisión de Derechos Humanos (a la que sustituye en 2006) como principal oficina de las Naciones Unidas encargada de promover y proteger estos derechos en aplicación del Pacto Internacional de Derechos Civiles y Políticos, ha reconocido también el «derecho de cada persona a plantear la objeción de conciencia al servicio militar como un ejercicio legítimo del derecho a la libertad de pensamiento, conciencia y religión, tal como figura en la Declaración Universal y del PIDCP»[62], afirmando que «este derecho puede deducir-

---

[59] Proclamada por la Asamblea General de las Naciones Unidas en París, el 10 de diciembre de 1948.

[60] Promulgado en Nueva York, el 19 de diciembre de 1966 y ratificado por España el 13 de abril de 1977.

[61] Proclamada por la Asamblea General de las Naciones Unidas el 25 de noviembre de 1981 (Res. 36/55).

[62] Resoluciones adoptadas por la Comisión de Derechos Humanos y del Consejo de Derechos Humanos, entre otras: 1989/59, 1991/65, 1993/84, 1995/83, 1998/77, 2000/34, 2002/45, 2004/35, 20/2 de 2012, y 24/17 de 2013. Concretamente, en su Observación General núm. 22 (1993), señaló lo siguiente: «*En el Pacto no se menciona explícitamente el derecho a la objeción de conciencia, pero el Comité cree que ese derecho puede derivarse del art. 18, en la medida en que la obligación de utilizar la fuerza mortífera puede entrar en grave conflicto con la libertad de conciencia y el derecho a manifestar y expresar creencias religiosas u otras creencias*» (párr. 11).

se del artículo 18, en la medida en que la obligación de emplear fuerza letal puede estar en grave conflicto con la libertad de conciencia y el derecho a manifestar la religión o la creencia propia»[63].

En cuanto a los tratados y acuerdos adoptados por los Estados miembros de la Unión Europea y ratificados por España, también reflejan de manera muy similar el reconocimiento a la libertad de pensamiento, de conciencia y de religión, igualmente sin otorgarle un carácter incondicionado.

Así, el Convenio para la Protección de los Derechos Humanos y de las Libertades Fundamentales (CEDH)[64] en su art. 9 referido a la *Libertad de pensamiento, de conciencia y de religión*, inspirado en el art. 18 de la Declaración Universal de los Derechos Humanos, señala:

1. Toda persona tiene derecho a la libertad de pensamiento, de conciencia y de religión; este derecho implica la libertad de cambiar de religión o de convicciones, así como la libertad de manifestar su religión o sus convicciones individual o colectivamente, en público o en privado, por medio del culto, la enseñanza, las prácticas y la observancia de los ritos.
2. La libertad de manifestar su religión o sus convicciones no puede ser objeto de más restricciones que las que, previstas por la ley, constituyan medidas necesarias, en una sociedad democrática, para la seguridad pública, la protección del orden, de la salud o de la moral públicas, o la protección de los derechos o las libertades de los demás.

Como vemos, se prevé excepcionalmente que puedan imponerse límites al ejercicio de estos derechos, supeditando en todo caso estas restricciones a que se encuentren expresamente reguladas y sean realmente necesarias. Además, como recuerda Martín Sánchez, «a diferencia de la Declaración Universal, el Convenio instaura un sistema de

---

[63] *Vid.* Observación General del Comité de Derechos Humanos, n° 22 (1993).
[64] El texto del Convenio aprobado en Roma el 4 de noviembre de 1950, fue modificado por los Protocolos núm. 11 y 14 (STCE núm. 194) y completado por el Protocolo adicional y los Protocolos núm. 4, 6, 7, 12, 13 y 16, siendo ratificado por Instrumento de 26 de septiembre de 1979.

garantías judiciales internacionales para controlar la efectividad de los derechos y libertades reconocidos en el mismo»[65].

Con similar redacción al art. 9.1 de la Convención, se pronuncia el art. 10.1[66] de la Carta de Derechos Fundamentales de la Unión Europea[67] bajo el enunciado *Libertad de pensamiento, de conciencia y de religión*. Pero en este caso y a diferencia del CEDH, en su segundo apartado y bajo el mismo epígrafe, contempla de manera expresa el derecho a la objeción de conciencia «de acuerdo con las leyes nacionales que regulen su ejercicio», lo que supone el unánime refrendo de los países miembros de la Unión a este derecho.

Debemos destacar que lo dispuesto en la Carta de los Derechos Fundamentales también obliga a nuestros tribunales en su labor de interpretar las normas relativas a los derechos fundamentales y a las libertades que la Constitución reconoce, tal como expresamente señala el art. 2 de la Ley Orgánica 1/2008[68], en consonancia con lo previsto en el art. 10 CE, así como en el apartado 8 del art. 1 del Tratado de Lisboa[69].

---

[65] *Vid* MARTÍN SÁNCHEZ, I. (2002); *La recepción por el tribunal constitucional español de la jurisprudencia sobre el Convenio Europeo de Derechos Humanos respecto de las libertades de conciencia, religiosa y de enseñanza* en Colección Religión, Derecho y Sociedad. Granada, Ed. Comares, p. 13.

[66] El art. 10.1 de la Carta Europea señala que «*Toda persona tiene derecho a la libertad de pensamiento, de conciencia y de religión. Este derecho implica la libertad de cambiar de religión o de convicciones, así como la libertad de manifestar su religión o sus convicciones individual o colectivamente, en público o en privado, a través del culto, la enseñanza, las prácticas y la observancia de los ritos.*»

[67] La Carta de Derechos Fundamentales de la UE (Niza, 7 de diciembre de 2000), una vez revisada, fue proclamada solemnemente el 12 de diciembre de 2007 atribuyéndole el mismo valor jurídico que los tratados. Posteriormente ha sido adaptado su texto el 30 de marzo de 2010 y 7 de junio de 2016.

[68] La Ley Orgánica 1/2008, de 30 de julio, autoriza la ratificación por España del Tratado de Lisboa, señalando en su art. 2 que: *las normas relativas a los derechos fundamentales y a las libertades que la Constitución reconoce se interpretarán también de conformidad con lo dispuesto en la Carta de los Derechos Fundamentales.*

[69] El Tratado de Lisboa por el que se modifican el Tratado de la Unión Europea y el Tratado Constitutivo de la Comunidad Europea, fue publicado en el Diario Oficial de la Unión Europea el 17 de diciembre de 2007.

## 7.2. Posición de la Asamblea Parlamentaria y del Comité de Ministros del Consejo de Europa

Teniendo en cuenta los instrumentos anteriormente citados y los dictámenes del Comité de Derechos Humanos, será en la Resolución 337 (1967) de 26 de enero, relativa al Derecho de objeción de conciencia, la primera vez en la que la Asamblea Parlamentaria venga a manifestar su posición sobre este derecho, si bien referido tan sólo al servicio militar obligatorio –única modalidad invocada y reconocida hasta el momento–, convirtiéndose así en la indiscutida referencia doctrinal sobre la que se apoyarán todos sus pronunciamientos posteriores[70].

Esta Resolución la acompaña de la Recomendación 478 (1967), sobre el derecho de objeción de conciencia al servicio militar, por la que la Asamblea insta al Comité de Ministros a que encomiende al Comité de Expertos en Derechos Humanos la elaboración de propuestas a los Gobiernos «para hacer efectivos los principios formulados por la Asamblea en su Resolución, a fin de que el derecho de objeción de conciencia pueda ser implantado firmemente en todos los Estados miembros del Consejo de Europa». Además, invita a los Estados miembros a llevar sus legislaciones nacionales a la mayor sintonía posible con los principios aprobados por la Asamblea Consultiva.

Sin embargo, no será hasta el 9 de abril de 1997 cuando adopte esta Recomendación en relación a la objeción de conciencia al servicio militar (Res. 87, 8). Y dado que algunos países se resistieron a incluir en sus respectivas legislaciones nacionales estas recomendaciones, en el año 2001 la Asamblea se dirigió nuevamente al Consejo de Ministros para que éste, a su vez, volviera a instar a los Estados miembros a que

---

[70] La Resolución 337 (1967) relativa al *Derecho de objeción de conciencia*, señala como sus *Principios básicos* los siguientes: *1. Las personas sujetas al servicio militar obligatorio que, por razones de conciencia o convicción profunda derivadas de motivos religiosos, éticos, morales, humanitarios, filosóficos o similares, se nieguen a realizar el servicio armado, disfrutarán de un derecho personal a ser liberados de la obligación de realizar dicho servicio.2. Se considerará que este derecho deriva lógicamente de los derechos fundamentales del individuo en los Estados democráticos del Estado de Derecho que están garantizados en el art. 9 del Convenio Europeo de Derechos Humanos.*

incorporaran en sus respectivos ordenamientos estas previsiones (Reco-mendación 1518)[71]. Posteriormente, la Resolución 1607 (2008), de 14 de diciembre de 2009, invita a «despenalizar el aborto en los plazos de gestación razonables, así como a garantizar el ejercicio efectivo del de-recho de las mujeres al acceso a un aborto sin riesgo y legal»[72].

Será un año después cuando la Asamblea adopte su primera decisión sobre la objeción de conciencia sanitaria. Esta Resolución 1763 (2010), de .7 de octubre[73], sin hacer ninguna referencia al art. 9 del CEDH, co-mienza afirmando que «ninguna persona, hospital o institución será coaccionada, considerada civilmente responsable o discriminada debi-do a su rechazo a realizar, autorizar, participar o asistir en la práctica de un aborto, la realización de un aborto involuntario o de emergencia, eutanasia o cualquier otro acto que cause la muerte de un feto humano o un embrión, por cualquier razón». Y enfatiza a continuación que «el ejercicio de la objeción de conciencia por los profesionales sanitarios deberá conciliarse con el respeto a los intereses y derechos de quienes buscan un acceso a prestaciones sanitarias admitidas por la ley».

---

[71] La Recomendación de la Asamblea núm. 1518 (2001), de 23 de mayo de 2001, insta al Comité de Ministros para que invite a aquellos Estados que todavía no lo han hecho a incorporar a su legislación: *1. el derecho a ser reconocido como objetor de conciencia en cualquier momento: antes, durante o después de la conscripción, o realización del servicio militar; 2. el derecho de los miembros permanentes de las fuerzas armadas a solicitar que se les conceda el estatus de objetor de conciencia; 3. el derecho de todos los reclutas a recibir información sobre el estatus de objetor de conciencia y los medios para obtenerlo; 4. un servicio auténticamente alternativo de naturaleza claramente civil, que no tendrá naturaleza disuasoria ni punitiva.*

[72] La Resolución 1607 (2008), de 14 de diciembre de 2009, si bien considera que *el aborto no puede nunca considerarse como un medio de planificación familiar*, entien-de que *no debe estar prohibido dentro de unos plazos de gestación razonables*, pues su prohibición *no consigue reducir el número de abortos, sino que conduce sobre todo a abortos clandestinos, más traumáticos, y contribuye al aumento de la mortalidad maternal y al desarrollo del turismo del aborto, una actividad costosa, que prorroga el momento del aborto y genera desigualdades sociales*. Por ello viene a concluir que *la legalidad del aborto no tiene efecto sobre la necesidad de la mujer de recurrir al aborto, sino solamente sobre su acceso a un aborto sin riesgo.*

[73] Disponible en: www.bioeticablog.com/texto-en-espanol-de-la-resolucion-1763-del-consejo-de-europa-sobre-la-objecion-de-conciencia-sanitaria/

Partiendo de las anteriores premisas, insta a los Estados miembros del Consejo de Europa «a desarrollar marcos legales claros y completos que definan y regulen la objeción de conciencia en relación con los servicios médicos y de salud», asegurando el derecho de los pacientes a ser «informados de cualquier objeción, a ser derivados a otro profesional sanitario, y a recibir el tratamiento adecuado, en particular en casos de emergencia».

Tras este impulso al derecho a la objeción de conciencia en el ámbito sanitario, la Asamblea Parlamentaria volverá a abordar en diversas ocasiones la necesidad de «promover la coexistencia pacífica de las comunidades religiosas en los Estados miembros». Señalaremos en particular la Resolución 1846 (2011), sobre la lucha contra todas las formas de discriminación basadas en la religión; la Recomendación 1962 (2011) sobre la dimensión religiosa del diálogo intercultural, así como la Resolución 1928 (2013) sobre la salvaguarda de los derechos humanos en relación con la religión y las creencias, y la protección de las comunidades religiosas de actos de violencia.

Y más recientemente, la Resolución 2036 (2015)[74] que declara que «la libertad de pensamiento conciencia y religión protegida por el art. 9 de la Convención es uno de los fundamentos de la democracia y la sociedad pluralista», admitiendo que «la expresión de la fe es a veces indebidamente limitada por la legislación y las políticas nacionales al no permitir la acomodación de las creencias y prácticas religiosas». Por ello, y a fin de garantizar su efectiva protección la Asamblea solicita al Consejo de Europa que, entre otras medidas, «promueva el respeto a la libertad de conciencia en el lugar de trabajo al mismo tiempo que el acceso a los servicios previstos por la ley se mantiene y el derecho de los otros a no ser discriminados esté protegido».

En todo caso, las resoluciones de la Asamblea Parlamentaria del Consejo de Europa no resultan vinculantes ni obligan a los ciudadanos. Por ello, el Tribunal Constitucional ha venido considerando que no se encuentra supeditado por estas resoluciones como tampoco por las emitidas por el Comité de Ministros al tener su origen en órganos de naturaleza política.

---

[74] Disponible en: http://assembly.coe.int/nw/xml/XRef/Xref-XML2HTML-en.asp?-fileid=21549&lang=en

Sí se remite, sin embargo, a la doctrina del Tribunal Europeo de Derechos Humanos (TEDH) a la que nos vamos a referir a continuación, en cuanto órgano jurisdiccional llamado a interpretar y aplicar los tratados y convenios internacionales, considerando que sus pronunciamientos, en ejecución del art. 9 del CEDH y sus Protocolos adicionales, permiten contar con un «criterio interpretativo privilegiado de los derechos reconocidos en la Norma Fundamental» (STC 157/1993, de 6 de mayo, FJ 2) y, por tanto, para delimitar el contenido y límites de la libertad de pensamiento, conciencia y religión y sus legítimas manifestaciones en el ámbito público y privado.

## 7.3. Doctrina del Tribunal Europeo de Derechos Humanos

### D. Evolución jurisprudencial

Hasta fechas recientes, al igual que vino ocurriendo con las resoluciones de la Asamblea Parlamentaria y del Comité de Ministros del Consejo de Europa, la jurisprudencia de la hoy extinta Comisión Europea de Derechos Humanos y de la Corte Europea de Derechos Humanos vino referida, salvo casos puntuales, a la objeción de carácter religioso al servicio militar.

Y si bien el Tribunal de Estrasburgo ha venido señalando de forma reiterada que la libertad de pensamiento, conciencia y religión «contribuye a la formación de la identidad de los creyentes y de su concepción de la vida»[75], siendo una «manifestación del pluralismo indisociable de una sociedad democrática y claramente conquistado en el curso de siglos»[76], sin embargo, a la hora de resolver aquellas cuestiones suscitadas por los objetores al servicio militar, en un primer momento vino a interpretar conjuntamente el art. 9 del Convenio en relación al art. 4.3. b) del Convenio, según el cual ni los servicios de carácter militar ni la prestación sustitutoria se consideraban *trabajo forzado*.

---

[75] *Vid.* Sentencia *Kokkinakis contra Grecia*, de 25 de mayo de 1993.
[76] *Vid.* Sentencia *Manoussakis y otros contra Grecia*, de 26 de septiembre de 1996.

Esto implicaba reconocer a los Estados un «cierto margen de apreciación» –aunque en realidad, a pesar del término empleado por el mismo Tribunal, el margen se reveló con el tiempo bastante amplio–, a fin de reconocer o no la objeción de conciencia, así como para delimitar su alcance y límites. De esta manera, conforme a esta interpretación restrictiva que justificaba el sistemático rechazo de las demandas que invocaban la objeción de conciencia, los Estados podían castigar legítimamente a quienes se negaran a realizar el servicio militar y, por tanto, los objetores quedaban fuera del ámbito de protección del art. 9 del Convenio de Roma.

Bajo estas premisas, no puede extrañarnos que en el único caso abordado hasta el momento de objeción en el ámbito farmacéutico (caso *Pichón y Sajous c. Francia*, de 2 octubre 2001), el Tribunal de Estrasburgo inadmitiera el recurso planteado por dos farmacéuticos franceses sancionados por no querer dispensar productos anticonceptivos por entender que «la objeción de conciencia farmacéutica no puede tener más reconocimiento que el expresamente dispuesto en la legislación nacional».

Lo que es más difícil de justificar, es que entendiera que los profesionales pretendían «imponer a otros sus convicciones religiosas» (*sic*), obviando que esta libertad, también la de manifestar sus convicciones individual o colectivamente, en público o en privado, forma parte del núcleo del art. 9 de la Convención y resulta esencial para la identidad de los creyentes[77]. Igualmente, que, ofreciendo una interpretación tan restrictiva de esta libertad, limitara sus manifestaciones a conductas *activas*, excluyendo de forma arbitraria aquellos otros comportamientos que, como la objeción, pretenden un *no hacer* por imperativos de orden moral, como si esta negativa no se tratara también de una legítima manifestación de su libertad de conciencia y de actuar conforme a sus personales convicciones religiosas, derechos que el Convenio expresamente ampara.

El Tribunal de Estrasburgo, no obstante, inició un paulatino cambio de postura, a pesar de mantener durante unos años más que el art. 9 no reconoce implícitamente un derecho a la objeción de conciencia. De

---

[77] *Vid* nota 73.

esta manera, al enjuiciar la actuación de los poderes públicos frente a quienes se negaban a incorporarse a filas por motivos de tipo religioso vino a apreciar en algunos otros casos la vulneración de derechos distintos a la libertad de pensamiento, conciencia y religión, como el principio de igualdad, o la prohibición de discriminación o de tratos degradantes, entre otros [78].

Para que el Tribunal estimara la plena conexión entre el art. 9 del CEDH y la objeción de conciencia y, por tanto, podamos hablar de un auténtico cambio jurisprudencial, habrá que esperar al fallo de la Gran Sala, *Bayatyan c. Armenia*, de 7 de julio de 2011, referido a la objeción al servicio militar [79], en el que justificando que la Convención es un «instrumento vivo» que debe interpretarse «a la luz de las condiciones de vida actuales y las concepciones prevalecientes en la actualidad en los Estados democráticos», el TEDH se aparta de la doctrina precedente mantenida por la Comisión de Derechos Humanos (en funciones hasta noviembre de 1999) y, en consecuencia, considera por vez primera que «no cabe ya interpretar el art. 9 a la luz del artículo 4. 3. b), sino que el derecho a la objeción al servicio militar, como manifestación de la libertad de pensamiento, conciencia y religión se debe examinar únicamente desde el punto de vista del art. 9 del Convenio».

Esta vinculación no significa –como hemos señalado– que este derecho tenga un carácter absoluto, pues entiende que habrá que decidir la cuestión planteada de acuerdo con las circunstancias de cada caso, valorando que «la exención de la obligación de realizar este servicio se debe basar en razones sólidas y convincentes, no por interés o conveniencia personal». Solamente de esta manera considera que «los derechos de la Convención tendrán una interpretación y aplicación práctica y eficaz, no teórica ni ilusoria».

---

[78] Entre otros, los casos *Raninen contra Finlandia*, de 16 de diciembre de 1997 y *Thlimmenos contra Grecia* (GS), de 6 de abril de 2000.

[79] *Vid.* más ampliamente, DÍEZ FERNÁNDEZ, JA. (2013); *El caso Bayatyan: punto de inflexión en la doctrina del Tribunal de Estrasburgo sobre la objeción de conciencia.* En Religión y Derecho Internacional. Ed. UNIR y Comares. Granada, pp. 369-390.

## E. Posición doctrinal ante la objeción al aborto

Aunque el derecho a la objeción de conciencia se reconoce por el TEDH desde la sentencia *Bayatyan* como un componente fundamental del derecho a la libertad de pensamiento, de conciencia y de religión consagrada en art. 9 de la Convención, no ha sido éste el posicionamiento del Tribunal en supuestos distintos a los de la incorporación al servicio militar, como ocurre cuando se plantea por profesionales de la sanidad que se niegan a participar en la práctica de un aborto.

Así, con el precedente directo del caso *Pichón y Sajous* de 2001 al que ya hemos hecho referencia, y, de forma indirecta los fallos *Tysiac c. Polonia* de 2007, *R. R. c. Polonia* de 2011, y *P. y S. c. Polonia* de 2012, [80] el 11 de febrero de 2020 un comité del TEDH formado por tres magistrados adoptó una doble decisión de inadmisión de sendas demandas planteadas ante el Tribunal contra Suecia por dos matronas.

Son los casos de *Ellinor Grimmark* y *Linda Steen*, a quienes se les prohibió trabajar en centros hospitalarios y asistenciales al declararse objetoras frente al aborto por razones de fe religiosa y de conciencia. Ese rechazo fue previamente respaldado por las autoridades suecas, país que no contempla el derecho a la objeción de conciencia frente al aborto.

En ambos casos las demandantes fundamentaron su queja en virtud del art. 9 del Convenio, al considerar que con esta prohibición las auto-

---

[80] El fallo *Tysiac contra Polonia,* de 20 de marzo de 2007, señala que: «*una vez que el legislador ha decidido autorizar el aborto, no debe concebir el marco legal correspondiente de manera que limite en la realidad la posibilidad de obtener el acceso a tal intervención*», añadiendo que «*la legislación que regula la interrupción del embarazo afecta al ámbito de la vida privada*». Por su parte, en los fallos *R. R. c. Polonia,* de 28 de mayo de 2011 y *P. y S. c. Polonia,* de 2012, aún sin abordar directamente la objeción de conciencia ni su relación con el art. 9 CEDH, –pues la demanda fue interpuesta por las gestantes alegando que fueron sometidas a tratos inhumanos y degradantes (art. 3) así como la vulneración del derecho al respeto de la vida privada (art. 8)–, el Tribunal vino a condenar a Polonia por entender que en este país «*no existen procedimientos que garanticen las condiciones para realizar un aborto legal y no se aplican ni se supervisan las leyes que rigen el ejercicio de la objeción de conciencia, dando todo esto como resultado una protección insuficiente de sus derechos garantizados por la Convención*».

ridades de su país habían interferido con su derecho a la libertad de pensamiento, conciencia y religión, y que «esta interferencia no había sido prescrita por la ley, ni su objetivo legítimo, sino que la decisión había sido discrecional, arbitraria y desproporcionada».

Frente a ello, el Tribunal interpreta que la manifestación de una persona de su creencia religiosa puede tener un impacto en los demás, y que por esta razón los redactores de la Convención consideraron que esta libertad puede ser objeto de restricciones legales. Fundamenta conforme a su consolidada doctrina que «los Estados gozan de un cierto margen de apreciación al decidir si es necesaria una interferencia y en qué medida, bajo la supervisión europea tanto de la ley como las decisiones que la aplican».

Con base en lo anterior, al valorar si las medidas adoptadas a nivel nacional estaban justificadas y habían sido adoptadas conforme a criterios de proporcionalidad, el Tribunal viene a concluir que «la injerencia tenía una base suficiente en la legislación sueca y estaba prescrita por la ley». También considera que tal prohibición perseguía el objetivo legítimo de «proteger la salud de las mujeres que buscan un aborto».

Concretamente señala:

La interferencia fue necesaria en una sociedad democrática y proporcionada. El Tribunal observa que Suecia proporciona servicios de aborto a nivel nacional y, por lo tanto, tiene la obligación positiva de organizar su sistema de salud de manera que se garantice que el ejercicio efectivo de la libertad de conciencia de los profesionales de la salud en el contexto profesional no impida la prestación de dichos servicios. El requisito de que todas las parteras puedan realizar todas las tareas inherentes a los puestos vacantes no fue desproporcionado ni injustificado. Los empleadores tienen, según la ley sueca, una gran flexibilidad para decidir cómo se organizará el trabajo y el derecho a solicitar que los empleados realicen todas las tareas inherentes al puesto. Al concluir un contrato de trabajo, los empleados aceptan inherentemente estas obligaciones. En el caso presente, la solicitante había elegido voluntariamente convertirse en partera y solicitar puestos vacantes sabiendo que esto significaría ayudar también en casos de aborto.

Así, aunque la Convención no contempla el derecho de las mujeres a interrumpir su embarazo, y el Tribunal en su más reciente jurispruden-

cia había venido reconociendo que el derecho a la objeción de conciencia es una manifestación de la libertad de pensamiento, conciencia
y religión que, junto al respeto a la vida, se garantiza en el art. 9, de
forma sorpresiva viene a considerar prevalente el derecho al aborto
frente al de objeción.

La justificación invocada para que ante el conflicto suscitado este
derecho quedara desprovisto de protección, como hemos visto, tiene su
principal sustento en que la objeción no se encuentra en este caso expresamente reconocida en el ordenamiento jurídico sueco. Ello, en definitiva, supone volver sólo para estos casos a una posición jurisprudencial
ya superada desde el fallo *Bayatyan* en el año 2011, conforme a la cual
se deberán examinar estos supuestos desde el punto de vista del art. 9
del Convenio, valorando que «la exención de la obligación se base en
razones sólidas y convincentes», como aquí ocurría y había quedado
suficientemente acreditado.

El Tribunal opta así por reconocer a los Estados un absoluto y decisivo margen de discrecionalidad, sin que le merezca ningún reproche
que este país en concreto no contemple la objeción de conciencia para
los profesionales que puedan verse implicados en la práctica de abortos.
Contraría así su propia doctrina expuesta en los anteriormente citados
fallos *R. R. c. Polonia*, de 28 de mayo de 2011 y *P. y S. c. Polonia*, de
2012, en los que sí se condena a este país por entender que en el mismo
«no se aplican ni se supervisan las leyes que rigen el ejercicio de la
objeción de conciencia, dando todo esto como resultado una protección
insuficiente de los derechos garantizados por la Convención».

Obvia igualmente el hecho de que Suecia no haya adoptado la Resolución de la Asamblea Parlamentaria 1763 (2010), de 7 de octubre, sobre
objeción de conciencia sanitaria, que advierte que «ninguna persona será
discriminada debido a su rechazo a realizar, participar o asistir en la práctica de un aborto», e insta a los Estados miembros a «desarrollar marcos
legales claros y completos que definan y regulen la objeción de conciencia en relación con los servicios médicos y de salud». De esta manera,
que el TEDH haya decidido ofrecer una solución distinta a la misma
cuestión en función de si se objeta al servicio militar o al aborto, dejando
fuera del ámbito de protección del art. 9 a estos últimos supuestos, hace
pensar que la denominada doctrina del *instrumento vivo* es una herra-

mienta que permite al Tribunal declarar con bastante discrecionalidad cuales son o dejan de ser los derechos humanos dignos de protección.

Sobre la independencia del Tribunal y los condicionantes ideológicos que en algún caso puede comprometer la imparcialidad de los jueces del TEDH se han pronunciado recientemente diversos autores, entre los que podemos destacar a Grégor Puppinck y Delphine Loiseau[81].

En todo caso, como señala Capodiferro Cubero[82] «Todo esto viene a reconocer la importancia de contar con un procedimiento reglado para articular el ejercicio de la objeción de conciencia de los empleados públicos y de aquellos sujetos cuyos deberes profesionales cumplen la misión de satisfacer derechos de terceros. Todo con el fin de conciliar los intereses concurrentes sin tener que recurrir al inevitable sacrificio que se derivaría de su oposición en un juicio de ponderación, donde la objeción de conciencia, aunque se considere una opción legítima amparada por el art. 9 CEDH, no es inmune a posibles restricciones justificadas, especialmente para salvaguardar los derechos de los demás».

---

[81] *Vid.* PUPPINCK, G. y LOISEAU, D. (2020); *Las ONG y los jueces del Tribunal Europeo de Derechos Humanos 2009-2019,* publicado por el Centro Europeo por el Derecho y la Justicia. Puede consultarse en: https://eclj.org/ngos-and-the-judges-of-the-echr. En este informe los autores destacan «cómo al menos veintidós de los cien jueces permanentes del Tribunal Europeo de Derechos Humanos entre 2009 y 2019 han sido directivos o colaboradores de determinadas ONG profundamente ideologizadas habiéndose convertido estas organizaciones en actores principales de la normativa globalizada en el ámbito de los derechos humanos, hasta el punto de que algunas de ellas son ahora políticamente más poderosas que muchos Estados, al disponer de presupuestos superiores incluso al del propio Tribunal».
Vid. Noticias: BALLESTER ESQUIVIAS, J.M. (23/02/2020); «Soros controla a 12 de los 100 jueces del Tribunal Europeo de Derechos Humanos». Diario ABC. Recuperado de:      www.abc.es/internacional/abci-soros-controla-12-100-jueces-tribunal-europeo-derechos-humanos-202002230205_noticia.html.
Igualmente, en: BERBELL, C. (01/05/20); *«El TEDH nombró al búlgaro Yonko Grovez, un hombre de Soros, nuevo presidente de Sección, denuncia el ECLJ.»* Confilegal. Recuperado de: www.confilegal.com/20200501-el-tedh-nombro-al-bulgaro-yonko-grovez-un-hombre-de-soros-nuevo-presidente-de-seccion-denuncia-el-eclj/
[82] *Vid.* Daniel CAPODIFERRO CUBERO (2017), quien se ocupa extensamente de esta materia en «El tratamiento de la objeción de conciencia en el Consejo de Europa», *Revista de Ciencias de las Religiones*, Vol. 22, Ed. Complutense. Puede consultarse en: www.revistas.ucm.es/index.php/ILUR/article/view/57409/51714.

# Capítulo II. La objeción de conciencia en el ámbito sanitario

## 1. Introducción

Entre las distintas modalidades de objeción de conciencia, las que surgen en el ámbito del ejercicio de las profesiones sanitarias son las que presentan una mayor relevancia. No puede extrañarnos pues que al debate ideológico, religioso y político que, en general, esta materia suscita, debamos añadir en este caso la innegable repercusión social que su ejercicio supone al afectar directamente a la prestación de servicios públicos tan esenciales como aquellos que están ligados a la salud de las personas.

En un sentido amplio podemos definir a la profesión sanitaria como aquella cuya actividad está centrada en la formación, promoción y protección[83] de la salud, así como en el diagnóstico y tratamiento de las enfermedades[84], incluyendo, por tanto, la actividad consistente en la dispensación de fármacos.

Podemos comprobar que en este desempeño profesional la concepción de la relación médico-paciente ha ido evolucionando a lo largo de

---

[83] El *derecho a la protección de la salud*, está expresamente reconocido por el art. 43 CE.

[84] Según la Unión Europea de Médicos Especialistas (Múnich, octubre de 2005): «*El acto médico engloba todas las actuaciones profesionales como son la enseñanza, educación y formación, actuaciones clínicas y médico-técnicas, todas ellas encaminadas a promover la salud, prevención de enfermedades, aportar los cuidados terapéuticos o diagnósticos a los pacientes, grupos, comunidades o individuos*».

los años desde el clásico carácter paternalista basado en la obediencia y sumisión, a una relación basada en el principio de autonomía de la voluntad que encuentra sustento en el máximo respeto a la dignidad de la persona y a su libertad individual[85]. De esta manera, los derechos que se les reconocen a los usuarios de los servicios sanitarios actúan ahora como el eje básico de las relaciones clínico-asistenciales, teniendo su reflejo en la Ley 41/2002, de 14 de noviembre, básica reguladora de la autonomía del paciente, que complementa los principios generales que prevé la Ley General de Sanidad de 1986. Por ello, cuando se aborda su análisis suele hacerse desde la perspectiva del conflicto que genera, en cuanto puede provocar una colisión entre los intereses y derechos del profesional objetor y los del ciudadano que resulta afectado por su decisión.

A grandes rasgos, surge la división de quienes priman el derecho del paciente, considerando que las convicciones éticas, morales o religiosas de los sanitarios no deben interferir en sus obligaciones profesionales ni perjudicar los derechos asistenciales que siempre deben tener prioridad. Por otra parte, los defensores del modelo centrado en el profesional proclaman que «ante situaciones en las que puede sentirse obligado a realizar acciones contrarias a su conciencia individual, le resulta posible legalmente y obligado éticamente recurrir al ejercicio de su derecho a objetar para no violentar sus convicciones e integridad moral»[86].

Asumiendo pues el cambio de paradigma por las transformaciones experimentadas por la sociedad en general y de la relación asistencial en particular, y teniendo en cuenta que los avances científicos y biomédicos así como el desarrollo tecnológico permiten incorporar novedosas opciones técnicas y terapéuticas en medicina, no puede extrañarnos que en las últimas décadas se hayan ido acrecentado exponencialmente el número de deberes y actos médicos objetables al presentarse una diver-

---

[85] *Vid.* Exposición de Motivos de la Ley 41/2002, de 14 de noviembre, básica reguladora de la autonomía del paciente y de derechos y obligaciones en materia de información y documentación clínica.

[86] *Vid.* GARCÍA BLÁZQUEZ, M. y CASTILLO CALVÍN, J.M. (2011) *Manual Práctico De Responsabilidad de la Profesión Médica (Aspectos Jurídicos y Médico-Forenses)*, 3ª Edición. Ed. Comares, Granada, pp. 239-244.

sidad de supuestos que parecen contrariar el fundamento mismo de la profesión en cuanto pueden dañar la salud o directamente atentar contra la vida (aborto, contracepción, eutanasia, terapias con células madre embrionarias, manipulación genética, entre otras muchas).

Por ello, algunas Comunidades Autónomas han incorporado referencias concretas a la objeción de conciencia o a las convicciones éticas y morales de los profesionales al regular en su ámbito territorial la ordenación farmacéutica. Sin embargo, ninguna referencia se hace a este derecho en la normativa relativa a los derechos y garantías de las personas en el proceso final de la vida[87], y ello a pesar de que en todos los casos se contempla la sedación terminal al paciente que, aun siendo una medida terapéutica habitual en la práctica de los cuidados paliativos para evitar el sufrimiento del enfermo terminal –que no debemos confundir con la aplicación de procedimientos eutanásicos–, puede llegar en algunas ocasiones a plantear importantes conflictos bioéticos[88].

---

[87] Leyes autonómicas de *muerte digna:* Andalucía: Ley 2/2010, de 8 de abril. (BOJA núm. 88, de 7 de mayo de 2010 y BOE núm. 127, de 25 de mayo de 2010). Aragón: Ley 10/2011, de 24 de marzo. (BOA núm. 70 de 07 de abril de 2011 y BOE núm. 115 de 14 de mayo de 2011). Asturias: Ley 5/2018, de 22 de junio. (BOE núm. 181, de 27 de julio de 2018). Baleares: Ley 4/2015, de 23 de marzo. (BOIB núm. 44, de 28 de marzo de 2015 y BOE núm. 96, de 22 de abril de 2015). Canarias: Ley 1/2015, de 9 de febrero. (BOE núm. 54, de 4 de marzo de 2015). Euskadi: Ley 11/2016, de 8 de julio. (BOE núm. 175, de 21 de julio de 2016). Galicia: Ley 5/2015, de 26 de junio. (BOE núm. 228, de 23 de septiembre de 2015). Madrid: Ley 4/2017, de 9 de marzo. (BOE núm. 149, de 23 de junio de 2017). Navarra: Ley Foral 8/2011, de 24 de marzo. (BON núm. 65 de 04 de abril de 2011 y BOE núm. 99 de 26 de abril de 2011). C. Valenciana: Ley 16/2018, de 28 de junio. (DOGV núm. 8328, de 29 de junio de 2018 y BOE núm. 183, de 30 de julio de 2018).

[88] Señala AZULAY TAPIERO A. (2003), en «La sedación terminal. Aspectos éticos» publicado en la revista *Anuales de Medicina Interna* (Madrid), Vol. 20, pp. 645-649, lo siguiente: *La sedación terminal, dentro de una praxis correcta, es decir, estando correctamente indicada y bien aplicada, en algunos casos precipita la muerte del enfermo o contribuye a que ésta se produzca, situaciones que podrían ser equiparables a una forma de eutanasia activa o, por lo menos, ser causa de multitud de dudas y contradicciones entre los profesionales que la practican. Existen situaciones oscuras en donde la distinción entre eutanasia y ortotanasia pueda no quedar clara.*

En todo caso, aunque el consentimiento informado no figura entre los derechos fundamentales, la STC 37/2011, de 28 de marzo, declaró que *se trata de una facultad de*

Sin embargo, la objeción sí es contemplada expresamente en la Ley Orgánica 3/2021, de 24 de marzo, de regulación de la eutanasia que, tras definir en el art. 3.f) la objeción de conciencia como «derecho individual de los profesionales sanitarios a no atender aquellas demandas de actuación sanitaria reguladas en esta Ley que resultan incompatibles con sus propias convicciones», en su Capítulo IV dirigido a regular las garantías en el acceso a la prestación de ayuda para morir, destaca en su artículo 16 la objeción de conciencia de los profesionales sanitarios, si bien condicionada en su ejercicio a la obligación de manifestar su decisión de forma anticipada y por escrito[89].

Tanto a este tema, como al supuesto más frecuente e indiscutible de objeción, que es el que presentan muchos profesionales de la sanidad frente al aborto, nos referiremos detalladamente en los dos últimos puntos del presente Capítulo.

## 2. RECONOCIMIENTO EN LA PROFESIÓN: LOS CÓDIGOS DEONTOLÓGICOS

El término deontología es definido por primera vez por el filósofo Jeremías Bentham[90] como «la rama del arte y de la ciencia cuyo objeto consiste en hacer en cada ocasión lo que es recto y apropiado». Se refiere pues la *deontología* a un modelo de «actuación colectiva», en contraposición al término *ética* directamente relacionado con la conciencia personal del individuo.

---

*autodeterminación que legitima al paciente, en uso de su autonomía de la voluntad, para decidir libremente sobre las medidas terapéuticas y tratamientos que puedan afectar a su integridad, escogiendo entre las distintas posibilidades, consintiendo su práctica o rechazándolas. Ésta es precisamente la manifestación más importante de los derechos fundamentales que pueden resultar afectados por una intervención médica: la de decidir libremente entre consentir el tratamiento o rehusarlo, posibilidad que ha sido admitida por el TEDH, aun cuando pudiera conducir a un resultado fatal (STEDH de 29 de abril de 2002, caso Pretty c. Reino Unido, § 63), y también (STC 154/2002, de 18 de julio, FJ 9).*

[89] La objeción de conciencia frente a la eutanasia es abordada en el punto 7 de este capítulo.

[90] *Vid.* BENTHAM, J. (1836); *Deontología o Ciencia de la moral*. Librería de Galván. Puede consultarse en:
https://bibliotecadigital.jcyl.es/es/catalogo_imagenes/grupo.cmd?path=10078945

La deontología alcanza una dimensión que resulta esencial en lo que respecta a las profesiones sanitarias, pues como dirá el Dr. Herranz, «La historia muestra que, desde su origen en Hipócrates, ciencia médica y ética médica han caminado siempre juntas (…) Y la ética específica de la profesión médica ha mostrado una tenaz tendencia a cristalizar en ciertas fórmulas, ya juramentos, ya códigos, que no han nacido de la elucubración de los cultivadores de la filosofía moral, sino de la sabiduría práctica de los médicos»[91].

Desde esta perspectiva, la deontología tiene hoy en día su concreta plasmación en el ámbito institucional de la profesión en códigos de conducta que, en el marco de cada corporación, abordan los compromisos morales básicos de obligado cumplimiento para todos sus miembros, con la correspondiente previsión sancionadora para el caso de su incumplimiento[92].

Así lo destaca nuestra jurisprudencia, al considerar que las normas deontológicas «no son simples tratados de deberes morales sin consecuencia en el orden disciplinario, sino normas que determinan obligaciones de necesario cumplimiento por los colegiados y responden a las potestades públicas que la Ley delega en favor de los colegios» (STS de 27 de diciembre de 1993, FJ 4)[93].

El fundamento legal de esta delegación de potestades públicas a favor de estas corporaciones[94] se encuentra expresamente reconocido

---

[91]  *Vid.* HERRANZ RODRÍGUEZ, G. (1994); «El Código de Ética y Deontología Médica», *Cuadernos de Bioética*. Puede consultarse en: www.aebioetica.org/revistas/1994/4/20/328.pdf

[92]  Sobre la deontología farmacéutica y las exigencias éticas del profesional se ocupan LÓPEZ GUZMÁN, J. y APARISI MIRALLES, A. en *Deontología Farmacéutica: concepto y fundamento* (2000). Navarra. Ed. Eunsa.

[93]  En similar sentido se pronuncian las SSTS de 10 y 17 de diciembre de 1998 (FJ 5 y 6, respectivamente), así como la STC 219/1989, de 21 de diciembre (FJ 5), que manifiesta que *los códigos deontológicos determinan obligaciones de necesario cumplimiento por los colegiados y responden a las potestades públicas que la Ley delega en favor de los Colegios para ordenar… la actividad profesional de los colegiados, velando por la ética y dignidad profesional y por el respeto debido a los derechos de los particulares.*

[94]  Los colegios profesionales son *entidades de Derecho Público con personalidad jurídica propia y plena capacidad para el cumplimiento de sus fines* (art. 1 Ley 2/1974 de Colegios Profesionales).

en el art. 5, i) de la Ley 2/1974, de 13 de febrero, de Colegios Profesionales en cuanto faculta a los mismos para «ordenar en el ámbito de su competencia, la actividad profesional de los colegiados, velando por la ética y dignidad profesional y por el respeto debido a los derechos de los particulares y ejercer la facultad disciplinaria en el orden profesional y colegial». Y en esta función autorreguladora, los colegios gozan de una amplia autonomía respaldada tanto por la jurisprudencia del Tribunal Supremo como por la doctrina constitucional que, reconociendo su legalidad y su legitimidad, han venido considerando en numerosos pronunciamientos que la normativa deontológica tiene eficacia de ley para los colegiados, lo que garantiza su obligado cumplimiento[95].

Estos códigos, como señala Gonzalo Herranz, ejercen una doble función: «por un lado, una función regulativa y directiva, pues dicen los estándares de conducta, los valores colectivos, los deberes que se tienen contraídos ante los particulares, las prerrogativas de que puede disfrutarse, y, por otro lado, cumplen también una función defensiva y protectora, ya que el código (…) planea también sobre las negociaciones de constitución de grupos profesionales, sobre los contratos de empleo, o sobre los pactos de arrendamiento de servicios, para garantizar que las relaciones profesionales así creadas se atengan, en su calidad técnica y moral, a las directrices que el Código establece para todos»[96].

---

[95] Señala la STC 219/89, de 21 de diciembre, FJ. 5: *Tales normas determinan obligaciones de necesario cumplimiento por los colegiados y responden a las potestades públicas que la Ley delega en favor de los Colegios para ordenar la actividad profesional de los colegiados, velando por la ética y dignidad profesional y por el respeto debido a los derechos de los particulares (...) y, por tanto, genera una mas que razonable certeza en cuanto a los efectos sancionadores, que las transgresiones de las normas de deontología profesional, constituyen, desde tiempo inmemorial y de manera regular, el presupuesto del ejercicio de las facultades disciplinarias más características de los Colegios profesionales. Y, en último extremo, este mismo criterio por el que se considera el incumplimiento de dichas normas como merecedor de las sanciones previstas en el ordenamiento corporativo es el que viene manteniendo la jurisprudencia del Tribunal Supremo.*

[96] *Vid* nota. 93.

Expuesto lo anterior y a pesar de la dificultad de llegar a consensos sobre los diferentes modelos éticos[97], destacaremos ahora el relevante papel que los códigos deontológicos de las profesiones sanitarias brindan a la cobertura de la objeción de conciencia.

Y así reseñaremos que en nuestro país este derecho viene expresamente reconocido en el Código de Deontología Médica –Guía de Ética Médica (CDM) aprobado en julio de 2011 por la Organización Médica Colegial de España (OMC) que, en consonancia con lo dispuesto en el Código de Ética Médica Europea[98], admite que «el profesional de la medicina puede y debe negarse a realizar aquellas prácticas sanitarias que colisionen con los dictados de su conciencia, y no sólo por cuestiones religiosas sino también por razones de orden ético o moral que pertenecen al ámbito personal de cada individuo»[99].

Igualmente se contempla expresamente en el Código de Deontología de la Profesión Farmacéutica de 2023[100] (CDPF) al reconocer el derecho de estos profesionales a no intervenir en actuaciones que puedan atentar contra la vida, la dignidad de la persona o los Derechos Humanos, pero siempre que la obligación impuesta sea «contraria a la legalidad».

---

[97] Sobre la dificultad de llegar a estos consensos en materia de ética clínica se ocupa el Dr. Manuel DE SANTIAGO en *Una perspectiva acerca de los fundamentos de la bioética* (1997), Biblioteca básica Du Pont Pharma para el médico de Atención Primaria. pp. 71-80.

[98] El Código de Ética Medica Europea, aprobado por la Conferencia Internacional de Ordenes Médicas, reconoce en su art. 5 que *tanto para aconsejar como para aplicar tratamientos, el médico debe disponer de completa libertad profesional y gozar de las condiciones técnicas y morales que le permitan actuar con plena independencia.*

[99] El Código de Deontología Médica de 2011, en su art.32, define la objeción de conciencia como *la negativa del médico a someterse, por convicciones éticas, morales o religiosas, a una conducta que se le exige, ya sea jurídicamente, por mandato de la autoridad o por una resolución administrativa, de tal forma que realizarla violenta seriamente su conciencia.*

[100] El Código de Deontología de la Profesión Farmacéutica, en su art. 6.2, bajo el epígrafe referido a los *Principios generales de actuación con el paciente*, reconoce el derecho del farmacéutico a abstenerse *de participar en cualquier tipo de actuación contraria a la legalidad en la que sus conocimientos y habilidades sean puestas al servicio de actos que atenten contra la vida, la dignidad de la persona o los Derechos Humanos, sin perjuicio de lo dispuesto sobre el derecho a la objeción de conciencia en el Capítulo XII del presente Código.*

Esta última precisión resulta totalmente incongruente y contradictoria con su propio enunciado, además de imponer una restricción injustificada a su ejercicio, pues la opción de negarse a realizar una actividad ilícita es simple y llanamente una objeción de legalidad y no una objeción de conciencia.

Por su parte, el art. 9 de los Estatutos Generales de la Organización Colegial de Enfermería de España, del Consejo General y de Ordenación de la actividad profesional de Enfermería[101], señala entre los derechos de los colegiados el de la objeción de conciencia «cuyos límites vendrán determinados por el ordenamiento constitucional y por las normas éticas de la profesión recogidas en el Código Deontológico».

Igualmente, el Código Deontológico de Enfermería Española, tras realizar en su declaración previa al articulado una concreta reflexión sobre la moral profesional en conexión a la Ley Natural que debe inspirar el trabajo profesional, incluye a la objeción de conciencia entre el conjunto de los derechos de estos profesionales, considerando que «deberá ser debidamente explicitado ante cada caso concreto» [102].

### 3. Condiciones para su ejercicio

Recuerda el Tribunal Constitucional que la objeción de conciencia requiere de su «expresión, constatación y reconocimiento dada la excepcionalidad que supone respecto del deber general» (STC 160/1987, de 27 de octubre). Y este carácter excepcional es el que justifica que su ejercicio se sujete al cumplimiento de determinadas condiciones, como veremos a continuación.

---

[101] El Real Decreto 1231/2001, de 8 de noviembre, aprueba los Estatutos generales de la Organización Colegial de Enfermería de España, del Consejo General y de Ordenación de la actividad profesional de enfermería.

[102] Señala el art. 22 del Código Deontológico de Enfermería Española lo siguiente: *De conformidad con lo dispuesto en el artículo 16.1 CE, la Enfermera/o tiene, en el ejercicio de su profesión, el derecho a la objeción de conciencia que deberá ser debidamente explicitado ante cada caso concreto. El Consejo General y los Colegios velarán para que ningún/a enfermero/a pueda sufrir discriminación o perjuicio a causa del uso de ese derecho.*

## 3.1. Libertad responsable y coherente

La Asamblea General del Consejo General de Colegios Oficiales de Médicos, en sesión celebrada el 31 de mayo de 1997, aprobó la Declaración de la Comisión Central de Deontología sobre la Objeción de Conciencia del médico que en sus principios éticos afirma: «La negativa del médico a realizar, por motivos éticos o religiosos, determinados actos que son ordenados o tolerados por la autoridad es una acción de gran dignidad ética cuando las razones aducidas por el médico son serias, sinceras y constantes, y se refieren a cuestiones graves y fundamentales». Por su parte, señala el art. 32 CDM, «el reconocimiento de la objeción de conciencia del médico es un presupuesto imprescindible para garantizar la libertad e independencia de su ejercicio profesional».

Pero no podemos olvidar que, aunque las obligaciones profesionales no deben implicar invariablemente una renuncia a las propias creencias religiosas, ni a la ética o a la moral personal, lo cierto es que la conciencia individual tampoco puede mediatizar por completo la prestación asistencial, en cuanto la libertad y el derecho de autodeterminación personal son derechos que alcanzan tanto a los objetores como a quienes demandan la prestación del servicio público que la ley garantiza.

Por ello, el profesional de la sanidad debe ser consciente de las consecuencias que el incumplimiento de la obligación legal que se objeta implica, asumiendo con sentido de responsabilidad que, en algunos casos, su decisión adoptada en el ejercicio de su libertad puede afectar negativamente a los ciudadanos a los que se les niega una determinada prestación.

De esta manera, la objeción debe ser siempre un recurso empleado en circunstancias excepcionales, referida a cuestiones graves, sin que se pueda justificar su ejercicio indiscriminado y, mucho menos, de forma caprichosa o arbitraria.

Esta conducta, además, debe responder a una actitud coherente, pues el profesional sanitario que invoca su derecho en relación con una determinada prestación en la sanidad pública no puede luego adoptar por razones de pura conveniencia un criterio diferente en el ejercicio privado de su actividad en lo que se ha venido denominando como *objeción de mañana y tarde*.

Así lo entiende la Declaración sobre la Objeción de Conciencia del médico, antes reseñada, al advertir que «es éticamente reprobable que un colegiado que objetara en conciencia en la institución en la que trabaja como asalariado, practique dicha acción objetada cuando trabaja por cuenta propia. Tal conducta sería signo de doblez moral que causaría grave descrédito a la profesión médica, pues revelaría que el afán de lucro es el móvil esencial de ese comportamiento».

Por tanto, sólo bajo estas premisas de responsabilidad y coherencia en su ejercicio se puede justificar su reconocimiento y protección que, como veremos a continuación, también conlleva obligaciones que deberán ser asumidas por el objetor.

## 3.2. Límites y obligaciones frente a derechos

El objetor ha de prestar la necesaria colaboración si quiere que su derecho sea reconocido. Esta colaboración en el ámbito de la sanidad no puede quedar al arbitrio del profesional que lo invoca, lo que se traduce en la necesaria imposición de límites[103], pero siempre con un criterio restrictivo y «en el sentido más favorable a la eficacia y a la esencia del derecho», como indica la STC 104/1986, de 17 de julio.

Como hemos visto, el art. 16.1 CE a la vez que garantiza el derecho fundamental a la libertad ideológica, admite que puede limitarse en sus diversas manifestaciones cuando así sea necesario para el mantenimiento del orden público protegido por la ley. Y en desarrollo del precepto constitucional, el art. 3.1 de la LOLR prescribe entre los límites al ejercicio de los derechos dimanantes de la libertad religiosa la protección del derecho de los demás al ejercicio de sus libertades públicas y derechos fundamentales, así como la salvaguardia de la seguridad y de la salud, como elementos constitutivos del orden público protegido por la ley.

---

[103] *Las limitaciones que se impongan al ejercicio de la objeción de conciencia deberán ser las previstas para los derechos fundamentales,* como señala GONZÁLEZ-VARAS IBÁÑEZ, A., en *Derecho y conciencia en las profesiones sanitarias.* Madrid, (2009); Ed. Dykinson, p.45.

Por ello, en el ámbito de las profesiones sanitarias donde el derecho a la protección de la salud y a la atención sanitaria de todos los ciudadanos actúan como «principios rectores de la política social y económica que nuestra Constitución reconoce» (art. 43 CE CE)[104], la objeción de conciencia no puede tener un carácter absoluto, sino limitado en su ejercicio. De aquí derivan las principales obligaciones que debe asumir el sanitario objetor, pues éste ha de prestar la necesaria colaboración si quiere que su derecho sea efectivo, tal como señala la STC 160/1987, de 27 de octubre, FJ 4.

Así se reconoce en las normas éticas que definen y garantizan la integridad moral de las profesiones sanitarias al establecer una serie de condiciones de obligado cumplimiento para el profesional objetor, aun a riesgo de contravenir su propia conciencia, en cuanto el solicitante de una prestación sanitaria legalmente autorizada también tiene derecho a que la misma sea debidamente atendida.

Entre estas obligaciones, se encuentra la de derivación a otro profesional que señala expresamente la Declaración de Oslo aprobada por la Asociación Médica Mundial en relación al aborto terapéutico. Así lo indica en su punto 6 al prescribir que «si las convicciones del médico no le permiten aconsejar o practicar un aborto, éste puede retirarse, siempre que garantice que un colega calificado continuará prestando la atención médica»[105].

Otro supuesto estrechamente relacionado con la protección de la salud es el referido a la obligación del facultativo de actuar en casos de urgencia. En concreto se pronuncia sobre este particular el art. 34.3 CDM al indicar que «aunque se abstenga de practicar el acto objetado, el médico objetor está obligado, en caso de urgencia, a atender a esa

---

[104] Conforme al art. 43 CE: *1. Se reconoce el derecho a la protección de la salud. 2. Compete a los poderes públicos organizar y tutelar la salud pública a través de medidas preventivas y de las prestaciones y servicios necesarios. La ley establecerá los derechos y deberes de todos al respecto. 3. Los poderes públicos fomentarán la educación sanitaria, la educación física y el deporte. Asimismo, facilitarán la adecuada utilización del ocio.*

[105] La *Declaración de Oslo* fue adoptada por la 24ª Asamblea Médica Mundial en agosto 1970 y enmendada por la Asamblea General en octubre de 1983 y octubre de 2006.

persona, aunque dicha atención estuviera relacionada con la acción objetada».

Evidentemente esto no significa que haya casos de abortos voluntarios que puedan catalogarse de urgentes y que esté obligado a realizar, sino que conforme a su obligación de prestar asistencia sanitaria con arreglo a la lex artis no podrá esgrimir su condición de objetor para desatender a una paciente cuando ésta pueda presentar alguna complicación derivada de su práctica, o su estado de salud así lo requiera.

Por su parte, el CDPF refiere la obligación de garantizar la prestación, al señalar que «para el ejercicio del derecho a la objeción de conciencia por el farmacéutico, deberá, en todo caso, quedar garantizado el derecho de las personas a la protección de su salud y de acceso a los medicamentos», añadiendo que «se deberá evitar cualquier limitación de los derechos de los pacientes y usuarios a la dispensación farmacéutica» (arts. 21.3 y 30.2 d, respectivamente).

El derecho de los pacientes a recibir información y su correlativa obligación para los facultativos, viene expresamente regulada en los arts.4 y 10.1 de la Ley 41/2002, de 14 de noviembre, básica reguladora de la autonomía del paciente y de derechos y obligaciones en materia de información y documentación clínica, en plena consonancia con lo dispuesto en el Convenio sobre los derechos del hombre y la biomedicina[106].

En esta regulación se aborda el derecho a la información asistencial, así como las condiciones en que debe prestarse esta información[107].

---

[106] *Vid.* Convenio para la protección de los derechos humanos y la dignidad del ser humano con respecto a las aplicaciones de la Biología y la Medicina (Convenio relativo a los derechos humanos y la biomedicina), ratificado en Oviedo el 4 de abril de 1997.

[107] El art. 4 de la Ley 41/2002 bajo la rúbrica *Derecho a la información asistencial,* indica: *1. Los pacientes tienen derecho a conocer, con motivo de cualquier actuación en el ámbito de su salud, toda la información disponible sobre la misma, salvando los supuestos exceptuados por la Ley. Además, toda persona tiene derecho a que se respete su voluntad de no ser informada. La información, que como regla general se proporcionará verbalmente dejando constancia en la historia clínica, comprende, como mínimo, la finalidad y la naturaleza de cada intervención, sus riesgos y sus consecuencias. 2. La información clínica forma parte de todas las actuaciones asis-*

Y la traslación legal de esta obligación en el ámbito de la práctica abortiva viene prevista expresamente en los dos primeros apartados del art. 17 de la Ley Orgánica 2/2010, de 3 de marzo, de salud sexual y reproductiva y de la interrupción voluntaria del embarazo.

La vinculación del médico objetor a este deber de información viene a su vez referida en el plano de la deontología profesional en los dos primeros apartados del art. 55 CDM que, de forma precisa, y en consonancia al respeto debido a la autonomía del paciente, señalan:

1. El médico está al servicio de preservar la vida a él confiada, en cualquiera de sus estadios. El que una mujer decida interrumpir voluntariamente su embarazo, no exime al médico del deber de informarle sobre las prestaciones sociales a las que tendría derecho, caso de proseguir el embarazo, y sobre los riesgos somáticos y psíquicos que razonablemente se puedan derivar de su decisión.

2. El médico, que legítimamente opte por la objeción de conciencia, a la que tiene derecho, no queda eximido de informar a la mujer sobre los derechos que el Estado le otorga en esta materia ni de resolver, por sí mismo o mediante la ayuda de otro médico, los problemas médicos que el aborto o sus consecuencias pudiesen plantear.

De las cuatro concretas obligaciones señaladas (derivación, información, asistencia en casos de urgente necesidad y garantía de la prestación) se ocupa igualmente la Resolución 1763 del Consejo de Europa

---

*tenciales, será verdadera, se comunicará al paciente de forma comprensible y adecuada a sus necesidades y le ayudará a tomar decisiones de acuerdo con su propia y libre voluntad. 3. El médico responsable del paciente le garantiza el cumplimiento de su derecho a la información. Los profesionales que le atiendan durante el proceso asistencial o le apliquen una técnica o un procedimiento concreto también serán responsables de informarle.* Y el art. 10 al regular las Condiciones de la información y consentimiento por escrito, señala: *El facultativo proporcionará al paciente, antes de recabar su consentimiento escrito, la información básica siguiente: a) Las consecuencias relevantes o de importancia que la intervención origina con seguridad. b) Los riesgos relacionados con las circunstancias personales o profesionales del paciente. c) Los riesgos probables en condiciones normales, conforme a la experiencia y al estado de la ciencia o directamente relacionados con el tipo de intervención. d) Las contraindicaciones.*

sobre la objeción de conciencia sanitaria, de 7 de octubre que, en su art. 4, realiza las siguientes recomendaciones a los Estados miembros:

A la luz de las obligaciones de los Estados miembros de asegurar el acceso a los servicios y prestaciones sanitarias admitidas por la ley y de proteger el derecho a la protección de la salud, así como su obligación de asegurar el respeto al derecho a la libertad ideológica, de conciencia y religión de los profesionales sanitarios, la Asamblea invita a los Estados miembros del Consejo de Europa a desarrollar marcos legales claros y completos que definan y regulen la objeción de conciencia en relación con los servicios médicos y de salud, los cuales: 1 garanticen el derecho a la objeción de conciencia en relación con la participación en el procedimiento en cuestión. 2 aseguren que los pacientes son informados de cualquier objeción, en un plazo adecuado, así como que son derivados a otro profesional sanitario. 3 aseguren que los pacientes reciben tratamiento adecuado, en particular en casos de emergencia.

Podemos así concluir que tan sólo cuando el profesional objetor asume las obligaciones de informar sobre las opciones de tratamiento, de derivación a otro profesional, de atender en situaciones de urgencia y, en todo caso, de garantizar la prestación, este derecho deja de constituir un riesgo asistencial y su ejercicio queda legal y deontológicamente legitimado y protegido.

Fuera de estas obligaciones, exigir además al objetor que preste un servicio alternativo o sustitutorio a fin de salvaguardar el principio constitucional de igualdad, no debe considerarse consustancial al derecho[108], sino tan solo una opción legal cuando «la objeción puede generar una cierta desigualdad social, cuando se genera un perjuicio o agravio para los demás ciudadanos producto de la exención del cumplimiento de la norma objetada, o cuando implique algún beneficio para el objetor y con la prestación sustitutoria se busca equilibrarla», tal como señala Leyra Curiá[109].

---

[108] *Vid.* HERRANZ RODRÍGUEZ, G. (1995); *La objeción de conciencia de las profesiones sanitarias*, publicado en Scripta Theologica núm. 27, p. 546.
[109] *Vid.* LEYRA CURIÁ, S. (2011); *Participación política de la sociedad civil y objeción de conciencia al aborto*, Universidad Complutense de Madrid, p. 177.

## 3.3. Comunicación previa y registro de los profesionales sanitarios objetores

Sin perjuicio de que pueden darse situaciones de objeción sobrevenida –excepciones sobre las que más adelante insistiremos al analizar la Ley Orgánica 2/2010, de 3 de marzo, de salud sexual y reproductiva y de la interrupción voluntaria del embarazo–, lo cierto es que, con carácter general, la objeción no debe ser ocasional ni eventual, pues no caben las *objeciones de ida y vuelta*.

Tampoco, como señala Moreno Rangel, el objetor pretende actuar a escondidas de la sociedad[110]. Por ello, la objeción debe ser comunicada a fin de que quede constancia formal de la misma. De esta forma se posibilita que de forma anticipada se pueda organizar el servicio y garantizar la prestación, así como que el objetor, llegado el caso, pueda obtener el amparo de su colegio.

En este sentido se pronuncia en art. 33.3 CDM cuando señala que «el médico debe comunicar al responsable de garantizar la prestación y, potestativamente, al Colegio de Médicos su condición de objetor de conciencia». A diferencia de la anterior redacción del Código de Ética y Deontología Médica[111] que tan solo exigía al médico objetor su comunicación al Colegio, ahora lo deberá hacer al *responsable de garantizar la prestación*, por tanto, al responsable del servicio, gerencia o dirección médica del hospital o centro sanitario y, con carácter potestativo, a su Colegio.

A diferencia de los médicos y de los enfermeros, esta comunicación de la objeción a la persona responsable en el caso de los farmacéuticos se contempla con carácter simplemente potestativo al Colegio. Así lo reconoce el art. 47.3 CDPF al señalar que «el farmacéutico podrá comunicar su condición de objetor de conciencia a su Colegio a los efectos previstos en la normativa estatutaria, cuyo tratamiento por el Colegio ineludiblemente será absolutamente confidencial».

---

[110] *Vid.* Moreno Rangel, C.H. (2010); *La objeción de conciencia y su aplicación al supuesto del aborto*, Madrid, Ed. Dykinson, p. 45.
[111] Código de Ética y Deontología Médica de 1978, actualizado posteriormente en 1990 y 1999.

Concretamente la STC 145/2015 (RA 412-2012) al abordar la objeción de conciencia de los farmacéuticos, considera como una circunstancia muy relevante a la hora de conceder el amparo que este derecho se encuentre reconocido tanto por los estatutos colegiales –aprobados por la administración correspondiente–, como por el código deontológico profesional. E igualmente pone de relieve que el demandante hubiera comunicado su condición de objetor de conciencia en el Colegio Oficial de Farmacéuticos de Sevilla (FJ 5).

En todo caso, aunque el ejercicio del derecho de objeción no debería ocasionar perjuicios ni ventajas, lo cierto es que puede tener consecuencias negativas para el objetor en el ámbito profesional o laboral. Y en estos casos las organizaciones y colegios profesionales deben intervenir para hacer valer el derecho de todos los colegiados, sin distinción, a no sufrir discriminación ni verse limitados en el ejercicio de su actividad profesional por el simple hecho de objetar cuando su actuación discurre por un correcto cauce deontológico[112].

Por ello, resulta llamativo que, mientras el Código de Deontología Médica y el Código Deontológico de Enfermería Española[113] ofrecen la debida protección colegial para que el objetor no se vea perjudicado por su ejercicio, sin embargo, el texto deontológico de los farmacéuticos no incluye ninguna referencia a su defensa corporativa e institucional, más allá de un impreciso a los efectos previstos en la normativa estatutaria.

Una vez aclarado que el profesional debe comunicar de forma anticipada su objeción (salvo en los supuestos de objeción sobrevenida en que deberá hacerlo formalmente en cuanto le sea posible y al paciente de forma inmediata), surge la cuestión de si los colegios profesionales, las administraciones sanitarias y, en su caso, los centros y establecimientos privados, pueden o no aprovechar estas declaraciones para confeccionar un listado o registro de objetores.

---

[112] De esta manera vengo a indicarlo en el Cap. IX *Objeción de conciencia en el ejercicio profesional* del *Manual Práctico de Responsabilidad de la Profesión Médica* (2011) 3ª Edición. Ed. Comares, Granada, pp. 239-244.

[113] *Ibid.* nota 101, respecto al art. 22 del Código Deontológico de Enfermería Española.

La creación de estos registros oficiales, adquiere una dimensión propia especialmente sensible y debatida. Así, por un lado, la constancia formal de la objeción en relación con las prestaciones sanitarias y, más concretamente, respecto a las interrupciones voluntarias del embarazo, asegura el cumplimiento y eficacia de la propia norma al dejar constancia escrita y anticipada de la condición de objetor. Con ello se garantiza la prestación a quien lo solicita y, a la vez, permite que este derecho despliegue con eficacia sus efectos respecto a la conciencia del objetor en aquellos supuestos para los que objeta[114], permitiendo obtener el amparo de su colegio mediante la prestación de la ayuda y asesoramiento prevista en el correspondiente código deontológico.

Pero, por otro lado, la previa declaración e inscripción en un registro afecta al tratamiento de datos de carácter personal y, además, como hemos señalado, puede tener consecuencias de trato desigual o de discriminación laboral para el profesional frente a aquellos otros profesionales que sí están dispuestos a realizar tal actividad.

Y nadie puede ser discriminado por razón de sus creencias, como reconoce la Ley Orgánica de Libertad Religiosa que, en su art. 1.2, indica que «las creencias religiosas no constituirán motivo de desigualdad o discriminación ante la Ley. No podrán alegarse motivos religiosos para impedir a nadie el ejercicio de cualquier trabajo o actividad o el desempeño de cargos o funciones públicas». Además, conforme al art. 2.1 de la misma ley, el derecho de libertad religiosa comprende el

---

[114] Señala la STC 151/2014, FJ 6: *En cuanto a la obligación relativa a la necesidad de especificar para cuál o cuáles de los supuestos de interrupción voluntaria del embarazo se objeta, lejos de tratase de un requisito restrictivo del derecho, como pretenden los demandantes, ofrece al objetor la posibilidad de ejercitar el derecho, bien en todos los supuestos o, por el contrario, en sólo alguno de ellos, sin que sean infrecuentes los casos (...) en que los profesionales sanitarios objetan a participar en la interrupción voluntaria del embarazo en el supuesto previsto en el art. 14 de la Ley Orgánica 2/2010, esto es, dentro de las catorce primeras semanas de gestación a petición de la embarazada, pero no en el caso de que exista grave riesgo para la vida o la salud de la embarazada, o riesgo de graves anomalías en el feto (art. 15 de la Ley Orgánica 2/2010). Ofrecerle esta posibilidad al titular del derecho a la objeción de conciencia, ni excede las competencias autonómicas, ni limita el ejercicio del derecho.*

derecho de toda persona a abstenerse de declarar sobre sus creencias, al igual que el art. 16.2 CE garantiza que nadie podrá ser obligado a declarar sobre su ideología, religión o creencias.

De lo expuesto parece que, en principio, el derecho de cualquier ciudadano a negarse a declarar sobre sus creencias entra en colisión con la necesaria obligación de incorporarse a un registro de objetores. Igualmente, que la incorporación a este registro opere como requisito inexcusable para el válido ejercicio de este derecho podría entenderse como una vulneración del derecho fundamental a libertad ideológica que nuestra Constitución reconoce[115].

No obstante lo anterior, el sistema de un registro vinculado al ejercicio de un derecho fundamental obtuvo el respaldo del Tribunal Constitucional en la STC 151/2014, de 25 de septiembre de 2014, dictada con ocasión del recurso de inconstitucionalidad interpuesto por más de cincuenta Diputados del Grupo Parlamentario Popular del Congreso de los Diputados en relación con la Ley Foral de Navarra 16/2010, de 8 de noviembre, por la que se crea el registro de profesionales en relación con la interrupción voluntaria del embarazo.

La Sentencia concluye que la creación de registros de profesionales sanitarios objetores de conciencia a la realización de la interrupción voluntaria del embarazo no afecta al contenido esencial del derecho en cuestión puesto que el ejercicio de este derecho no puede, por definición, permanecer en la esfera íntima del sujeto.

Además, considera que de esta manera se da cumplimento a lo previsto en el art. 19.2 de la Ley Orgánica 2/2010 que, si bien no contempla expresamente la creación de estos registros, sin embargo, sí exige que el objetor declare su condición *por antelación y por escrito*. Y el cumplimiento de dichos requisitos entiende que solo se puede acreditar mediante un documento que, debido a los datos de carácter personal que contiene, constituye per se un fichero a los efectos previstos en el art. 3 b) de la Ley Orgánica 15/1999, de 13 de diciembre, de protección de datos de carácter personal (LOPD), toda vez que se trata de un con-

---

[115] *Vid.* CASTILLO CALVÍN, J. M. (2007) *La libertad de conciencia al servicio de la salud*, en *Libertad y conciencia en el ejercicio de las profesiones sanitarias*. II Simposio Nacional sobre Objeción de Conciencia. Madrid, ANDOC, p. 64.

junto organizado de datos de carácter personal susceptibles de tratamiento.

En este punto, la Sentencia recuerda la doctrina constitucional sobre el derecho a la protección de datos indicando expresamente que «su objeto es más amplio que el del derecho a la intimidad» pues «el derecho fundamental a la protección de datos amplía la garantía constitucional a aquellos de esos datos que sean relevantes o tengan incidencia en el ejercicio de cualesquiera derechos de la persona, sean o no derechos constitucionales»; añadiendo que «los datos recogidos en el registro de profesionales consagra un derecho fundamental autónomo a controlar el flujo de informaciones que conciernen a cada persona (…) que otorga a su titular, entre otras facultades, la de saber en todo momento quién dispone de esos datos personales y a qué uso los está sometiendo».

Finalmente, el Tribunal declara la nulidad del precepto que regula el régimen de acceso a la información contenida en el registro por considerar que el mismo lo realiza en términos tan abiertos e indeterminados que supone un límite injustificado en el contenido constitucionalmente protegido del derecho fundamental a la protección de datos de carácter personal (art. 18.4 CE).

En relación con el acceso a esta información la Agencia Española de Protección de Datos señala lo siguiente[116]:

> No cabe duda de que la Administración sanitaria debería poder tener acceso al fichero para poder así garantizar la organización y gestión de los recursos necesarios para permitir la práctica de la prestación. Mayores problemas podrían plantearse en relación con el acceso a la información por parte de las pacientes que quisiesen someterse a la intervención (…). Por este motivo, parece posible entender que el registro no debería ser libremente accesible, sino quedar limitado a los supuestos en los que el acceso se encuentre fundamentado en un interés legítimo de la paciente, como sucedería en caso de que su médico manifestase su objeción a la práctica

---

[116] Informe núm. 272/2010 de la AEPD a la consulta planteada sobre *diversas cuestiones relacionadas con el ejercicio por parte de los profesionales sanitarios del derecho a la objeción de conciencia, previsto en el art. 19.2 de la Ley Orgánica 2/2010, de 3 de marzo, de salud sexual y reproductiva y de la interrupción voluntaria del embarazo* (p. 7).

de la prestación. En todo caso, (…) el acceso a los datos por parte de terceros distintos de la Administración sanitaria debería ser lo más limitado posible, en aras a la garantía del principio de proporcionalidad y, lo que es más importante, del propio derecho fundamental a la objeción de conciencia del facultativo, no pareciendo conciliarse con este derecho ni con el derecho fundamental a la protección de datos personales un acceso público e ilimitado al registro a través, por ejemplo, de un sitio web.

En similar sentido, la Organización Médica Colegial de España ha venido cuestionando la conveniencia de que este este registro de profesionales sanitarios objetores de conciencia sea público. Así, con motivo de la tramitación de la Proposición de Ley Orgánica de regulación de la Eutanasia, presentada por el Grupo Parlamentario Socialista en el Congreso de los Diputados, posteriormente aprobada por Ley Orgánica 3/2021, de 24 de marzo, ha manifestado públicamente que «la ley debe ser garantista tanto para las personas que demanden esta prestación como para los médicos», defendiendo que estos registros deben quedar en manos de los colegios profesionales y no de la Administración[117].

Recordemos que, con relación al registro colegial de objeción, la OMC aprobó en el año 2009 un documento con los criterios y recomendaciones para la creación de un registro colegial de objeción de conciencia[118] descartando que el mismo se trate de un simple listado que actúe como límite a su derecho constitucional. Por ello exige que este registro deberá ser confidencial y voluntario, siendo necesario un proceso de validación a cargo de la comisión deontológica de cada Colegio a fin de garantizar que la objeción sea auténtica y esté suficientemente fundada. Igualmente considera que la posibilidad de proceder a regis-

---

[117] *Vid.* Noticia: Jiménez, A. (1.3.20); *Los médicos en contra de un registro público de objetores de conciencia de la eutanasia. La OMC defiende que sean los colegios médicos los que cuenten con el registro de los médicos objetores y así evitar que pueda obligárseles a practicar la eutanasia.* En ConSalud.es. Disponible en: www.consalud.es/pacientes/medicos-registro-publico-objetores-conciencia-eutanasia_74758_102.html

[118] *Los Criterios y recomendaciones para el registro colegial de la objeción de conciencia* fueron aprobados por la Asamblea de la OMC el 14 de noviembre de 2009.

trar la OC en el Colegio de Médicos ante actuaciones profesionales previsibles por la especialidad o por el servicio donde un médico ejerce, no puede suponer una restricción al derecho de OC en una situación sobrevenida de manera imprevista.

4. Supuestos excluidos

## 4.1. Actuaciones impropias

La invocación de objeción por parte de los profesionales que desarrollan su actividad en el ámbito de las ciencias de la salud no puede estar sustentada en intereses ilegítimos o de carácter discriminatorio. Lo contrario sería defender un concepto de objeción de conciencia claramente abusivo y amparar conductas que nada tienen que ver con el lícito y legítimo ejercicio de este derecho constitucional.

Así lo prevé el CDM, en su art. 33.1, al señalar que «la objeción de conciencia ha de operar siempre con un sentido moral por lo que se deben rechazar, como actos de verdadera objeción, aquellos que obedezcan a criterios de conveniencia u oportunismo».

Igualmente, en su art. 34.1 indica que la objeción de conciencia, se refiere al rechazo a ciertas acciones, pero nunca puede significar un rechazo a las personas que demandan esa acción en función de sus características individuales: edad, raza, sexo, hábitos de vida, ideología o religión.

En similar sentido de pronuncia el art. 46 CDPF cuando excluye expresamente las actuaciones basadas en criterios de conveniencia u oportunismo, las que se justifican para resolver conflictos derivados de controversias científicas, técnicas y profesionales, o las que se valen de la objeción para negar la atención profesional por razones discriminatorias.

En todo caso, el abuso del derecho o su utilización fraudulenta, que no son más que supuestos de falsas objeciones incompatibles con su legítimo ejercicio, nunca puede servir –como pretenden algunos autores–, para discutir su reconocimiento o para negar su carácter de derecho fundamental.

## 4.2. El ejercicio colectivo del derecho

Junto a estas actuaciones impropias podemos reseñar igualmente el ejercicio colectivo de la objeción.

Como hemos visto la objeción de conciencia se caracteriza porque ésta es siempre personal y de ejercicio individual, ya que el término persona no se puede entender en una acepción universal sino singular, puesto que la obligación legalmente impuesta sólo es rechazada en cuanto afecta personalmente a la propia conciencia del objetor.

Por ello, el Código de Ética Médica rechaza frontalmente la posibilidad de que su ejercicio se pueda hacer en forma conjunta o colectiva. Concretamente el art. 32.2 concluye que «no es admisible una objeción de conciencia colectiva o institucional». En el mismo sentido se pronuncia el CDPF que, en su art. 46.2, señala que «La objeción de conciencia ampara al farmacéutico a título individual por razones de conciencia y moral personal, por lo que no cabe su aplicación de manera colectiva o institucional». A pesar de que en ambos artículos habla de objeción *colectiva o institucional,* del empleo de la conjunción «o» se desprende que ambos términos se entremezclan como si se trataran de dos conceptos con similar significado.

Tal asimilación la debemos considerar completamente desafortunada pues, mientras la objeción colectiva implica que se invoca y pretende ejercitar por varias personas físicas a la vez, la institucional viene referida a un ejercicio individual, aunque éste se realice por parte de una persona jurídica, bien sea institución o sociedad.

En este segundo supuesto resulta obvio que la objeción no puede ser denominada de conciencia, sino que es una objeción fundamentada en el *ideario* como signo de identidad empresarial. Así, mientras la primera debe ser rechazada de plano, la segunda, como veremos a continuación, sí encuentra amparo legal y jurisprudencial, además de un expreso reconocimiento en el ámbito internacional.

### 5. Objeción institucional: el ideario empresarial

Como hemos señalado en el punto anterior, de manera diferenciada al ejercicio colectivo de la objeción pueden presentarse situaciones en las que se defiende una objeción basada en un *idearío* de naturaleza corporativa o institucional.

Partiendo del hecho que las personas jurídicas pueden ser titulares de derechos fundamentales, como reconoce la STC 19/1983, FJ2[119], resulta evidente que éstas no pueden tener conciencia al ser éste un elemento propio y exclusivo del ser humano. Y cuando nuestra jurisprudencia constitucional se ha referido al concepto de ideario lo ha hecho en relación con centros docentes privados (SSTC 5/1981, 47/1985 y 77/1985) refiriéndose al derecho fundamental de a la libertad de cátedra que la Constitución consagra en el art. 20.1 c).

Viene así a considerar que el hecho de que un profesor realice un ataque abierto o solapado o desarrolle una actividad docente hostil o contraria al ideario de un centro docente privado puede ser causa legítima de despido.

Ello, sin embargo, no implica que el derecho a establecer un ideario educativo tenga un carácter ilimitado. Por ello, precisamente a fin de garantizar el respeto al derecho de libertad ideológica y religiosa, considera el Tribunal Constitucional que «la simple disconformidad de un profesor respecto al ideario del centro no puede ser causa de despido si no se ha exteriorizado o puesto de manifiesto en alguna de las actividades educativas del centro» (STC 47/1985, FJ 3).

Respecto a otro tipo de entidades (centros hospitalarios, asociaciones u organizaciones que defiendan una determinada opción ideológica, filosófica o religiosa, entre otras) difícilmente se les puede trasladar una doctrina sentada en torno a los centros docentes privados en relación al derecho fundamental de libertad de cátedra. Por ello, el tribunal deberá efectuar en cada caso un ejercicio de ponderación entre la colisión del

---

[119] Así lo señala la STC 19/1983, de 14 de marzo, FJ 2: *La mera lectura de los arts. 14 a 29 (...) acredita que existen derechos fundamentales cuya titularidad se reconoce expresamente a quienes no pueden calificarse como ciudadanos, como las comunidades (art. 16), las personas jurídicas (art. 27.6) y los sindicatos (art. 28.2); que hay otros derechos fundamentales que por su propio carácter no entran en aquellos de los que eventualmente pueden ser titulares las personas jurídicas, como la libertad personal (art. 17), y el derecho a la intimidad familiar (art. 18); y, por último, en algún supuesto, la Constitución utiliza expresiones cuyo alcance hay que determinar, como sucede en relación a la expresión Todas las personas que utiliza su art. 24.*

derecho de libertad de expresión o ideológica del trabajador y el derecho a esa misma libertad cuando es reflejo de un ideario del centro donde aquél presta sus servicios.

Así se desprende de la STC 106/1996, FJ 4 al abordar el despido de una auxiliar de clínica que prestaba sus servicios en el Hospital de San Rafael de Granada, Centro perteneciente a la Orden Hospitalaria de San Juan de Dios, cuando la trabajadora profirió expresiones claramente vejatorias y ofensivas contra una ceremonia religiosa, lo que en un principio vino a considerarse un ejercicio ilegítimo del derecho a la libertad de expresión por parte aquella.

En este caso, aun considerando que la doctrina sentada por el Tribunal Constitucional antes reseñada para los centros docentes privados pudiera ser aplicable a la entidad titular «en cuanto portadora de una ideología respecto a los trabajadores vinculados por contrato laboral con ella», en este caso, al haber sido contratada por el Centro hospitalario y no por la Orden religiosa, dicho ideario no podía operar de igual modo en el ámbito de las relaciones laborales de ambas instituciones aunque se encuentren vinculadas, por lo que el Constitucional considera que no era posible justificar la procedencia del despido.

De esta manera, el Alto Tribunal admite expresamente la posibilidad de la objeción para las instituciones sanitarias al considerar que el ideario de determinadas entidades sí permite la cobertura constitucional que brinda el art. 16 CE[120].

En esta misma línea se pronuncia el art. 6.1 de la Ley Orgánica 7/1980, de Libertad Religiosa que viene a reconocer que: Las Iglesias, Confesiones y Comunidades religiosas inscritas tendrán plena autonomía y podrán establecer sus propias normas de organización, régimen interno y régimen de su personal. En dichas normas, así como en las que regulen las instituciones creadas por aquéllas para la realización de sus

---

[120] A pesar del pronunciamiento del Tribunal Constitucional (STC 106/1996), así como de lo dispuesto en el art. 6.1 de la LOLR y de lo previsto en la Resolución 1763 (2010) de la Asamblea Parlamentaria del Consejo de Europa, el Comité de Bioética de España expresa en su informe *Opinión sobre la Objeción de Conciencia en Sanidad* (octubre de 2011) que *Los centros no podrán esgrimir la objeción de conciencia de forma institucional, (...) en el caso de los centros concertados, podrán excluir la prestación objetada como parte del acuerdo contractual.*

fines, podrán incluir cláusulas de salvaguarda de su identidad religiosa y carácter propio, así como del debido respeto a sus creencias, sin perjuicio del respeto de los derechos y libertades reconocidos por la Constitución, y en especial de los de libertad, igualdad y no discriminación.

Por último, indicaremos que el reconocimiento internacional de esta dimensión institucional de la objeción viene de la mano de la Resolución 1763 (2010) del Consejo de Europa sobre la objeción de conciencia sanitaria aprobada por su Asamblea Parlamentaria el 7 de octubre que en su punto primero refiere que «ninguna persona, hospital o institución será coaccionada, considerada civilmente responsable o discriminada debido a su rechazo a realizar, autorizar, participar o asistir en la práctica de un aborto, la realización de un aborto involuntario o de emergencia, eutanasia o cualquier otro acto que cause la muerte de un feto humano o un embrión, por cualquier razón».

## 6. LA OBJECIÓN DE CONCIENCIA FRENTE AL ABORTO

Una vez analizada en el primer Capítulo la cobertura legal de la objeción de conciencia con carácter general, abordaremos a continuación su específica concreción normativa en el ámbito sanitario en el supuesto del aborto.

### 6.1. Situación previa: la Ley Orgánica 9/1985

La reforma operada en el Código Penal por la Ley Orgánica 9/1985, de 5 de julio, de reforma del art. 417 bis del Código Penal, no consagraba un derecho al aborto, sino que se limitaba a despenalizar parcialmente el tipo penal en supuestos muy concretos, dejando al mismo tiempo sin cobertura legal la cláusula de conciencia del profesional objetor, a diferencia de la mayoría de los países con legislaciones despenalizadoras del aborto que, por el contrario, sí la contemplaban.

En todo caso, al no existir un derecho de la mujer embarazada al aborto, en principio tampoco podía existir obligación alguna de realizarlo[121]

---

[121] *Vid.* VOLTAS BARO, D. (1987); *Seminario de Ética en Enfermería.* Pamplona, Ed. Eunsa.

al no tratarse de un acto médico exigible, ni estar incluido en el concepto de buena praxis, como tampoco en la obligación de medios que enmarca su responsabilidad profesional. Por ello, el médico que se negaba a practicar un aborto no necesitaba declararse formalmente objetor, pues no estaba ejerciendo este derecho sino una opción de legalidad, dado que la norma general expresamente prohibía el aborto frente a la excepción despenalizadora en determinados casos[122].

No obstante, la STC 53/1985, de 11 de abril, resolviendo el todavía existente recurso previo de inconstitucionalidad, al tiempo que declaraba la constitucionalidad de algunos preceptos de la referida Ley Orgánica 9/1985[123], sí vino a ofrecer expreso amparo legal a la objeción de conciencia de los médicos, señalando al efecto que se trata de una «manifestación del derecho fundamental a la libertad ideológica y religiosa reconocida en el art.16.1 CE» (FJ 14). De esta manera, pudo ejercitarse por los profesionales objetores sin ningún impedimento, a pesar de carecer de expreso reconocimiento legal en este concreto ámbito.

## 6.2. Situación actual: la Ley Orgánica 2/2010

Esta objeción del personal sanitario a la práctica del aborto, tras permanecer un cuarto de siglo sin regulación fue finalmente prevista por el legislador en la Ley Orgánica 2/2010, de 3 de marzo, de salud sexual y

---

[122] Abordan ampliamente este tema: GONZÁLEZ DEL VALLE, J.M. (2005) *Derecho eclesiástico español*. Madrid, Ed. Aranzadi; LÓPEZ GUZMÁN, J. (2006); «El Derecho a la Objeción de Conciencia en el Supuesto del Aborto». *Persona y Bioética*, vol. 10; y NAVARRO VALLS, R. (1986) «La objeción de conciencia al aborto: Derecho comparado y Derecho español» en *ADEE*, Vol. II, pp. 306-307.

[123] La STC 53/1985, de 11 de abril, fija el criterio constitucional sobre el alcance de la protección del derecho a la vida (*todos tiene derecho a la vida* del art. 15 CE), admitiendo que *la vida del nasciturus es un bien, no sólo constitucionalmente protegido, sino que encarna un valor central del ordenamiento constitucional*. Aclara que los supuestos expresamente despenalizados reconocen una *excepción al principio general en la protección de la vida*. Esta doctrina ha sido recogida en posteriores pronunciamientos (STC 212/1996 y STC 116/1999) y seguida por el Tribunal Supremo que, igualmente, descarta que en nuestro ordenamiento jurídico exista un *derecho al aborto, ni siquiera en los supuestos no punibles* (STS de 4 de febrero de 1999).

reproductiva y de la interrupción voluntaria del embarazo[124]. De esta manera refuerza su previo reconocimiento constitucional –al servicio militar–, con su primer reconocimiento de rango legal –frente al aborto–.

Por las razones expuestas en el anterior apartado, la objeción de conciencia de los profesionales sanitarios había sido hasta ese momento un fenómeno limitado a otras prácticas profesionales relacionadas con las técnicas de reproducción asistida o la esterilización; pero a partir de la aprobación y entrada en vigor de esta Ley que viene a reconocer expresamente que la prestación de la interrupción voluntaria del embarazo es un derecho para la madre gestante que no necesita de motivación cuando se realiza dentro de las 14 primeras semanas, el médico que no quiera participar en su práctica tan solo podrá eximirse de su obligación comunicando su objeción de forma anticipada y por escrito. Evidentemente esta ha sido la causa de que, desde este momento, la objeción haya irrumpido con fuerza en el ámbito sanitario.

En este punto queremos dejar constancia de la postura manifestada por la Asamblea General de la Comisión Deontológica Central en su declaración En defensa de la vida humana en su etapa prenatal, aprobada el 19 de febrero de 1983, que venía a considerar que «un acto no es médico porque se recurra a una técnica, a una sustancia o a un instrumento de los que se utilizan en medicina, ni tampoco por la circunstancia de que se lleve a cabo en un medio hospitalario por unos profesionales de la sanidad. Para que exista un acto médico, esas intervenciones deben ir dirigidas a salvar una vida o a mejorar su salud, a prevenir una enfermedad o a rehabilitar a un enfermo, en contra de lo que pretende el aborto provocado».

Esta postura que mantiene que el embarazo no es una enfermedad y que una IVE no siempre es un acto médico (como concretamente sucede en el supuesto contemplado en el art. 14 de la Ley Orgánica 2/2010

---

[124] Como acertadamente señala el magistrado REQUERO IBÁÑEZ, al abordar «La reforma de la legislación del aborto en España» en *Cuadernos de Bioética*, nº 70, Vol. XX, 3ª, 2009, p. 494: *hay que hablar de interrupción del embarazo y no de aborto para desdramatizar, es decir, para quitar importancia. Ahí está la clave de la nueva ley con que se quiere inaugurar una nueva era, una nueva mentalidad.*

de aborto a petición de la embarazada dentro de las primeras catorce semanas de gestación) es también defendida con acertados argumentos por destacados autores[125], quienes encuentran el sustento legal de tal afirmación en lo dispuesto en el art. 3.1 de la Ley 14/1986, de 25 de abril, General de Sanidad, que indica que «los medios y actuaciones del sistema sanitario estarán orientados prioritariamente a la promoción de la salud y a la prevención de las enfermedades», así como en el art. 3 de la Ley 41/2002, de 14 de noviembre, Básica Reguladora de Autonomía del Paciente, que define la intervención en el ámbito de la sanidad, como «toda actuación realizada con fines preventivos, diagnósticos, terapéuticos, rehabilitadores o de investigación», en línea con lo dispuesto en el art. 7 de la Ley 16/2003, de 28 de mayo, de cohesión y calidad del Sistema Nacional de Salud, al abordar el catálogo de prestaciones cubierto por el sistema público.

Por todo ello, el aborto libre tampoco puede considerarse un derecho tutelado constitucionalmente por el art. 43 CE[126], a diferencia del supuesto previsto en el art. 15 a) de la Ley Orgánica 2/2010 (siempre que exista grave riesgo para la vida o la salud de la embarazada), puesto que en este caso la interrupción sí se encuentra justificada por causas médicas.

En todo caso conviene recordar que en el anteproyecto de ley inicialmente no se incluía mención alguna a la objeción de conciencia, y que la misma vino sugerida por el preceptivo dictamen del Consejo de Estado[127] quien entendía conveniente que se regulara con la debida precisión la extensión, límites y garantías relativas al ejercicio de este dere-

---

[125] *Vid.* NAVARRO-VALLS, R. (2010); «Inconstitucionalidad y otras cuestiones en torno al Proyecto de Ley Orgánica del Aborto», *El Cronista del Estado Social y Democrático de Derecho*, nº 9. Madrid, Ed. Iustel. RUIZ-BURSÓN, F.J. (2010); «La regulación de la objeción de conciencia en la Ley Orgánica 2/2010, de 3 de marzo, de Salud Sexual y Reproductiva y de Interrupción Voluntaria del Embarazo». *Persona y Derecho*, nº 63.

[126] El art. 43.1 CE reconoce el *derecho a la protección de la salud.*

[127] Dictamen 1384/2009 del Consejo de Estado sobre el Anteproyecto de Ley Orgánica de Salud Sexual y Reproductiva y de Interrupción Voluntaria del Embarazo, de 17 de septiembre de 2009, apartado diez (*Condiciones de la prestación sanitaria: la objeción de conciencia*).

cho frente al aborto –que considera como un derecho fundamental–, al ser «una de las más controvertidas en el debate público democrático», como bien señala.

Así, durante la tramitación parlamentaria del proyecto de ley en el Congreso de los Diputados se terminó añadiendo un apartado segundo al art. 19, referido expresamente a la objeción de conciencia a la IVE. En todo caso, tanto de su redacción, como de la expresa previsión del carácter no orgánico del precepto[128], se desprende el claro prejuicio ideológico que el texto legal mantiene frente a este derecho.

No puede por ello extrañar que, con motivo de su tramitación y debate parlamentario, la Organización Médica Colegial suscribiera el 11 de diciembre de 2009 una declaración oficial en la que manifestaba su oposición al proyecto, por considerar que la profesión médica está al servicio de la vida humana. Además, en este texto viene a negar rotundamente que la nueva Ley ofrezca una mayor seguridad jurídica afirmando que ni los médicos y menos aún el nasciturus, estarán mejor protegidos que con la ley anterior.

En todo caso, reconoce que los médicos colegiados aceptarán, como no puede ser de otra manera, las leyes emanadas del Parlamento, pero sometiéndolas siempre al valor superior de la libertad de conciencia de cada uno. La objeción de conciencia es un Derecho fundamental e irrenunciable. Por ello, la Organización Médica Colegial ve con satisfacción que se reafirme el derecho constitucional a la objeción de conciencia para todos aquellos profesionales que deban intervenir como cooperadores necesarios en la práctica de un aborto.

Volviendo a la Ley Orgánica 2/2010, las únicas referencias que hace a la objeción de conciencia, como hemos señalado, son las contempladas en su art. 19.2[129], en el que bajo el epígrafe «Medidas para garantizar la prestación por los servicios de salud», establece:

---

[128] La Disposición Final Tercera establece que *los preceptos contenidos en el Capítulo II del Título II no tienen el carácter de orgánicos*.

[129] En el Preámbulo de la Ley, se hace referencia a *la objeción de conciencia de los profesionales sanitarios* para indicar que este derecho *será articulado en un desarrollo futuro de la Ley*. Sin embargo, esta previsión no se ha cumplido, siendo necesario que se regulen de manera precisa los aspectos legales referidos a su ejercicio, tal y como prevé la Resolución de la Asamblea Parlamentaria núm. 1763 (2010), de 7 de

2. (…) Los profesionales sanitarios directamente implicados en la interrupción voluntaria del embarazo tendrán el derecho de ejercer la objeción de conciencia sin que el acceso y la calidad asistencial de la prestación puedan resultar menoscabadas por el ejercicio de la objeción de conciencia. El rechazo o la negativa a realizar la intervención de interrupción del embarazo por razones de conciencia es una decisión siempre individual del personal sanitario directamente implicado en la realización de la interrupción voluntaria del embarazo, que debe manifestarse anticipadamente y por escrito. En todo caso, los profesionales sanitarios dispensarán tratamiento y atención médica adecuados a las mujeres que lo precisen antes y después de haberse sometido a una intervención de interrupción del embarazo.

Este derecho a la objeción, reconocido sin garantía alguna que respalde a los profesionales que lo ejerciten, debe ajustarse a lo previsto en el art. 17 que señala, entre otros extremos:

Todas las mujeres que manifiesten su intención de someterse a una interrupción voluntaria del embarazo recibirán información sobre los distintos métodos de interrupción del embarazo, las condiciones para la interrupción previstas en esta Ley, los centros públicos y acreditados a los que se pueda dirigir y los trámites para acceder a la prestación, así como las condiciones para su cobertura por el servicio público de salud correspondiente.

Lo cierto es que la Ley no contempla que las obligaciones de información anteriormente citadas encaminadas a garantizar la prestación del aborto correspondan al propio objetor, por lo que teniendo en cuenta la interpretación más favorable a la efectividad de los derechos fundamentales[130], deberán ser asumidas por el servicio público de salud.

---

octubre, sobre objeción de conciencia sanitaria al afirmar que *corresponde a los Estados miembros del Consejo de Europa desarrollar marcos legales claros y completos que definan y regulen la objeción de conciencia en relación con los servicios médicos y de salud.*

[130] En este sentido, la STC 53/1985, de 11 de abril, FJ 4 indica que *de la obligación del sometimiento de todos los poderes a la Constitución no solamente se deduce la obligación negativa del Estado de no lesionar la esfera individual o institucional protegida por los derechos fundamentales, sino también la obligación positiva de contribuir a la efectividad de tales derechos, y de los valores que representan. Igual-*

En cuanto a la exigencia de que el ejercicio de la objeción no menoscabe el acceso y la calidad asistencial de la prestación, debe armonizarse con lo dispuesto en el art. 18 de la misma Ley en el que fija que los servicios públicos de salud, en el ámbito de sus respectivas competencias, aplicarán las medidas precisas para garantizar el derecho a la prestación sanitaria de la interrupción voluntaria del embarazo en los supuestos y con los requisitos establecidos en esta Ley. Esta prestación estará incluida en la cartera de servicios comunes del Sistema Nacional de Salud.

Además de lo ya expuesto con relación a la IVE practicada dentro de las primeras catorce semanas de gestación (que ni se trata propiamente un acto médico, ni debería considerarse una prestación sanitaria conforme a la definición que brinda nuestro ordenamiento jurídico), la principal controversia nace porque la ley no concreta quienes son los profesionales que están directamente implicados en la interrupción voluntaria del embarazo.

De esta forma, mientras permaneció sin expreso desarrollo legal, todos los sanitarios relacionados de forma directa o indirecta con la práctica del aborto pudieron plantear su objeción sin traba alguna. Sin embargo, la estrecha delimitación que la regulación legal ordinaria ofrece a su ejercicio parece abonar la interpretación de quienes sostienen que su amparo legal debe quedar reducido al caso concreto; es decir, tan solo a los médicos especialistas en ginecología y obstetricia, en anestesiología y reanimación, así como al personal de enfermería y matronas que participan en la interrupción voluntaria del embarazo.

Esta interpretación, a mi juicio errónea, deja fuera del amparo del derecho constitucional a aquellos otros profesionales de la sanidad que de forma indirecta se ven obligados a participar en un proceso asistencial que terminará desembocando en la práctica de un aborto. Así ocurre, entre otros, con radiólogos, embriólogos, trabajadores sociales y, muy

---

mente, la STC 11/1981, de 8 de abril, FJ 8 (citada por las SSTC 37/1987 y 196/1987) que, al referirse al contenido esencial de los derechos fundamentales, señala: *se rebasa o se desconoce el contenido esencial cuando el derecho queda sometido a limitaciones que lo hacen impracticable, lo dificultan más allá de lo razonable o lo despojan de la necesaria protección.*

especialmente con los médicos de atención primaria. Estos últimos tienen encomendadas las tareas de información previa[131] y derivación que, en esencia, son actos clínicos.

Entendemos que realizar esta función de informar a la embarazada que se plantea abortar no se puede considerar, sin más, un simple trámite formal previo al proceso, pues dando inicio al mismo y resultando de gran trascendencia, puede incidir gravemente en la conciencia del profesional objetor al colisionar con sus convicciones morales o religiosas. Tampoco puede argumentarse que los farmacéuticos en su labor de dispensación de fármacos con efectos abortivos se limiten a realizar una actividad meramente burocrática o administrativa. Por ello, en cuanto tales actuaciones les pueden suponer un grave conflicto moral, estos profesionales también deberían tener derecho a ejercer su objeción de conciencia sin las limitaciones impuestas por esta Ley.

En todo caso, este debate sobre hasta dónde llega este derecho y quién puede establecer límites a su ejercicio hace imprescindible el recurso a la vía judicial, pues los tribunales, alejados de condicionamientos políticos e ideológicos, son quienes se encuentran en mejor posición para ponderar de forma objetiva la prevalencia de los intereses y derechos que se enfrentan.

Y así ha ocurrido en este caso en que, tras la entrada de la Ley Orgánica 2/2010, se han venido multiplicando los casos de facultativos de atención primaria que, ante su negativa a colaborar por conflictos de conciencia, han sido sancionados por los correspondientes servicios de salud, y ello a pesar de haber declarado formalmente su objeción a las gerencias de sus respectivas áreas de salud y haberla hecho constar previamente en el correspondiente registro[132].

---

[131] Si bien la Ley 41/2002, básica reguladora de la autonomía del paciente, y de derechos y obligaciones en materia de información y documentación clínica, reconoce el derecho a la información como uno de los derechos de los pacientes, sin embargo, facilitando esta información, el médico objetor estaría actuando contra su propia conciencia, al cooperar con una acción que entra en grave colisión con su conciencia individual.

[132] *Cfr.* noticia: *Los médicos de atención primaria no tienen derecho a invocar motivos morales para negarse a asesorar a las mujeres que acudan a su consulta solicitando someterse a un aborto.* Disponible en: www.elpais.com/ccaa/2013/04/11/andalucia/1365684134_183133.html

Igualmente ha ocurrido con los farmacéuticos objetores al aborto quienes, finalmente, han visto reconocido su derecho tras el pronunciamiento del Tribunal Constitucional en su Sentencia 145/2015, de 25 de junio.

Otro punto de conflicto surge cuando la Ley exige que el rechazo a practicar un aborto debe manifestarse anticipadamente y por escrito. Impide así, o, al menos dificulta, la posibilidad de que el profesional pueda ejercer su derecho en el caso de una objeción sobrevenida, por ejemplo, ante un cambio de servicio o de las atribuciones que habitualmente desempeña en el mismo, cuando se solicita a un médico no especialista que se encuentra de guardia para que colabore puntualmente en una IVE o, simplemente, cuando el facultativo ve transformada su percepción ética o moral sobre el aborto.

Esta situación sí se contempla expresamente en el art. 34.2 CDM de la siguiente manera: en el caso de una objeción sobrevenida, el médico objetor deberá comunicar al paciente de forma comprensible y razonada su objeción a la prestación que le solicita.

Igualmente, el Informe elaborado por el Observatorio de Bioética de Bioética y Derecho de la Universidad de Barcelona del año 2007, en su conclusión séptima señala lo siguiente: «debe admitirse la posibilidad de una objeción de conciencia sobrevenida. Pueden existir para ello razones derivadas del avance tecnológico, de modificaciones en el catálogo de derechos de los usuarios o de la posible evolución ideológica de quien objeta».

A esta última posibilidad (cambio de criterio) se refiere expresamente el art. 9 del Convenio Europeo de Derechos Humanos al considerar que la libertad de pensamiento, de conciencia y de religión comprende igualmente la libertad de cambiar de religión o de convicciones, lo cual resulta del todo razonable si partimos de la consustancial dimensión subjetiva de la conciencia personal.

7. La objeción de conciencia frente a la eutanasia: la ley orgánica 3/2021

La LO 3/2021, de 24 de marzo, de regulación de la eutanasia, prescribe en su art. 16 relativo a la *objeción de conciencia de los profesionales sanitarios*, lo siguiente:

1. Los profesionales sanitarios directamente implicados en la prestación de ayuda para morir podrán ejercer su derecho a la objeción de conciencia.

   El rechazo o la negativa a realizar la citada prestación por razones de conciencia es una decisión individual del profesional sanitario directamente implicado en su realización, la cual deberá manifestarse anticipadamente y por escrito.

2. Las administraciones sanitarias crearán un registro de profesionales sanitarios objetores de conciencia a realizar la ayuda para morir, en el que se inscribirán las declaraciones de objeción de conciencia para la realización de la misma y que tendrá por objeto facilitar la necesaria información a la administración sanitaria para que esta pueda garantizar una adecuada gestión de la prestación de ayuda para morir. El registro se someterá al principio de estricta confidencialidad y a la normativa de protección de datos de carácter personal.

Se reconoce de esta manera el derecho de los profesionales sanitarios implicados directamente en la aplicación de la ayuda a morir a objetar su participación en dicho proceso, desarrollando los elementos esenciales de su ejercicio, concretamente la obligación de manifestar su decisión de forma anticipada y por escrito. No podía ser de otra manera, pues el derecho a solicitar la prestación de ayuda para morir se basa en un sufrimiento físico o psíquico constante e intolerable, concepto evidentemente subjetivo del paciente que puede no corresponderse con una situación real de expectativas terapéuticas según el criterio de un profesional, quien, obligado en estos casos por el juramento hipocrático y/o por sus convicciones éticas o morales, debe invocar su derecho a objetar en conciencia a la práctica solicitada por el paciente.

Sin embargo, la Disposición final tercera de la LO 3/2021 al negar el carácter orgánico al apartado 1 del art. 16, por tanto, atribuyéndole carácter ordinario, resulta manifiestamente inconstitucional. Ello es así, porque la objeción de conciencia a la práctica de la eutanasia no es más, como ya hemos señalado, que una manifestación del ejercicio del derecho fundamental a la libertad ideológica y religiosa consagrado en el art. 16.1 CE (STC 53/1985, FJ 14); y, como derecho fundamental, el desarrollo normativo de su contenido esencial y condiciones básicas de su ejercicio deben regularse mediante ley orgánica (art. 81.1 CE), por tanto, con todas las garantías materiales y formales que la Constitución establece.

Así resulta de la doctrina constitucional que considera materia reservada a la ley orgánica en la regulación de un derecho fundamental: «la definición del derecho, la previsión de su ámbito y la fijación de sus límites». Por su interés, destacaremos la STC 151/2014, dictada en el recurso de inconstitucionalidad núm. 825-2011, que afirma en su FJ 4.a):

(…) este Tribunal, desde la STC 5/1981, de 13 de febrero, ha ido estableciendo una serie de criterios o pautas para delimitar el alcance material de la ley orgánica. Así, por lo que aquí interesa, hemos destacado de forma ininterrumpida desde la citada Sentencia, la necesidad de aplicar un criterio estricto o "restrictivo" para determinar el alcance de la reserva, y ello tanto en lo referente al término "desarrollar", como respecto de "la materia" objeto de reserva, con la finalidad de evitar petrificaciones del ordenamiento y de preservar la regla de las mayorías parlamentarias no cualificadas (por todas, SSTC 5/1991, de 14 de enero, FJ 21; y 173/1988, de 23 de julio, FJ 7).

Más concretamente, hemos afirmado que requiere ley orgánica únicamente la regulación de un derecho fundamental o de una libertad pública que "desarrolle la Constitución de manera directa y en elementos esenciales para la definición del derecho fundamental, ya sea en una regulación directa, general y global del mismo o en una parcial o sectorial, pero, igualmente, relativa a aspectos esenciales del derecho, y no, por parcial, menos directa o encaminada a contribuir a la delimitación y definición legal del derecho" [STC 127/1994, de 5 de mayo, FJ 3 b)]. Precisando más esta definición hemos dicho que lo que está constitucionalmente reservado a la ley orgánica es la regulación de determinados aspectos esenciales para la definición del derecho, la previsión de su ámbito y la fijación de sus límites en relación con otras libertades constitucionalmente protegidas (STC 88/1995, de 6 de junio, FJ 4, entre otras muchas).

Sin olvidar que la ya citada STC 15/2014 vino a avalar la legalidad de creación del Registro de profesionales sanitarios objetores de conciencia a la realización de la interrupción voluntaria del embarazo, declarando que con ello no se vulnera su derecho fundamental a la objeción de conciencia, resulta interesante destacar los argumentos expuestos a este respecto en su Voto Particular discrepante por el Magistrado Ollero Tassara:

> Es doctrina de este Tribunal que los derechos constitucionales, entre los que –como queda dicho– se incluye la objeción de conciencia, no pueden ser objeto de otros límites que los estrictamente necesarios para la garantía de otras legítimas exigencias; así, entre otras, las Sentencias 159/1986, de 16 de diciembre, 20/1990, de 15 de febrero, 81/1998, de 2 de abril, y 141/2000, de 29 de mayo. A su vez, con cita de otras anteriores, la Sentencia 141/2000, de 29 de mayo, FJ 3, afirma que «como ya ha dicho este Tribunal, los límites a la libertad de creencias están sometidos a una interpretación estricta y restricta». (…)
>
> 4. Es obligado pues dilucidar si la existencia de un innecesario registro general para toda una Comunidad constituye un límite para el ejercicio del derecho constitucional a la objeción de conciencia. Debemos para ello recordar la doctrina de este Tribunal, que considera inconstitucional cualquier medida que genere un «efecto desalentador» o «disuasorio» del ejercicio de derechos constitucionales (…) Es obvio que la existencia de un registro de este innecesario alcance, no imprescindible para garantizar las prestaciones legalmente previstas, genera en los profesionales objetores un fundado temor a que de ello derive un riesgo de discriminación que afecte a su carrera profesional. La figura del registro va habitualmente vinculada a la publicidad de los datos. Pese a la confidencialidad en este caso prevista, puede valer como anécdota que un medio de comunicación haya alabado la existencia del registro por entender que la objeción es una «opción que no debería escudarse en el anonimato». No se trataría pues tanto de garantizar una prestación sino de conocer quién objeta y por qué. (…)
>
> 6. En resumen, considero que la creación del registro de profesionales sanitarios en relación con la interrupción voluntaria del embarazo en Navarra no supera el juicio de proporcionalidad constitucionalmente exigible sobre la relación existente entre la medida adoptada, el resultado producido y la finalidad pretendida. En efecto, la creación de un registro no es necesaria para garantizar a las usuarias del Sistema Navarro de Salud la prestación sanitaria de interrupción del embarazo, que parece ser la finalidad pretendida por el legislador navarro, según se infiere de la exposición de motivos de la Ley Foral. Ese objetivo puede ser cumplido con igual eficacia sin necesidad de crear un registro; así lo prueba el hecho mismo de que no

haya sido creado en otras Comunidades Autónomas con un sistema sanitario más complejo, o la propia inoperancia del registro navarro. El resultado producido por una medida tal, pese a su temporal fracaso en Navarra, denuncia que implica un sacrificio injustificado del derecho fundamental a la objeción de conciencia de los profesionales sanitarios del sistema público de salud navarro, dado el efecto desalentador del ejercicio del derecho, ante el explicable temor de los profesionales a sufrir represalias y perjuicios en sus legítimas expectativas profesionales.

Independientemente de que un Registro de objetores no debe ser un presupuesto necesario para el ejercicio del derecho a la prestación de ayuda para morir por el indudable riesgo de discriminación y estigmatización de los profesionales que en él se inscriban, además de que la objeción no tiene por qué ser definitiva ya que puede cambiarse a lo largo del ejercicio profesional, como tampoco absoluta, pues puede depender de casos concretos que se le presentan al objetor, lo cierto es que una norma de naturaleza ordinaria no puede condicionar el ejercicio del derecho a objetar en conciencia, pues la regulación de los aspectos esenciales del derecho así como la fijación de sus límites son cuestiones reservadas a la ley orgánica; máxime cuando la obligación que impone el art. 16.1 LO 3/2021 a los profesionales objetores de manifestar anticipadamente y por escrito su condición, se opone a lo dispuesto en los arts. 16.2 CE y 2. a) LO 7/1980, de 5 de julio, de Libertad Religiosa, que garantizan a cualquier persona el derecho a abstenerse de declarar sobre sus creencias religiosas.

# Segunda Parte

# La objeción de conciencia farmacéutica

# Capítulo I. Introducción

## 1. Sistema farmacéutico español

### 1.1. Consideraciones previas

Aunque no corresponde al presente trabajo académico analizar de manera exhaustiva el modelo farmacéutico español, creo conveniente ofrecer algunas breves pinceladas sobre el mismo, reseñando algunos de los elementos que caracterizan nuestro peculiar sistema, pues viene a condicionar tanto el desempeño de la actividad de los profesionales de las oficinas de farmacia, como su misma libertad personal en el caso de que surjan conflictos de conciencia relacionados con la dispensación.

Por ello, en primer lugar, merece la pena destacar las especiales restricciones normativas a la competencia en el sector de oficinas de farmacia en nuestro país; un modelo que resulta distinto y distante al de otros países de la Unión Europea y que, por este motivo, ha venido siendo cuestionado desde hace años por diversos sectores profesionales[133], por

---

[133] Noticia: «*El Sindicato de Enfermería (...) quiere declarar la guerra total contra los farmacéuticos y, a este respecto, ha planteado a los grupos políticos del Congreso de los Diputados la modificación de la normativa que regula a las oficinas de farmacia para eliminar la exclusividad de propiedad del farmacéutico y, por tanto, el binomio propiedad-titularidad*». Vid. Arganda, C. (26.10.2018); «*Satse declara la guerra total: propone liberalizar la propiedad de la farmacia*». Diario Farma. Recuperado de: www.diariofarma.com/2018/10/26/satse-declara-la-guerra-total-propone-liberalizar-la-propiedad-de-la-farmacia.

los órganos de defensa de la competencia tanto a nivel estatal como autonómico[134], desde el Gobierno[135], e incluso por la misma Comisión Europea[136].

Y partiendo de esta singularidad, así como de la naturaleza mercantil de esta actividad sanitaria enmarcada como servicio público, podremos entender los motivos por los que hasta fechas recientes aún eran mayoría quienes consideraban que, o bien no resultaba procedente reconocer

---

[134] *Vid.* «*Estudio sobre el mercado de distribución minorista de medicamentos en España*» (E/CNMC/003/15), de 15 de octubre de 2015, elaborado por la CNMC, disponible en: www.cnmc.es/en/node/272086.

Y en el ámbito autonómico, entre otros, el informe del Servicio Vasco de Defensa de la Competencia «*Competencia, regulación y oficinas de farmacia en la Comunidad Autónoma de Euskadi*» de octubre de 2007, disponible en: www.ogasun.ejgv.euskadi. eus/r51-19204/es/contenidos/informacion/svdc/es_svdc/adjuntos/informe-farmacias.pdf

[135] *Vid.* noticia: MARQUÉS, J., (14/01/2013). «La liberalización de las farmacias conducirá al cierre de 3 de cada 4.» elEconomista.es. Recuperado de: www.eleconomista. es/economia/noticias/4526110/01/13/2/La-liberalizacion-de-las-farmacias-conducira-al-cierre-de-3-de-cada-4.htm. Señala: «*La farmacia española vuelve a estar en jaque. Las líneas maestras del anteproyecto de Ley de Servicios Profesionales que ha presentado el Ministerio de Economía y Competitividad desmantelarían el actual modelo, según los farmacéuticos, al liberalizar la propiedad de las boticas. La reforma supone un cambio de las normas de juego en toda regla, ya que hasta ahora sólo estos profesionales pueden ser propietarios y titulares de una única farmacia*».

[136] Respecto a la Comisión de las Comunidades Europeas, citaremos el Dictamen Motivado dirigido al Reino de España en virtud del art. 226 del Tratado Constitutivo de la Comunidad Europea debido a determinadas restricciones en materia de establecimiento de oficinas de farmacia, con fecha 28 de junio de 2006. Igualmente, *vid.* noticia: Missé, A. (29.06.2006); «Bruselas da dos meses a España para liberalizar la apertura de farmacias». El País. Recuperado de: www.elpais.com/diario/2006/06/29/ economia/1151532003_850215.html, que señala: «*La Comisión Europea dio ayer dos meses a España para que elimine las restricciones legales que regulan el establecimiento de farmacias. Se trata del segundo apercibimiento de Bruselas por considerar que las normas vigentes son restrictivas para la distribución de productos farmacéuticos, discriminatorias en la adjudicación de licencias en algunas comunidades y con condiciones excesivas para el acceso a la propiedad de esos establecimientos. (...) Si en dos meses España no corrige esta legislación, Bruselas enviará el expediente al Tribunal de Justicia Europeo, con sede en Luxemburgo*».

un derecho como el de la objeción de conciencia a los farmacéuticos o, al menos, al mismo nivel que a los médicos.

Igualmente nos permitirá comprender (aunque no justificar), que pese al reconocimiento constitucional que le brinda la STC de 25 de junio de 2015 amparando de forma expresa su ejercicio y superando definitivamente la idea del farmacéutico como un mero dispensador de medicamentos, sin embargo, desde la propia Asamblea General de Colegios Oficiales de Farmacéuticos de España al abordar la actualización de su normativa deontológica[137] se optara por ignorar esta novedosa doctrina, dando un significativo y desconcertante paso atrás, al imponer infundadas restricciones a su ejercicio, ofreciendo una visión claramente negativa de este derecho, como si se tratara de un verdadero peligro, o un elemento perturbador para la profesión, en lugar de una opción legítima que, de forma excepcional y debidamente justificada, permite garantizar la libertad de conciencia y la independencia de sus colegiados.

## 1.2. Prestación y planificación farmacéutica

Tanto la Organización Mundial de la Salud, como el Consejo de Europa, han promulgado diversas resoluciones en materia de atención farmacéutica en las que se destaca el importante papel que tiene reservado el farmacéutico en los sistemas sanitarios en relación a los ámbitos diversos en que estos profesionales desarrollan su trabajo, reconociendo el especial realce de los servicios que pueden y deben prestar estos profesionales, más allá de la mera dispensación de fármacos.

Entre dichas funciones destaca la de información, como actividad necesaria que debe realizar el farmacéutico conforme a las normas y principios que sustentan el uso racional de los medicamentos, a fin de

---

[137]  El 7 de marzo de 2018 es aprobado por la Asamblea General de Colegios Oficiales de Farmacéuticos de España el Código de Deontología de la Profesión Farmacéutica que sustituye al Código de Ética Farmacéutica y Deontología de la Profesión Farmacéutica, de 14 de diciembre de 2000. Su análisis detallado corresponde al último Capítulo de esta obra. La redacción del capítulo referido a la Objeción de Conciencia se mantiene en el texto aprobado por su Consejo General en el año 2023, así como en sus posteriores actualizaciones, siendo la última de 9 de enero de 2025. Su análisis detallado corresponde al último Capítulo de esta obra.

que los pacientes los puedan utilizar correctamente, lo que redundará en que los tratamientos prescritos alcancen un mayor grado de eficacia. Se trata así de una obligación profesional que conforma el natural quehacer diario de estos profesionales, reconocido igualmente como un derecho que pueden exigir los usuarios del Sistema Sanitario.

En nuestro país, la Ley General de Sanidad de 1986[138] reserva la custodia, conservación y dispensación de medicamentos a las oficinas de farmacia legalmente autorizadas y a los servicios de farmacia de hospitales, centros de salud y estructuras de atención primaria del Sistema Nacional de Salud, estableciendo que las oficinas de farmacia abiertas al público son establecimientos sanitarios, a la vez que señala que sólo los farmacéuticos podrán ser propietarios y titulares de las oficinas de farmacia abiertas al público, excluyendo de esta manera que puedan ser de titularidad pública.

En todo caso y como establecimientos sanitarios, señala esta Ley que las oficinas de farmacia estarán sujetas a la planificación sanitaria en los términos que establezca la legislación especial de medicamentos y farmacias. Esta competencia, conforme al art. 149.1. 16.ª de la Constitución corresponde en exclusiva al Estado, al igual que la legislación sobre productos farmacéuticos.

Y si bien la Ley 25/1990, del Medicamento, como posteriormente la Ley 29/2006, de garantías y uso racional de los medicamentos y productos sanitarios (que derogaba a la anterior) complementaron la Ley General de Sanidad regulando determinados aspectos sobre ordenación farmacéutica con el fin de asegurar la calidad de la prestación, impulsar el uso racional de los medicamentos y garantizar con carácter universal su disponibilidad a fin de cubrir las necesidades de los pacientes en condiciones de efectividad y seguridad, sin embargo estas leyes continuaron sin dar respuesta a los principales problemas generados por la compleja situación jurídico-administrativa de estos establecimientos, tal como reconoce el art. 103 de la Ley General de Sanidad.

Recordemos que el sistema español se caracteriza por su carácter restringido conforme al modelo preconstitucional implantado en nues-

---

[138] Ley 14/1986, de 25 de abril, General de Sanidad (BOE núm. 102, de 29 de abril de 1986).

tro país por el Decreto de 24 de enero de 1941[139] por el que se reglamentan límites al establecimiento de nuevas farmacias, marcando a este fin las distancias mínimas entre oficinas en función al número de habitantes en cada término municipal, así como por la Ley de Bases de Sanidad Nacional, de 25 de noviembre de 1944[140], que igualmente prevé la limitación del establecimiento de oficinas de farmacia en el territorio nacional.

Estos mismos criterios de restricción a la apertura serán posteriormente contemplados en el Real Decreto 909/1978, de 14 de abril por el que se regula el establecimiento, transmisión o integración de las Oficinas de Farmacia, así como por la normativa que lo desarrolla, a su vez sustituida en las distintas Comunidades Autónomas por las legislaciones autonómicas de ordenación farmacéutica.

En la actualidad, la Ley 16/1997 de Regulación de Servicios de las Oficinas de Farmacia[141], es la que fija los criterios básicos para la ordenación farmacéutica que deberán abordar las Comunidades Autónomas[142], tomando como referencia las unidades básicas de atención primaria.

Asimismo, y sin perjuicio de las regulaciones autonómicas, esta norma viene a ampliar los límites en materia de apertura de nuevas oficinas de farmacia, fijando nuevos módulos de población mínimos, que se establecen en 2.800 habitantes por oficina, con posibilidad de ampliación hasta 4.000 habitantes. Igualmente, contempla la simplificación y ordenación de los expedientes de autorización de apertura, estableciendo los principios de publicidad y transparencia en el otorgamiento de las autorizaciones, cuya competencia corresponde a las Comunidades Autóno-

---

[139] Decreto de 24 de enero de 1941 por el que se reglamenta el establecimiento de nuevas farmacias (BOE núm. 37, de 6 de febrero de 1941)

[140] Ley de Bases de Sanidad Nacional de 25 de noviembre de 1944 (BOE núm. 331, de 26 de noviembre de 1944).

[141] Ley 16/1997, de 25 de abril, de Regulación de Servicios de las Oficinas de Farmacia. (BOE núm. 100, de 26 de abril de 1997).

[142] Esta competencia en materia de Ordenación Farmacéutica corresponde a las Comunidades Autónomas, dada la descentralización de las competencias sanitarias del Sistema Nacional de Salud, lo que incluye la prestación farmacéutica prevista en la Ley General de Sanidad de 1986.

mas, regulando además la transmisión de las oficinas de farmacia conforme al criterio tradicional de que únicamente pueda realizarse a favor de otro u otros farmacéuticos.

Como vemos, nuestro sistema integrado por los diversos modelos regulatorios de ámbito territorial autonómico, presenta importantes restricciones que no existen en la mayoría de países de la Unión Europea, pues se fijan precios al margen del mercado, se limita el régimen de distribución de medicamentos sin receta –que no pueden en ningún caso adquirirse en establecimientos distintos de las farmacias–, además de imponer límites a la concesión de autorizaciones de establecimiento de nuevas oficinas. Por ello es previsible que estas restricciones regulatorias en el sector de las oficinas de farmacia acaben siendo revisadas a fin de introducir medidas liberalizadoras que, con el tiempo, permitan dotar al sistema de un mayor grado de competencia.

Concretamente la Comisión Nacional de los Mercados y la Competencia (CNMC), en su Estudio sobre el Mercado de Distribución Minorista de Medicamentos en España (E/CNMC/003/15)[143], ha elaborado una serie de recomendaciones, entre las que destacan las de eliminar las restricciones de acceso al mercado vigentes en la normativa, concretamente las referidas a módulos de población y distancias mínimas obligatorias, tanto entre oficinas de farmacia como entre éstas y los centros de salud.

Igualmente, recomienda medidas destinadas a suprimir restricciones al ejercicio de la actividad de dispensación de medicamentos, como permitir la venta en otros establecimientos cuando no estén sujetos a prescripción médica y eliminar la reserva de actividad de las oficinas de farmacia para la venta de medicamentos sujetos a prescripción a través de páginas web, permitiendo esta actividad siempre que la dispensación sea realizada por un técnico competente.

Respecto a las restricciones que afectan a la propiedad de las oficinas de farmacia, la CNMC propone eliminar el requisito de que los propietarios y titulares de oficina de farmacia sean exclusivamente farmacéuticos colegiados, recomendando la supresión del requisito de colegiación obligatoria para titulares y farmacéuticos en oficinas de farmacia,

---

[143] Disponible en: https://www.cnmc.es/en/node/272086.

así como la eliminación de la reserva de actividad de los Colegios Oficiales de Farmacéuticos en la facturación y cobro de recetas oficiales. Finalmente, entre otras medidas, propone terminar con aquellas restricciones que afectan a los horarios y publicidad de estas oficinas, así como a los requisitos en los concursos de méritos para la apertura de nuevas farmacias.

## 2. COLISIÓN ENTRE LA OBLIGACIÓN DE DISPENSAR Y EL EJERCICIO DE LA OBJECIÓN. PREVISIÓN NORMATIVA ESTATAL Y AUTONÓMICA

El Real Decreto Legislativo 1/2015 por el que se aprueba el texto refundido de la Ley de garantías y uso racional de los medicamentos y productos sanitarios[144], reconoce que las oficinas de farmacia estarán obligadas al suministro y dispensación de los mismos cuando se les soliciten en las condiciones legal y reglamentariamente establecidas[145], castigando como infracción grave la negativa a dispensar medicamentos sin causa justificada (art. 111.b) 15). Esta norma no contiene previsión alguna referida al reconocimiento del derecho a la objeción de conciencia por parte de los farmacéuticos.

Por ello, quienes sostienen que la dispensación aparece como un imperativo legal que se opone firmemente a la opción de plantear objeciones éticas por parte de estos profesionales, han venido defendiendo que los farmacéuticos no pueden ostentar un derecho a objetar, ya que la

---

[144] Real Decreto Legislativo 1/2015, de 24 de julio, por el que se aprueba el texto refundido de la Ley de garantías y uso racional de los medicamentos y productos sanitarios. (BOE núm. 177, de 25 de julio de 2015).

[145] Concretamente señala el art.3.1: *Garantías de abastecimiento y dispensación. Los laboratorios farmacéuticos, entidades de distribución, importadores, oficinas de farmacia, servicios de farmacia de hospitales, centros de salud y demás estructuras de atención a la salud están obligados a suministrar o a dispensar los medicamentos y productos sanitarios que se les soliciten en las condiciones legal y reglamentariamente establecidas.* Esta obligación, así como su sanción en caso de negativa a dispensar medicamentos sin causa justificada, ya venía expresamente prevista en la derogada Ley 29/2006, de 26 de julio, de Garantías y Uso Racional de los Medicamentos y Productos Sanitarios, así como en la Ley 25/1990, de 20 de diciembre, del Medicamento, a su vez, derogada por la anterior.

conciencia personal no puede predominar legítimamente frente al interés colectivo. Y, aunque se encuentre incardinado difusamente en una libertad fundamental, al no tratarse de un derecho absoluto ni contar en este caso con una específica previsión legal que permita invocarlo, defienden que deberá prevalecer en cualquier caso la obligación de dispensación legalmente prevista.

Frente a este planteamiento doctrinal se oponen aquellos otros que consideran que el reconocimiento de la objeción de conciencia del farmacéutico debe quedar legitimado y protegido al formar parte del contenido esencial del derecho a la libertad ideológica y religiosa reconocida en la Constitución, por lo que debe contar con una protección prioritaria sobre la obligación de dispensar, máxime cuando la Ley de garantías y uso racional de los medicamentos y productos sanitarios lo que sanciona es la negativa a dispensar productos farmacéuticos, pero siempre que se haga *sin causa justificada*, expresión que debe incluir tanto las consideraciones profesionales como las éticas o de conciencia[146].

Igualmente se apoya esta postura en que las corporaciones colegiales se han venido preocupando desde hace años de incluir su expreso reconocimiento y protección en su normativa deontológica profesional, resultando evidente que la objeción de conciencia no se puede separar de la destacada función que el boticario desempeña dentro del amplio proceso asistencial, que no se limita a la de una mera dispensación de fármacos, sean recetados o no por un médico. Además, se destaca que, a diferencia del ámbito estatal, algunas leyes autonómicas que regulan la ordenación de la atención farmacéutica[147] sí han reconocido expresamente el derecho a la objeción de estos profesionales.

---

[146] De todo ello me ocupo en «La objeción de conciencia de los farmacéuticos en España». *Cuadernos de Bioética*. XVIII, 2007/2, pp. 283-285.

[147] Las leyes 3/1997, de 28 de mayo, de Ordenación Farmacéutica de la Región de Murcia, 22/2007, de 18 de diciembre, de Farmacia de Andalucía, Ley 19/1998, de 25 de noviembre, de Ordenación y Atención Farmacéutica de la Comunidad de Madrid, 31/1991, de 13 de diciembre, de ordenación farmacéutica de Cataluña, y 4/1999, de 25 de marzo, de Ordenación Farmacéutica para Aragón, no contemplan previsión alguna sobre el derecho de objeción del farmacéutico. Sí lo hacen las leyes de ordenación farmacéutica de Galicia, La Rioja, Cantabria y Castilla-La Mancha, como veremos a continuación.

Así, el art. 3.2. de la Ley de Ordenación Farmacéutica de Cantabria[148] señala que «La Administración sanitaria garantizará que el derecho a la objeción de conciencia del profesional farmacéutico no limite o condicione los derechos de los ciudadanos recogidos en el apartado anterior, adoptando las medidas oportunas».

Con idéntica redacción se pronuncia el art. 10 de la Ley de Ordenación Farmacéutica de Galicia[149], añadiendo a continuación que «a tal fin, en caso de ejercicio del derecho a la objeción de conciencia, la consejería competente en materia de sanidad habrá de adoptar las medidas excepcionales que, preservando dicho derecho, garantice el derecho a la salud de la ciudadanía».

Igualmente, en la Ley de Ordenación Farmacéutica de la Comunidad Autónoma de La Rioja[150] que, tras reconocer que los farmacéuticos están obligados a efectuar la dispensación siempre que se cumplan los requisitos legalmente exigibles para la misma (art. 5.3), señala que en su actividad profesional queda reconocido el derecho a la objeción de conciencia del farmacéutico, siempre que no se ponga en peligro la salud del paciente o usuario (art. 5.10), indicando en su art. 5. Bis referido a Los derechos de los usuarios, que éstos podrán elegir libremente la oficina de farmacia para la adquisición de medicamentos y productos sanitarios.

En similar sentido se pronuncia la Ley de Ordenación del Servicio Farmacéutico de Castilla-La Mancha[151], que prescribe que La Administración sanitaria garantizará el derecho a la objeción de conciencia del

---

[148] Ley 7/2001, de 19 de diciembre, de Ordenación Farmacéutica de Cantabria (BOE núm. 14, de 16 de enero de 2002).

[149] Así se pronuncia la Ley 3/2019, de 2 de julio, de Ordenación Farmacéutica de Galicia (DOG núm. 130 de 10 de Julio de 2019 y BOE núm. 229 de 24 de septiembre de 2019), como anteriormente había hecho la Ley 5/1999, de 21 mayo derogada por la anterior.

[150] Ley 8/1998, de 16 de junio, de Ordenación Farmacéutica de la Comunidad Autónoma de La Rioja (BOLR núm. 74 de 20 de junio de 1998 y BOE núm. 156 de 01 de Julio de 1998).

[151] Ley 5/2005, de 27-06-2005, de Ordenación del Servicio Farmacéutico de Castilla-La Mancha (DOCM núm. 131 de 01 de Julio de 2005 y BOE núm. 203 de 25 de agosto de 2005).

profesional farmacéutico. No obstante, la Consejería de Sanidad adoptará las medidas que sean necesarias para que el ejercicio de este derecho no limite ni condicione el derecho a la salud de los ciudadanos (art. 17).

Como vemos, en todos los casos se garantiza que el derecho a la salud de los ciudadanos sea compatible con el ejercicio de este derecho por los farmacéuticos, lo que alcanza especial relevancia en aquellos supuestos en que el objeto de la dispensación sean productos destinados a obstaculizar o impedir el desarrollo natural del embarazo, como ocurre con la píldora postcoital.

# CAPÍTULO II. LA CONQUISTA DEL DERECHO

## 1. CONTEXTO Y ORIGEN DEL CONFLICTO

FUE EN LA COMUNIDAD AUTÓNOMA DE ANDALUCÍA donde se planteó por vez primera en nuestro país la colisión entre la obligación de dispensación y el ejercicio de la objeción; concretamente, a raíz de la publicación el 2 de junio de 2001 de una polémica Orden[152] por la que la Consejería de Salud incorporaba el principio activo Levonorgestrel (conocido comúnmente como *píldora postcoital* o *píldora del día después*) al Decreto por el que se regulan las existencias mínimas de medicamentos y productos sanitarios en las oficinas de farmacia.

Se justificaba tal inclusión por «la relevancia que en el caso de la prevención supone el evitar los embarazos no deseados», obligando por ello a los farmacéuticos andaluces a tenerla y dispensarla bajo amenaza de sanción[153].

Conviene reseñar, para entender el conflicto en su origen, que el principio activo Levonorgestrel se trata de una hormona sintética empleada como método de contracepción de emergencia que, tomada den-

---

[152] Orden de 1 de junio de 2001, por la que se actualiza el contenido del Anexo del Decreto 104/2001, de 30 de abril, por el que regulan las existencias mínimas de medicamentos y productos sanitarios en las oficinas de farmacia y almacenes farmacéuticos de distribución.

[153] *Vid.* noticia: López, J. (24.05.2001); «Vallejo anuncia que sancionará a las farmacias que no dispensen la píldora postcoital». Diario ABC. Disponible en: www.abc.es/archivo/periodicos/abc-sevilla-20010524-57.html

tro de las setenta y dos horas siguientes tras mantener relaciones sexuales, tiene como efecto inhibir la ovulación. No obstante, también puede actuar sobre el óvulo una vez fecundado impidiendo que se adhiera a la pared del útero (efecto antinidatorio endometrial).

Dejando a un lado los juegos de palabras y debates léxicos que diferencian concepción de fecundación e identifican concepción con implantación, así como otros eufemismos de la terminología clínica impuestos por las multinacionales del control de la natalidad para tratar de justificar que la contracepción no consiste sólo evitar la concepción, sino que abarca también aquellos otros procedimientos que impiden el desarrollo de la vida desde la fecundación hasta la implantación del óvulo, lo cierto es que el mecanismo de acción de este fármaco tiene una significación ética muy relevante y una importante carga de responsabilidad moral, pues, aunque actúe en la fase temprana del cigoto al evitar su anidación, está impidiendo su desarrollo y, por ello, puede considerarse que posee eficacia abortiva[154].

Estas precisiones son necesarias para comprender hasta qué punto la Orden emanada de la Junta de Andalucía, al imponer una obligación que podía afectar al código ético y moral de determinados profesionales, había sentado las bases que justificaban en este campo de actividad la posibilidad de recurrir a la objeción de conciencia; pues como hemos reseñado, en el ejercicio de este derecho se deben descartar los planteamientos injustificados, así como las actitudes puramente caprichosas.

Desde el primer momento las autoridades sanitarias, con apoyo en un amplio sector de la doctrina y destacados juristas, afirmaron de manera taxativa que los farmacéuticos no podían negarse a dispensar este producto, descartando así que pudiera invocarse una objeción de conciencia profesional que parecía reservada tan sólo al personal sanitario frente a la práctica directa del aborto.

---

[154] Los posibles efectos abortivos del Levonorgestrel y de otros métodos de contracepción de emergencia son tratados en profundidad en la siguiente tesis doctoral: Tudela Cuenca, J. (2014) *La contracepción de emergencia: Aspectos farmacológicos y de información pública implicados en su valoración bioética*, Universidad Católica de Valencia. Igualmente aborda los mecanismos de acción frente al embrión, LÓPEZ GUZMÁN, J. y APARISI MIRALLES, A., (2002) en *La píldora del día siguiente. Aspectos farmacológicos, éticos y jurídicos*. Serie Opinión y Ensayo. Ed. LaCaja.

Como señalaba de manera muy significativa a la prensa el entonces consejero de salud: «Los farmacéuticos andaluces no tendrán opción. La orden obligará a todas las oficinas de farmacia a disponer siempre de la píldora del día siguiente y a dispensarla cada vez que se la pida una paciente con la receta médica en mano. El consejero hizo esta advertencia a los farmacéuticos mostrándose muy crítico con los farmacéuticos andaluces que ya han manifestado su intención de negarse a vender la píldora. Si se van a poner objeciones para dispensar un anticonceptivo, que se dediquen a otra cosa, afirmó el consejero, quien explicó que los farmacéuticos están para atender a los ciudadanos cuando piden un medicamento que ha prescrito un médico. La posibilidad de alegar problemas de conciencia por parte de los responsables de las farmacias para vender la píldora poscoital no tiene fundamento. En este caso no cabe ninguna objeción de conciencia. En cuestión de conciencias, que cada uno gobierne la suya»[155].

Como hasta ese momento ninguna otra norma había impuesto a los farmacéuticos una obligación referida a la tenencia y dispensación de medicamentos que de alguna manera pudiera entrar en colisión con la conciencia individual del profesional, fue la referida Orden andaluza la que se convirtió en el verdadero detonante, justificando que dos farmacéuticos presentaran sendos recursos en vía contencioso administrativa ante el Tribunal Superior de Justicia de Andalucía. Y la respuesta judicial a esta cuestión –que abordaremos a continuación–, permitió contar con un primer y clarificador posicionamiento de nuestros tribunales a este tan novedoso como controvertido tema.

## 2. Precedentes judiciales

Se analizan a continuación los dos primeros recursos planteados en nuestro país que vienen a sentar la única doctrina judicial previa a la STC 145/2015, de 25 de junio de 2015, reconociendo las bases para el ejercicio de la objeción por parte de los profesionales de la farmacia tras la comercialización de productos con posibles efectos abortivos. En

---

[155] Vid. Noticia: Quero, L. (19.05.2001) «La Junta obligará a todas las farmacias andaluzas a tener y dispensar siempre 'la píldora del día después'». El País. Recuperado de: https://elpais.com/diario/2001/05/19/andalucia/990224525_850215.html.

ambos procedimientos, así como en el recurso de amparo que dio lugar al único pronunciamiento del Tribunal Constitucional tuve la oportunidad de asumir la dirección letrada.

## 2.1. La Sentencia del Tribunal Supremo de 23 de abril de 2005

Inicia este procedimiento un farmacéutico de Jaén que recurre la Orden andaluza alegando ante los tribunales su derecho a objetar, planteando así por vez primera en nuestro país la colisión real del derecho del farmacéutico, como particular, a no actuar en contra de sus convicciones, frente a su obligación, como profesional, a respetar la dispensación de los medicamentos prescritos, básica expresión de las funciones que desempeña en el servicio público sanitario[156].

Se trata del primero de los dos recursos interpuestos en vía contencioso-administrativa frente a la referida Orden, seguido este caso –a diferencia del segundo– como procedimiento especial para la protección de los derechos fundamentales de la persona[157] y tramitado, por tanto, con carácter preferente y urgente.

Fundamenta el actor su recurso al entender que la tenencia y dispensación obligatoria de un producto con posibles efectos abortivos vulneraba su derecho a actuar en conciencia en una materia tan digna de protección como es el derecho a la vida en general y a su libertad ideológica y religiosa en particular.

Así, a la controversia inicialmente generada por la publicación de la Orden se unió la surgida a raíz de la presentación de este recurso que estuvo acompañado en todo momento de una amplia difusión en medios de comunicación, siendo ésta la causa principal que motivó que el derecho de objeción de conciencia de los farmacéuticos, que hasta ese momento apenas se había tratado por la doctrina[158] y tan solo en un

---

[156] De esta manera se expone en la demanda presentada.

[157] El proceso especial en materia de derechos fundamentales, está regulado en los arts.114 a 122.ter de la Ley 29/1998, de 13 de julio, reguladora de la Jurisdicción Contencioso-administrativa.

[158] Entre estos autores me gustarían destacar las tempranas aportaciones del profesor José López Guzmán. *Vid.* Objeción de conciencia Farmacéutica (1997). Barcelona. Ediciones Internacionales Universitarias.

plano meramente teórico, se convirtiera en una cuestión de actualidad y con verdadero alcance práctico, dando inicio a un amplio debate social, político y profesional[159] –con enfrentada división de opiniones–, para tratar de dilucidar si este derecho podía o no ser invocado legítimamente por los farmacéuticos en el ejercicio de su actividad, teniendo en cuenta las peculiaridades de su profesión, como responsables y obligados al suministro y dispensación de medicamentos y productos sanitarios,[160] así como por la naturaleza misma de las oficinas de farmacia, en cuanto establecimientos sanitarios privados pero de interés público.

Se daba la circunstancia de que el farmacéutico objetor en el momento de presentar el recurso aún no era titular o cotitular de oficina de farmacia en Andalucía, si bien estaba colegiado en el Colegio de Farmacéuticos de Jaén, estando pendiente de obtener la autorización solicitada para abrir una oficina de farmacia y, para el caso en que ésta le fuera denegada, trabajar en la que sus padres, también farmacéuticos, eran titulares. Esta clara voluntad de ejercer su profesión quedó razonablemente acreditada unos años después de presentar el recurso y antes de que el Tribunal Supremo dictara sentencia, al adquirir el veinte por ciento de una oficina de farmacia.

Además de argumentar un interés personal tutelable por su deseo de ejercer la profesión de farmacéutico para la cual se ha formado, el actor esgrimió que la satisfacción de su interés ideológico o religioso debía ser razón suficiente para que se admitiera su legitimación activa, pues nuestros tribunales, con una interpretación amplia, suelen reconocer la legitimación activa a quien tenga un *interés legítimo*, concepto más amplio que el de *interés directo*, que no necesariamente tiene que ser de orden económico, sino que puede ser de tipo moral, lo que debe ser interpretado, dado el contenido del art. 24.1 CE, en la forma más favorable posible a la efectividad de la tutela judicial efectiva, siempre que el acto o disposición que se impugna pueda causarle un perjuicio que no

---

[159] Tras la interposición de este recurso, un nutrido grupo de farmacéuticos andaluces decidió constituir la Asociación Nacional para la Defensa de la Objeción de Conciencia del Personal Biosanitario (ANDOC).

[160] *Vid.* nota 131

requiere que se haya producido, bastando simplemente con que sea posible[161], tal y como se indicaba en la demanda.

A pesar de las anteriores consideraciones, la Sala de lo Contencioso-Administrativo del Tribunal Superior de Justicia con sede en Granada dictó sentencia el 30 de Julio de 2002 estimando la excepción procesal de falta de legitimación activa y, por tanto, inadmitiendo el recurso por considerar que el recurrente no es destinatario de la disposición que se impugna y que por ello carece de legitimación para formular el presente recurso. Por tanto, sin entrar en el fondo de la cuestión planteada, la resolución dejó imprejuzgado el recurso.

La sentencia fue recurrida en casación y, finalmente, el Tribunal Supremo, en sentencia de 23 de abril de 2005[162], vino a resolver de manera definitiva el recurso planteado. En su fallo, si bien confirmaba la sentencia dictada por el TSJA al estimar la falta de legitimación, dictó un *obiter dictum* en el que entró a valorar tangencialmente las cuestiones de fondo planteadas.

Así, aun descartando que la norma impugnada fuera infractora del art.15 de la CE al considerar que no quedaba acreditado que la contracepción postcoital o de emergencia con el principio activo del levonorgestrel provocara una acción concreta y lesiva para un nuevo ser, aborda expresamente la posible lesión del derecho a la objeción de conciencia invocada como ejercicio de la libertad religiosa e ideológica del art 16 de la Constitución, señalando lo siguiente (FJ 5º):

---

[161] En este sentido las SSTS de 27 de abril de 1983, 15 de enero de 1985, 1 de septiembre de 1988 y 6 de marzo de 1997. Igualmente, la STS de 6 de Marzo de 1.997 señala lo siguiente: *El Tribunal Supremo, en consonancia con la tesis del Tribunal Constitucional, ha sentado la siguiente doctrina: negar legitimación al particular para impugnar una disposición general, comportaría un perjuicio concreto al imponerle la necesidad de acudir a la vía jurisdiccional contra todos los actos de sujeción individual que pudiera adoptar la Administración, en tanto que admitiendo aquélla, por la incidencia de un interés directo, se le otorga una tutela efectiva exenta de la demora que implica esperar los actos de aplicación (SSTS de 2 de octubre de 1989 y 3 de junio de 1991).*

[162] STS de 23 de abril de 2005 (Rec. 6154/2002) Sala de lo Contencioso-Administrativo, Sec. 7ª.

También, en el caso de la objeción de conciencia, su contenido constitucional forma parte de la libertad ideológica reconocida en el artículo 16.1 de la CE (STC nº 53/85), en estrecha relación con la dignidad de la persona humana, el libre desarrollo de la personalidad (art. 10 de la CE) y el derecho a la integridad física y moral (art. 15 de la CE), lo que no excluye la reserva de una acción en garantía de este derecho para aquellos profesionales sanitarios con competencias en materia de prescripción y dispensación de medicamentos, circunstancia no concurrente en este caso.

Donde radica la gran novedad de esta sentencia y por ello su relevancia –al ser la primera vez que el Tribunal Supremo abordaba el complejo tema de la objeción de conciencia del farmacéutico–, es que reconoce expresamente con carácter general la reserva de una acción en garantía de este derecho, no sólo para los médicos por su competencia en materia de prescripción, –como hasta ahora se había admitido–, sino también para aquellos *profesionales sanitarios con competencias en materia de dispensación de medicamentos*; es decir, también para los farmacéuticos[163].

Con este pronunciamiento el Tribunal Supremo se aparta de su habitual posición doctrinal que, siguiendo el criterio marcado por el Tribunal Constitucional en sus sentencias núm. 160/87 y 161/87, de 27 de octubre, niega que la objeción de conciencia sea un derecho de aplicación general en aquellos supuestos no expresamente reconocidos.

Se decanta pues en este caso por la posición diametralmente contraria que sostuvo el Tribunal Constitucional en la sentencia núm. 53/85, de 11 de abril –que cita expresamente– (siendo ésta la única que trata la cuestión relativa al derecho a la objeción de conciencia sanitaria, concretamente de los médicos frente al aborto), planteamiento posteriormente recuperado y actualizado en la Sentencia 145/2015, de 25 de junio, última dictada por el Tribunal Constitucional abordando el primer supuesto de objeción de conciencia farmacéutica en nuestro país.

---

[163] Del análisis de esta sentencia me ocupo en: «La objeción de conciencia de los farmacéuticos en España», *Cuadernos de Bioética*. XVIII, 2007/2, pp. 283-285, y en «La resolución del Tribunal Supremo sobre la objeción de conciencia del farmacéutico», *Actualidad del Derecho Sanitario* (2005), núm. 117, pp. 428-430.

## 2.2. La Sentencia del Tribunal Superior de Justicia de Andalucía, de 8 de enero de 2007

Se planteó una vez más ante los tribunales la colisión entre la obligación de dispensación y el ejercicio de la objeción con motivo de la presentación de un segundo recurso frente a la polémica Orden andaluza que obligaba a las oficinas de farmacia a incluir la píldora postcoital entre las existencias mínimas de medicamentos.

Consideraba el farmacéutico recurrente, que al abarcar el derecho de objeción de conciencia a todo profesional que dentro del ámbito sanitario debiera realizar una intervención directa o indirecta que pudiera contrariar sus imperativos éticos o morales y dada la naturaleza constitucional de este derecho, su protección debía prevalecer sobre cualquier otra norma de rango legal inferior que pudiera aprobarse.

Como en el anterior caso, en el momento de interponer el recurso, el actor no era titular de ninguna oficina de farmacia en Andalucía, si bien acreditó como circunstancias determinantes de su legitimación activa el hecho de venir realizando sustituciones de farmacéuticos titulares en diversas farmacias de su provincia, así como haber solicitado autorización para la apertura de una oficina de farmacia.

Por tanto, entendía que, como destinatario de una disposición que le obligaría –dado el carácter imperativo y sancionable de la norma– desde el momento mismo en que accediera a la titularidad de oficina de farmacia, tendría que dispensar un fármaco que según sus más íntimas convicciones es abortivo, so pena de ser sancionado si, por el contrario, hacía valer su legítimo derecho a actuar de conformidad a los dictados de su conciencia no dispensando la píldora postcoital. En ese caso, tan sólo le quedaría la posibilidad injusta de tener que recurrir la sanción, que no la disposición general que ahora se impugnaba.

En esta ocasión, en su escrito de interposición el recurrente solicitó la inmediata suspensión de la ejecución de la Orden de la Consejería de Salud de la Junta de Andalucía, alegando que, para adoptar tal decisión, no era necesario prejuzgar la prevalencia existente entre el derecho fundamental a la libertad ideológica y religiosa y el derecho colectivo a la salud, ya que no existía conflicto entre ambos, pues las farmacias atienden con horario liberalizado de hasta veinticuatro horas, además de existir un turno reglado de oficinas de guardia; y en las mismas, no solo atiende el farmacéutico titular, sino que normalmente lo hacen varios, y no todos ellos tienen por qué ser objetores a la venta de dichos productos.

Advertía en este sentido que es el farmacéutico como persona física, y no la oficina de farmacia, quien resulta titular del derecho a la libertad ideológica y religiosa y, por ello, del derecho a objetar por razones de conciencia.

Igualmente argumentaba que la no suspensión de la Orden recurrida haría perder al recurso su finalidad, ya que, durante la tramitación del mismo, y en caso de prosperar, se le podría provocar un daño irreparable a sus legítimos intereses que afectaría a su derecho a ejercer libremente su profesión.

El Tribunal, estimando inicialmente la petición del recurrente, admitió la suspensión cautelar de la Orden de la Junta de Andalucía acordando dejarla temporalmente sin efecto con la consecuencia de no resultar obligatoria la tenencia y dispensación de preservativos y progestágenos mientras se sustanciaba el recurso.

Señalaba a este respecto en su resolución que la suspensión no atenta a la prestación de tales sustancias por el servicio farmacéutico de forma voluntaria. Descartaba igualmente que tal decisión afectara o perjudicara al interés general como tampoco al derecho a la protección de la salud de los usuarios de la sanidad andaluza. Una medida adoptada poco común, de la que igualmente se hizo eco la prensa,[164] pues si bien resulta relativamente frecuente la suspensión de la ejecución de aquellos acuerdos o actos que se impugnan, no resulta así cuando la decisión cautelar afecta a una disposición general.

La Sala de lo Contencioso-Administrativo del Tribunal Superior de Justicia con sede en Granada, tras casi seis años desde la interposición del recurso, dictó finalmente sentencia el 8 de enero de 2007. Y en este caso, de forma contraria a lo que había resuelto en su sentencia de 30 de Julio de 2002, así como el propio Tribunal Supremo en sentencia de

---

[164] *Vid.* López, J. (20.11.2001); *El TSJA anula la Orden que obligaba a dispensar la píldora del día después.* Diario ABC. Disponible en: https://www.abc.es/archivo/periodicos/abc-madrid-20011120-42.html

23 de abril de 2005 –sobre idéntico supuesto, estimando la excepción procesal de falta de legitimación activa–, sí vino a considerar que el recurrente ostentaba un interés legítimo para impugnar la Orden pues, como licenciado en farmacia tiene un interés en la aplicación de la Orden impugnada, aunque fuese de carácter débil, por ahora, ya que no es titular de farmacia, pero puede serlo en el futuro, en el que dicha norma le sería de plena aplicación.

Esta sentencia, sin embargo, vino a desestimar el recurso contencioso-administrativo interpuesto al entender (FJ 5º) que la objeción de conciencia no se puede invocar como motivo de ilegalidad pues «podría considerarse como un modo de excepción, oponible por el individuo a someterse por cuestiones éticas a una conducta que, en principio, le es jurídicamente exigible. Sin embargo, dicha excepción personal derivada de un juicio de carácter ético o moral, no legitima para la impugnación de una norma de carácter general, ya que el objetor de conciencia, no puede hacer prevalecer o imponer a otros sus condiciones religiosas o morales, para justificar la nulidad de una norma general».

Concluye este razonamiento alegando que, en razón a lo anterior, «no autoriza su impugnación por declaración de nulidad con carácter general para todos los farmacéuticos que no ejerciten el derecho a objetar».

Sin embargo, el fallo contiene otros pronunciamientos de fondo muy destacables en la materia que nos ocupa al abordar extensamente la prevalencia que en determinados casos procede reconocer al derecho a la objeción, frente al deber de dispensación. Así viene a reconocer que «la objeción de conciencia forma parte del contenido del Derecho Fundamental a la libertad ideológica y religiosa, reconocido en el artículo 16.1 de la Constitución» considerando que «la objeción de conciencia, como la negativa de un individuo a cumplir lo mandado por una concreta norma del ordenamiento jurídico, por entender que su cumplimiento es incompatible con el respeto debido a un determinado valor moral percibido por la propia conciencia, podría considerarse como un modo de excepción, oponible por el individuo a someterse por cuestiones éticas a una conducta que, en principio, le es jurídicamente exigible».

Igualmente admite que «dicha objeción de conciencia, puede ser enarbolada cuando, en virtud de la no aplicación de dicha norma, puedan derivarse perjuicios o sanciones por su incumplimiento».

Y concluye señalando que «produciría efectos excepciones y puntuales, personales e individuales en aquellos que la esgriman frente al incumplimiento de la obligación, como autoriza el art. 28 del Código de Ética Farmacéutica, al señalar que la responsabilidad y libertad personal del farmacéutico le faculta para ejercer su derecho de objeción de conciencia respetando la libertad y el derecho a la vida y la salud del paciente y el art. 33 del mismo Código Ético compromete a la Organización Colegial a la defensa de quienes hayan decidido declararse objetores, como derecho individual al cumplimiento de una obligación impuesta por la norma impugnada».

De esta manera, gracias a la interposición de los dos recursos que hemos analizado, si bien los farmacéuticos recurrentes no obtuvieron el reconocimiento individual de su derecho, sí lograron el pronunciamiento favorable para su profesión, permitiendo contar con una primera y clarificadora doctrina en nuestro país que permitió despejar la incógnita que tanta inseguridad jurídica y personal había venido generando a parte de este colectivo para el ejercicio libre de su profesión.

Por ello se puede afirmar que, con estos precedentes judiciales, quedaron sentadas las bases de la objeción de conciencia de los farmacéuticos que ya no se presentaba como un derecho ajeno al ejercicio de su actividad profesional[165].

### 3. Reconocimiento constitucional: la sentencia 145/2015, de 25 de junio

Una vez analizados en el anterior apartado los dos primeros recursos planteados en nuestro país por farmacéuticos objetores que dieron lugar a las únicas sentencias que hasta el momento habían tratado la colisión entre la obligación de dispensación y el ejercicio de la objeción, abordaremos ahora el tercer recurso interpuesto por un farmacéutico que en este caso sí llega en amparo hasta el Tribunal Constitucional.

---

[165] *Ibid.* nota 165

Se trata por tanto de la primera y única ocasión en la que el Alto Tribunal ha tenido la oportunidad de pronunciarse de manera específica sobre la objeción de conciencia del farmacéutico, contando con la STC 53/85, de 11 de abril como único precedente constitucional en el ámbito sanitario referido a los médicos frente al aborto, cuyo planteamiento recupera y actualiza.

## 3.1  Desafío constitucional y avocación a Pleno

Como hemos tenido oportunidad de tratar en el Capítulo I de la parte Primera de este trabajo, en la doctrina jurisprudencial confluyen posiciones antagónicas sobre el reconocimiento que debe otorgarse a la objeción de conciencia en general, consecuencia de contradictorias interpretaciones jurídicas, pero también de las profundas discrepancias ideológicas que este derecho genera.

Fruto de esta divergencia, hasta el 27 de octubre de 1987 la doctrina constitucional había venido considerando que el derecho de objeción de conciencia es una concreción de la libertad ideológica reconocida en el art. 16 de la Constitución y que, como tal, existe y puede ejercitarse sin necesidad de que el legislador intervenga. Sin embargo, a partir de esta fecha (SSTC 160 y 161/87) este posicionamiento sufre un giro radical, pues admitiendo que se trata de un derecho que la Constitución reconoce –concretamente, en relación a la prestación del servicio militar–, fuera de este ámbito, tan solo aquellas modalidades previstas por el legislador podrán ejercitarse legítimamente y obtener la tutela constitucional.

De esta manera, salvo algunas excepciones (SSTS de 16 de enero de 1998 y 23 de abril de 2005), la jurisprudencia mayoritaria del Tribunal Supremo, siguiendo este último posicionamiento de la doctrina constitucional, se había venido mostrando reacia a reconocer que la objeción de conciencia sea un derecho de general aplicación en aquellos supuestos no contemplados expresamente; siendo este mismo planteamiento el acogido por los tribunales inferiores, vinculados por las decisiones del Tribunal Supremo.

En el ámbito sanitario, recordemos que tan solo en la Sentencia de 11 de abril de 1985 el Tribunal Constitucional tuvo la ocasión de abordar este derecho, reconociéndolo a favor de aquellos profesionales de la salud que debían intervenir en la práctica de abortos en las modalidades despenalizadas. Desde entonces y durante treinta años, no hubo ningún otro pronunciamiento en que el Constitucional volviera a tratar este tema.

Y más concretamente en relación a los farmacéuticos, el único precedente judicial en nuestro país fue el resuelto por el Tribunal Supremo en su Sentencia de 23 de abril de 2005 que, como hemos visto al comienzo de este Capítulo, venía a reconocer con carácter general «la reserva de una acción en garantía de este derecho no sólo para los médicos, sino también para aquellos profesionales sanitarios con competencias en materia de dispensación de medicamentos».

Por otro lado, el Tribunal de Estrasburgo, en el único caso resuelto sobre la objeción en el ámbito farmacéutico (caso *Pichón y Sajous* contra Francia, de 2 octubre 2001), había inadmitido el recurso planteado por dos farmacéuticos franceses sancionados por no querer dispensar productos anticonceptivos por entender que «la objeción de conciencia farmacéutica no puede tener más reconocimiento que el expresamente dispuesto en la legislación nacional».

De esta manera quedaba patente la existencia de contradicciones notorias a la hora de reconocer este derecho a modalidades de objeción profesional no expresamente previstas por el legislador (como sucede en el art. 19.2 de la Ley Orgánica 2/2010, que reconoce la objeción de conciencia a los profesionales sanitarios que intervienen directamente en la interrupción del embarazo), sin que hasta el momento el Tribunal Constitucional hubiera sido llamado a pronunciarse en el caso concreto de los farmacéuticos, siendo ésta una cuestión de trascendencia constitucional que resultaba necesario resolver.

Y el recurso planteado por el primer farmacéutico objetor que llevó este debate hasta el Tribunal Constitucional se presentaba como una oportunidad idónea para abordar y resolver estas divergencias interpretativas, además de ofrecer una solución para estos profesionales como anteriormente había hecho en relación a los médicos frente al aborto; e igualmente, para actualizar la doctrina constitucional que indudablemente trascendería a otros ámbitos de la objeción y que permitiría servir de referente fundamental para asentar y unificar nuestra jurisprudencia ordinaria sobre la materia, con cierta vocación de permanencia.

Resulta revelador que el Tribunal Constitucional, consciente de la importancia de la decisión que tendría que adoptar, así como de las discrepancias y contradicciones que el tema suscitaba no solo de orden jurídico, sino también social y político –de mucho mayor calado que las que habitualmente rodean los pronunciamientos de este Tribunal–, decidera la avocación al Pleno de este debate.

Así lo hizo el Pleno del Tribunal a propuesta de la Sala Primera –sobre la que había recaído el conocimiento de este asunto–, por providencia de 8 de abril de 2014, acordando recabar para sí el conocimiento del presente recurso de amparo, de conformidad con el art. 10.1 n) LOTC,[166] señalando a este respecto el magistrado ponente de la Sentencia, don Andrés Ollero, en su Voto particular –parcialmente concurrente– que «sin duda ha influido en ello el reconocimiento de la conveniencia de perfilar y aclarar algunos aspectos de la doctrina constitucional en relación con la naturaleza del derecho a la objeción de conciencia» si bien añade que «desgraciadamente tal intención se ha visto, a mi modo de ver, frustrada».

En cualquier caso debemos entender que los objetivos anteriormente reseñados han sido cumplidos en gran medida por el Tribunal Constitucional en la Sentencia 145/2015, de 25 de junio, sobre cuyas particularidades nos extenderemos a continuación, sin perjuicio de que el fallo haya sido inevitablemente contestado por algún sector de la doctrina más reacio al pleno reconocimiento de este derecho para los profesionales del sector de la farmacia por entender que éstos no pueden hacer prevalecer sus convicciones religiosas o morales para denegar la dispensación de un medicamento, en perjuicio del interés general.

## 3.2. Antecedentes fácticos y procesales

Los hechos que dan inicio al procedimiento se remontan al año 2008, cuando a raíz de la denuncia presentada por un particular, la Inspección

---

[166] Señala el art. 10.1 n) de la LOTC, que el Tribunal en Pleno conocerá *De cualquier otro asunto que sea competencia del Tribunal, pero recabe para sí el Pleno, a propuesta del Presidente o de tres Magistrados, así como de los demás asuntos que le puedan ser atribuidos expresamente por una ley orgánica.*

Provincial de Servicios Sanitarios de la Junta de Andalucía comprobó que en la oficina de farmacia de Sevilla de la que era cotitular el recurrente no disponían de preservativos ni de medicamentos con el principio activo *Levonorgestrel* (conocida como *píldora del día después*) a pesar de estar incluidos en las listas oficiales de existencias mínimas de medicamentos y productos sanitarios.

En el acta de inspección que dio lugar a la incoación del expediente sancionador el farmacéutico dejó constancia de que el único motivo por el que no disponía de los referidos productos era por su condición de objetor de conciencia.

Una vez tramitado el procedimiento sancionador en el que se efectuaron las correspondientes alegaciones –esgrimiendo básicamente el derecho a objetar–, fue dictada resolución por el delegado provincial de salud en Sevilla de la Junta de Andalucía, en la que, por negarse a la dispensación en los términos legalmente establecidos, se les sancionaba a los titulares de esta oficina de farmacia con una multa por importe de 3.300 euros al considerar que este hecho constituía una infracción grave tipificada en el art. 75.1.d) de la Ley 22/2007, de 18 de diciembre, de farmacia de Andalucía, en relación con el art. 22.2 d) de la misma Ley y el art. 2 y anexo del Decreto 104/2001, de 30 de abril, por el que se regulan las existencias mínimas de medicamentos y productos sanitarios en las oficinas de farmacia.

Interpuesto recurso de alzada frente a esta resolución, fue finalmente desestimado en el año 2010 por la Dirección General de Planificación e Innovación Sanitaria de la Consejería de Salud de la Junta de Andalucía al considerar que el farmacéutico titular de una oficina de farmacia no puede incumplir su obligación legal de contar en su establecimiento con los referidos productos y medicamentos invocando la objeción de conciencia.

De esta manera, una vez agotada la vía administrativa, el farmacéutico objetor interpuso recurso contencioso-administrativo contra la anterior resolución sancionadora, tramitándose, como es preceptivo, por las normas del procedimiento abreviado, ante el Juzgado de lo Contencioso-Administrativo núm. 13 de Sevilla.

Fundamenta su recurso en que su actuación se encuentra amparada por la objeción de conciencia, que forma parte del contenido esencial del derecho fundamental a la libertad ideológica y religiosa reconocida en el art. 16 CE, toda vez que de los medicamentos con el principio activo levonorgestrel, en tanto que inhiben la fecundación y tienen efecto antiimplantatorio cuando se ha producido la fecundación, son abortivos, y que, por este motivo, la dispensación puede conculcar el derecho a la vida, por lo que objeta conforme a su conciencia; y, en cuanto a los preservativos, el recurrente, sin entrar a considerar la prevalencia del derecho fundamental a la libertad ideológica y el derecho a la protección de la salud, sostiene que la decisión adoptada es una opción personal que no causa perjuicio alguno, pues queda garantizada la distribución por la gran cantidad de establecimientos que lo dispensan. Al mismo tiempo citaba en apoyo de su pretensión el art. 28 del Código de Ética Farmacéutica y el art. 8.3 de los Estatutos del Colegio Oficial de Farmacéuticos de Sevilla.

Por todo ello, solicitaba que se declarase nula la sanción impuesta y, subsidiariamente, tras alegar la errónea calificación de la infracción y la falta de proporcionalidad de la sanción impuesta que los hechos fueran en todo caso considerados como una infracción leve en aplicación de los arts. 74 d) y 77 de la Ley 22/2007, de 18 de diciembre, de farmacia de Andalucía.

La Sentencia dictada por el Juzgado de lo Contencioso-Administrativo núm. 13 de Sevilla, el 2 de noviembre de 2011, desestimó finalmente el recurso planteado al considerar que la resolución sancionadora era ajustada a Derecho pues, como señala, «ni la sentencia del Tribunal Constitucional de 11 de abril de 1985, en la expresión que la parte recurrente resalta, ni la sentencia del Tribunal Supremo de 23 de abril de 2005, en la expresión obiter dicta que se destaca, sean fundamento legal para objetar».

Entiende además, que *de lege data,* la cuestión está resuelta por la Orden de la Consejería de Salud de 1 de junio de 2001, que actualiza el contenido del Anexo del Decreto 104/2001, que regula la existencia mínimas de medicamentos y productos sanitarios en las oficina de farmacia, así como en la sentencia del TSJ Andalucía de 23 de noviembre de 2009, que la resolución de alzada transcribe con cita de la sentencia del Tribunal Europeo de Derechos Humanos de 2 de octubre de 2001 (caso Pichón y Sajous contra Francia), conforme a la cual la obligación que tiene los farmacéuticos de dispensar determinados medicamentos no está reñido con el ejercicio de los derechos de libertad de conciencia, pensamiento, religión o convicción regulado en el art. 9 de la Convención Europea de los derechos y libertades del hombre.

Una vez notificada la sentencia, con el convencimiento de que la misma no era ajustada al orden constitucional al vulnerar derechos fundamentales susceptibles de amparo[167], teniendo en cuenta que no cabía interponer recurso ordinario contra la misma y al entender que tampoco procedía acudir directamente al recurso de amparo ante el Tribunal Constitucional, como medio de agotamiento previo de todos los recursos ordinarios o extraordinarios, ex artículo 44.1 de la Ley Orgánica del Tribunal Constitucional (LOTC)[168], el demandante, conforme a lo dispuesto en el art. 241 de la Ley Orgánica del Poder Judicial (LOPJ)[169], planteó contra la misma incidente excepcional de nulidad de actuacio-

---

[167] Art. 53 2 CE: *Cualquier ciudadano podrá recabar la tutela de las libertades y derechos reconocidos en el artículo 14 y la Sección primera del Capítulo II ante los Tribunales ordinarios por un procedimiento basado en los principios de preferencia y sumariedad y, en su caso, a través del recurso de amparo ante el Tribunal Constitucional. Este último recurso será aplicable a la objeción de conciencia reconocida en el artículo 30.*

[168] Señala el art. 44.1 de la Ley Orgánica 2/1979, de 3 de octubre, del Tribunal Constitucional, lo siguiente: *Las violaciones de los derechos y libertades susceptibles de amparo constitucional, que tuvieran su origen inmediato y directo en un acto u omisión de un órgano judicial, podrán dar lugar a este recurso siempre que se cumplan los requisitos siguientes: a) Que se hayan agotado todos los medios de impugnación previstos por las normas procesales para el caso concreto dentro de la vía judicial. b) Que la violación del derecho o libertad sea imputable de modo inmediato y directo a una acción u omisión del órgano judicial con independencia de los hechos que dieron lugar al proceso en que aquellas se produjeron, acerca de los que, en ningún caso, entrará a conocer el Tribunal Constitucional. c) Que se haya denunciado formalmente en el proceso, si hubo oportunidad, la vulneración del derecho constitucional tan pronto como, una vez conocida, hubiera lugar para ello.*

[169] Respecto a los incidentes de nulidad de actuaciones, el art 241.1 LOPJ indica: *quienes sean parte legítima o hubieran debido serlo podrán pedir por escrito que se declare la nulidad de actuaciones fundada en cualquier vulneración de un derecho fundamental de los referidos en el artículo 53.2 de la Constitución, siempre que no haya podido denunciarse antes de recaer resolución que ponga fin al proceso y siempre que dicha resolución no sea susceptible de recurso ordinario ni extraordinario.*

nes invocando la lesión del derecho a la objeción de conciencia como manifestación de la libertad ideológica y religiosa (art. 16.1 CE), así como la vulneración del derecho a la tutela judicial efectiva (art. 24.1 CE) por incongruencia omisiva y motivación arbitraria e irrazonable, reseñando como fundamento jurisprudencial la doctrina contenida, entre otras, en las SSTC 15/1982 y 53/1985, así como en la STS de 23 de abril de 2005, solicitando por estos motivos la subsanación con retroacción de las actuaciones al momento de dictar sentencia, por considerar que en caso contrario se estaría creando indefensión con vulneración de los derechos fundamentales invocados.

El Juzgado inadmitió a trámite el incidente de nulidad mediante providencia de 22 de diciembre de 2011, por entender que «habiendo alegado la parte proponente en el juicio lo que a su derecho ha convenido sobre el alcance de los derechos fundamentales cuya vulneración se alega, ha sido expresamente resuelto en la sentencia dictada cuantas cuestiones se han planteado, de modo comprensible y congruente, desestimando la pretensión deducida en la demanda».

No es esta una cuestión intrascendente, pues este argumento para rechazar la admisión a trámite de un incidente de nulidad por considerar que la queja ya había sido resuelta de forma expresa y motivada por el tribunal de instancia hubiera podido constituir un óbice de admisibilidad del recurso de amparo por entender que se había prolongado de forma indebida el plazo de caducidad.

Este argumento fue empleado por el Ministerio Fiscal en su escrito de alegaciones para solicitar la inadmisión del recurso de amparo por extemporaneidad, en virtud de los arts. 43.2 y 50.1 a) LOTC, argumento que, sin embargo, fue acertadamente rechazado por el Tribunal Constitucional señalando a este respecto lo siguiente:

Junto a la queja por vulneración del derecho garantizado por el art. 16.1 CE, que se dirige frente a la resolución administrativa sancionadora, existe otra queja específica por vulneración del art. 24.1 CE frente a la Sentencia que desestima el recurso contencioso-administrativo interpuesto contra aquella resolución; esta posible infracción del art. 24.1 CE que se atribuye al órgano judicial es en efecto autónoma, al ir más allá de la mera falta de reparación de la lesión que originariamente se imputa a la Administración sancionadora. Siendo esto así, no puede calificarse el incidente de nulidad de actuaciones promovido por el demandante contra la Sentencia impugnada como manifiestamente improcedente, en el preciso sentido restrictivo que la doctrina de este Tribunal viene dando a este concepto (…) El demandante no se limitó a reiterar en el incidente de nulidad la queja referida a la alegada vulneración del art. 16.1 CE, sino que formuló una nueva queja frente a la Sentencia por vulneración del art. 24.1 CE; en consecuencia, de conformidad con lo dispuesto en el art. 241.1 de la LOPJ, venía obligado a promover el incidente de nulidad para cumplir el requisito del agotamiento de la vía judicial previa [art. 44.1 a) LOTC].

De esta manera, la inadmisión del incidente de nulidad, sin que quepa ulterior recurso, supone la firmeza tanto de la sentencia dictada en única instancia por el Juzgado de lo Contencioso nº 13 de Sevilla, como de la resolución de la Dirección General de Planificación e Innovación Sanitaria de la Junta de Andalucía que confirmaba la sanción de multa impuesta al recurrente por el delegado provincial de salud de Sevilla.

Por ello el farmacéutico objetor acudió al Tribunal Constitucional como garante último de los Derechos Fundamentales del ciudadano y su máximo intérprete[170], formulando recurso de amparo de naturaleza mixta (arts. 43. y 44 LOTC) al impugnarse expresamente tanto las resoluciones administrativas, como la resolución judicial desestimatoria del recurso contencioso-administrativo interpuesto frente a aquellas, atribuyéndoles las vulneraciones de los derechos fundamentales que analizaremos a continuación.

## 3.3. Especial trascendencia constitucional

Al objeto de la admisión a trámite del recurso de amparo, la demanda vino a justificar *la especial trascendencia constitucional del recurso –* requisito exigido por los arts. 49.1 in fine y 50.1 b) [171] de la LOTC– tal

---

[170] Arts. 53.2 y 123 CE y art. 1.1 LOTC –STC 155/2009, de 25 de junio FJ 2.

[171] Conforme al art. 50.1 b) LOTC, la especial trascendencia constitucional *se apreciará atendiendo a su importancia para la interpretación de la Constitución, para su aplicación o para su general eficacia, y para la determinación del contenido y alcance de los derechos fundamentales.*

como ha sido interpretada esta exigencia por la doctrina constitucional (por todas, SSTC 155/2009, de 25 de junio, FJ 2, y 69/2011, de 16 de mayo, FJ 3; AATC 188/2008, de 21 de julio, y 289/2008, de 22 de septiembre),[172] al desarrollar una casuística, no cerrada, de supuestos sobre los que cabe apreciar que el contenido del recurso de amparo justifica una decisión sobre el fondo en razón de esta especial trascendencia constitucional.

Así se argumentaba en la demanda de amparo que la relevancia de un pronunciamiento del Tribunal Constitucional sobre la presente cuestión, radica en la importancia para la interpretación, eficacia y general aplicación de la Constitución y concretamente para la delimitación del alcance y contenido del derecho fundamental invocado (derecho a la libertad ideológica garantizada por el art. 16.1 CE), teniendo en cuenta que se trata del ejercicio de la objeción de conciencia de un farmacéutico. Esta cuestión es además absolutamente novedosa, pues ningún pronunciamiento previo se ha realizado a la fecha a este respecto: si procede que un farmacéutico, en el ejercicio de su profesión, pueda invocar el derecho a la objeción de conciencia, y si éste reviste el carácter de fundamental. El problema de la objeción de conciencia sanitaria por parte de los profesionales farmacéuticos, tras la comercialización de la píldora del día después, y la consideración de sus posibles efectos abortivos, ya no se presenta pues como una realidad ajena a la actividad del farmacéutico, por la colisión entre la obligación de dispensar y el ejercicio de la objeción. Pero como indicamos, no ha sido objeto de pronunciamiento hasta la fecha por el Tribunal Constitucional, y ésta podría ser la primera vez en que se tenga la oportunidad de crear el tan necesario y clarificador precedente.

A pesar de que el Letrado de la Junta de Andalucía alegó como motivo de inadmisión del recurso de amparo que este requisito no se había justificado en modo alguno y que el asunto carecía de especial trascen-

---

[172] El propio TC ha manifestado en el FJ 2º de la STC 155/2009, que la relación de motivos de especial trascendencia constitucional que recoge esa Sentencia, *no puede ser entendida como un elenco cerrado de casos, sino que tiene un carácter abierto e indeterminado, tanto de la noción de especial trascendencia constitucional como de los criterios establecidos para su apreciación y no excluye la reparación de una vulneración sufrida y no reparada en la jurisdicción ordinaria.*

dencia constitucional, sin embargo el Tribunal Constitucional vino a rechazar este óbice procesal [173] en cuanto la demanda dedica un apartado específico a razonarla, exponiendo los motivos, por lo que señala que «a la vista de lo expuesto es notorio que el demandante de amparo ha cumplido la carga de justificar la especial transcendencia constitucional del recurso que le impone el art. 49.1 LOTC, tal como ha sido interpretada esta exigencia por nuestra doctrina».

Por otra parte, afirma que «en el presente caso este Tribunal entiende que concurre el requisito de la especial trascendencia constitucional [art. 50.1 b) LOTC], al apreciar que la cuestión suscitada en el recurso de amparo (admisibilidad de la objeción de conciencia de los farmacéuticos que desempeñan su profesión en oficinas de farmacia, en particular respecto de la dispensación de medicamentos con posibles efectos abortivos) permite perfilar y aclarar algunos aspectos de la doctrina constitucional en relación con la naturaleza del derecho a la objeción de conciencia, supuesto enunciado en la STC 155/2009, FJ 2, letra b)» [174].

## 3.4. Fundamentación jurídica de la demanda

El demandante sostiene en su demanda de amparo, que las resoluciones impugnadas han vulnerado su derecho a la objeción de conciencia como manifestación de la libertad ideológica reconocida en el art. 16.1 CE, al haber sido sancionado por la Administración sanitaria de la Junta de Andalucía por actuar en el ejercicio de su profesión de farmacéutico siguiendo sus convicciones éticas sobre el derecho a la vida. Estas convicciones son contrarias a la dispensación de los medicamentos con el principio activo levonorgestrel 0,750 mg (conocida como píldora del día después), debido a sus posibles efectos abortivos si se administra a una mujer embarazada.

---

[173] FJ 3º de la STC 145/2015, de 25 de junio de 2015.

[174] Las cifras de las estadísticas jurisdiccionales del Tribunal Constitucional (1980-2019) reflejan que en los últimos años menos del 1% de los recursos de amparo son admitidos a trámite. Pueden consultarse en: www.tribunalconstitucional.es/es/memorias/Paginas/Cuadros-estadisticos.aspx. Igualmente, *vid.* www.noticias.juridicas.com/actualidad/noticias/12195-solo-el-1-de-los-recursos-de-amparo-son-admitidos

Fundamenta este planteamiento en el art. 2.1 de la Ley Orgánica 7/1980, de libertad religiosa (LOLR), la doctrina constitucional contenida en las SSTC 15/1982, de 23 de abril, y 53/1985, de 11 de abril, así como en la STSJ de Andalucía de 8 de enero de 2007 y la STS de 23 de abril de 2005, siendo ésta la primera y única ocasión en la que el Tribunal Supremo tuvo ocasión de abordar la objeción de conciencia farmacéutica.

Concretamente de la STC 53/1985, de 11 abril, destaca su fundamento catorce, que viene a reconocer que el derecho de objeción de conciencia «existe y puede ser ejercido con independencia de que se haya dictado o no tal regulación. La objeción de conciencia forma parte del contenido del derecho fundamental a la libertad ideológica y religiosa reconocido en el art. 16.1 CE y, como ha indicado este Tribunal en diversas ocasiones, la Constitución es directamente aplicable, especialmente en materia de derechos fundamentales».

Añade el demandante en su escrito que el derecho a la objeción de conciencia está expresamente reconocido en el art. 8.5 de los Estatutos del Colegio de Farmacéuticos de Sevilla, a cuyo tenor el colegiado al que se impidiese o perturbase el ejercicio de este derecho conforme a los postulados de la ética y deontología profesionales se le amparará por el Colegio ante las instancias correspondientes. Igualmente invoca el Código de ética farmacéutica y deontología de la profesión farmacéutica, conforme al cual la responsabilidad y libertad personal del farmacéutico le faculta para ejercer su derecho a la objeción de conciencia respetando la libertad y el derecho a la vida y a la salud del paciente (art. 28), así como que el farmacéutico podrá comunicar al Colegio de Farmacéuticos su condición de objetor de conciencia a los efectos que considere procedentes. El Colegio le prestará el asesoramiento y la ayuda necesaria (art. 33).

De acuerdo con lo anterior, sostiene el actor en sus alegaciones que «el derecho a la objeción de conciencia de los farmacéuticos, ante la eventualidad de venir obligados por la normativa vigente a dispensar productos con posibles efectos abortivos, no resulta ajena al ejercicio de su actividad profesional»; añadiendo que «ante esta obligación legal de dispensación el recurrente, que profesa un profundo respeto a la vida y que no ignora el efecto antianidatorio de la píldora del día después, le sitúa en una difícil posición al presentársele un grave conflicto: o bien actuar fuera de la legalidad (sobre existencias mínimas en farmacias) al hacer uso de su derecho a la objeción de conciencia, asumiendo el riesgo de ser sancionado por ello, o bien actuar en contra de su conciencia, traicionando sus más arraigadas creencias, al dispensar en razón de su profesión unos productos que considera inmorales. En ambos casos, tendría que afrontar el dilema de no poder ejercer adecuadamente su profesión, que se corresponde con sus estudios universitarios y que constituye su medio de vida».

De esta manera deja constancia de que sus motivaciones de conciencia –que habían sido comunicadas anticipadamente a su colegio profesional–, se sustentan en un sólido prejuicio de carácter ético-moral que afecta a su medio de vida, sin que el ordenamiento jurídico contemple otra forma de resolver el conflicto, ni le posibilite ninguna otra alternativa legal, como lo demuestra el hecho mismo de haber sido sancionado. Por ello, el ejercicio de la objeción en este caso concreto no puede ser calificado de caprichoso ni de arbitrario.

Como segunda causa por la que se solicita el amparo, el demandante especifica que la Sentencia impugnada ha vulnerado su derecho a la tutela judicial efectiva (art. 24.1 CE), por incurrir en incongruencia omisiva y adolecer de motivación arbitraria e irrazonable. Según se indica en la demanda, la remisión de la Sentencia, como *ratio decidendi*, a la resolución del Tribunal Europeo de Derechos Humanos de 2 de octubre de 2001 (caso *Pichon y Sajous c. Francia*), supone no dar respuesta a la cuestión planteada, pues aquella resolución se refiere a productos anticonceptivos, mientras que en el presente caso se trata de medicamentos con efectos abortivos. Además, la Sentencia impugnada afirma apodícticamente que la resolución administrativa que se recurre es ajustada a derecho, lo que la convierte en una resolución judicial carente del más mínimo fundamento exigible, y por ello en arbitraria e irrazonable.

## 3.5. Fundamentos de oposición al recurso

Tanto el Letrado de la Junta de Andalucía como el Ministerio Fiscal presentaron sus correspondientes escritos de oposición al amparo solicitado la inadmisión del recurso, o subsidiariamente su desestimación, alegando en primer lugar la existencia de impedimentos procesales referidos, respectivamente, a la posible caducidad del recurso de amparo por considerar improcedente la interposición de un incidente de nulidad de actuaciones, así como a la pretendida ausencia de especial transcendencia constitucional del recurso.

En cuanto al fondo, manifestaron la inexistencia de vulneración del derecho fundamental invocado por el demandante, al considerar que la objeción de conciencia exige el reconocimiento del legislador para su ejercicio legítimo (*interpositio legislatoris*) lo que no acontece en el caso de los farmacéuticos titulares de oficinas de farmacia, que no pueden, por tanto, negarse a dispensar los medicamentos y productos sanitarios que constituyen existencias mínimas obligatorias de medicamentos y productos sanitarios con fundamento en sus propias convicciones o creencias.

Igualmente sostienen –en términos similares–, que este deber legal de disponer de las existencias mínimas dimana del derecho a las prestaciones sanitarias y farmacéuticas que incluye el acceso a la interrupción voluntaria del embarazo en los supuestos legalmente previstos, así como a los medicamentos anticonceptivos autorizados, como manifestación del derecho a la integridad física y psíquica (art. 15 CE), en conexión con el derecho a la salud (art. 43 CE) que, en todo caso, debe prevalecer sobre la objeción de conciencia del farmacéutico a dispensar dichos medicamentos.

En apoyo de su argumentación, el Ministerio Fiscal se remite además a la resolución del TEDH, de 2 de octubre de 2001 (caso *Pichon y Sajous c. Francia*), y añade que «en la demanda de amparo no se contiene ningún argumento que sustente las razones ético-morales que conforman la propia convicción del recurrente en relación a los preservativos, centrándose exclusivamente en los efectos del medicamento con el principio activo levonorgestrel», lo que resulta cierto como veremos a continuación.

3.6. Doctrina de la mayoría del Pleno

Una vez descartados con carácter previo los impedimentos procesales alegados tanto por el Letrado de la Junta de Andalucía como por el Ministerio Fiscal, el Tribunal Constitucional aborda los motivos de fondo que se invocan en la demanda y que tratamos seguidamente.

## A. *Libertad ideológica y religiosa y objeción de conciencia*

Respecto al motivo principal, como señala la Sentencia (FJ 4º), «Hasta el momento presente, este Tribunal no había tenido ocasión de resolver sobre la problemática constitucional que suscita el demandante; esto es, el juicio de ponderación entre el invocado derecho a la objeción de conciencia, como manifestación del derecho fundamental a la libertad ideológica reconocida en el art. 16.1 CE, y la obligación de disponer del mínimo de existencias del citado medicamento que le impone la normativa sectorial, para así poderlo dispensar a quienes lo soliciten. Desde ese prisma abordaremos la resolución del presente recurso».

En relación con la doctrina que el recurrente esgrime en apoyo de su planteamiento, el Tribunal aborda con detenimiento el fundamento invocado (FJ 14) de la STC 53/1985, de 11 abril, recordándonos que en el mismo se reconoce que el derecho a la objeción de conciencia existe y puede ser ejercido con independencia de que se haya dictado o no tal regulación. La objeción de conciencia forma parte del contenido del derecho fundamental a la libertad ideológica y religiosa reconocido en el art. 16.1 CE y, como ha indicado este Tribunal en diversas ocasiones, la Constitución es directamente aplicable, especialmente en materia de derechos fundamentales.

En todo caso advierte la singularidad del pronunciamiento traído a colación, en tanto que el reconocimiento de la objeción de conciencia transcendió del ámbito que es consustancial al art. 30.2 CE (el servicio militar obligatorio), dadas las particulares circunstancias del supuesto analizado por este Tribunal; por un lado, la significativa intervención de los médicos en los casos de interrupción voluntaria del embarazo y, por otro, la relevancia constitucional que reconocimos a la protección del nasciturus.

De esta manera, antes de ponderar los bienes jurídicos en conflicto, el Tribunal considera necesario dilucidar si esta doctrina enunciada es también aplicable en el presente caso. Por ello, en primer lugar entra a analizar si los motivos invocados para no disponer de la píldora del día después guardan el suficiente paralelismo con los que justificaron el reconocimiento de la objeción de conciencia en el supuesto analizado por la Sentencia citada, al objeto de precisar si la admisión de dicha objeción, entendida como derivación del derecho fundamental consagrado en el art. 16.1 CE, resulta también extensible a un supuesto como el actual, en el que el demandante opone, frente a la obligación legal de dispensar el principio activo levonorgestrel 0,750 mg, sus convicciones sobre el derecho a la vida.

Y en relación a esta cuestión, el Tribunal resuelve lo siguiente (FJ 4º *in fine*):

Este Tribunal no desconoce la falta de unanimidad científica respecto a los posibles efectos abortivos de la denominada píldora del día después. Sin perjuicio de ello, y a los meros fines de este procedimiento, la presencia en ese debate de posiciones científicas que avalan tal planteamiento nos lleva a partir en nuestro enjuiciamiento de la existencia de una duda razonable sobre la producción de dichos efectos, presupuesto este que, a su vez, dota al conflicto de conciencia alegado por el recurrente de suficiente consistencia y relevancia constitucional. En consecuencia, sin desconocer las diferencias de índole cuantitativa y cualitativa existentes entre la participación de los médicos en la interrupción voluntaria del embarazo y la dispensación, por parte de un farmacéutico, del medicamento anteriormente mencionado, cabe concluir que, dentro de los parámetros indicados, la base conflictual que late en ambos supuestos se anuda a una misma finalidad, toda vez que en este caso se plantea asimismo una colisión con la concepción que profesa el demandante sobre el derecho a la vida. Además, la actuación de este último, en su condición de expendedor autorizado de la referida sustancia, resulta particularmente relevante desde la perspectiva enunciada. En suma, pues, hemos de colegir que los aspectos determinantes del singular reconocimiento de la objeción de conciencia que fijamos en la STC 53/1985, FJ 14, también concurren, en los términos indicados, cuando la referida objeción se proyecta sobre el deber de dispensación de la denominada píldora del día después por parte de los farmacéuticos, en base a las consideraciones expuestas.

Con este pronunciamiento recupera abiertamente el planteamiento que sobre la objeción de conciencia sanitaria de los médicos al aborto había resuelto la STC 53/85, de 11 de abril, y que ahora hace extensivo a los farmacéuticos, con la consecuencia de apartarse definitivamente de la muy restrictiva visión que sobre este derecho se instauró a raíz de la sentencia de 27 de octubre de 1987 que, recordemos, vinieron a desvincular la objeción de conciencia del derecho a la libertad ideológica y religiosa, denegando la tutela constitucional de aquellas modalidades que no hubieran sido objeto de expreso reconocimiento legal.

De esta forma, tal como señala el magistrado ponente Ollero Tassara en su voto particular, se actualiza «el alcance limitado de la interpositio legislatoris, vinculado a la eficacia del derecho y no a su fundamento, así como al carácter de derecho fundamental de la objeción».

## B. Ponderación de intereses: objeción y derecho a la prestación farmacéutica

Sentado lo anterior, la sentencia se adentra en otra cuestión controvertida como es ponderar los bienes jurídicos en conflicto para determinar la incidencia de la objeción de conciencia invocada por el recurrente con la legítima protección de aquellos otros derechos, bienes jurídicos e intereses dignos de tutela; concretamente, con el derecho de la mujer a la salud sexual y reproductiva que, aunque no tiene reconocimiento constitucional, dimana del derecho a las prestaciones sanitarias y farmacéuticas reconocidas en nuestro ordenamiento, lo que incluye el acceso a los medicamentos anticonceptivos autorizados. Y todo ello teniendo en cuenta que el sistema público sanitario impone al profesional que ejerce su actividad en una oficina de farmacia la disposición de aquellas especialidades farmacéuticas que la Administración incluye de manera obligatoria. Sobre este punto, se pronuncia la Sentencia (FJ 5º) de la siguiente manera:

> La imposición de la sanción a que fue acreedor el demandante no derivó de su negativa a dispensar el medicamento a un tercero que se lo hubiera solicitado, sino del incumplimiento del deber de contar con el mínimo de existencias establecido normativamente. En segundo término, hemos de añadir que en las actuaciones no figura dato alguno a través del cual se infiera el riesgo de que la dispensación de la píldora del día después se viera obsta-

culizada, pues amén de que la farmacia regentada por el demandante se ubica en el centro urbano de la ciudad de Sevilla, dato este del que se deduce la disponibilidad de otras oficinas de farmacia relativamente cercanas, ninguna otra circunstancia permite colegir que el derecho de la mujer a acceder a los medicamentos anticonceptivos autorizados por el ordenamiento jurídico vigente fuera puesto en peligro.

Aunque con posterioridad analizaremos con más extensión los votos particulares –a los que dedicamos un específico epígrafe–, no podemos dejar de remitirnos en este punto a esos argumentos discrepantes pues esta conclusión fue duramente atacada tanto en el voto particular suscrito por la magistrada Asúa Batarrita, como en el voto particular que formula el magistrado Valdés Dal-Ré –al que se adhiere el magistrado Xiol Ríos–, que, con argumentos coincidentes, vienen a mostrar su frontal disenso con el juicio de ponderación de intereses efectuado por la mayoría, al entender que la Sentencia realiza tales afirmaciones sobre una presunción no contrastada acerca de las farmacias próximas a la del actor en las que se dispensaban tales productos y, por otro lado, que la mayoría llega a tal conclusión sin haber analizado en profundidad la naturaleza jurídica de las oficinas de farmacia en nuestro ordenamiento, minimizando, además, el impacto que el ejercicio de este derecho puede suponer en el derecho a la vida y a la integridad física y psíquica (art. 15 CE), en conexión con el derecho a la salud (art. 43 CE).

Mantienen sin embargo estos razonamientos particulares una abierta contradicción con otro de los argumentos esgrimidos como fundamento de sus votos particulares. Concretamente al admitir que la Junta de Andalucía tipifica como sancionable la no disposición en la oficina de farmacia de determinados medicamentos o productos sanitarios, pero no la negativa a dispensarlos. Y que por esta razón no habiendo sido sancionado el farmacéutico objetor por negarse a dispensar, estiman que no existe conflicto constitucional alguno que pueda vincular el derecho fundamental invocado con la sanción impuesta al recurrente.

De esta manera, si lo relevante en este caso –a juicio de estos magistrados discrepantes– no era la negativa a expender estos productos –y por esta razón consideran que debió negarse el amparo a solicitante al no existir conflicto constitucional–, difícilmente se puede entender –siguiendo ese mismo presupuesto argumental– que la simple negativa a tenerlos entre las existencias de la farmacia sea una conducta que en sí misma pueda afectar a la vida y a la integridad física y psíquica de los ciudadanos.

## C. Relevancia de los estatutos colegiales y de la normativa deontológica profesional

Como hemos señalado, en la demanda se acredita que el recurrente, miembro del Colegio Oficial de Farmacéuticos de Sevilla, estaba inscrito en el mismo como objetor de conciencia. Por ello invocaba que el legítimo ejercicio de su derecho estaba expresamente amparado por los Estatutos de su Colegio, así como en la normativa que regula la deontología profesional.

El Tribunal destaca con carácter previo que, si bien algunas leyes autonómicas que regulan la ordenación de la atención farmacéutica sí han reconocido expresamente el derecho a la objeción de estos profesionales, en cambio la Ley Andaluza[175] no contempla previsión alguna sobre el derecho de objeción del farmacéutico. Sin embargo, señala que «esa ausencia de reconocimiento legal no se extiende a la totalidad de las normas que disciplinan el ejercicio de la profesión farmacéutica en el ámbito territorial en el que ejerce su profesión el demandante».

En este punto añade que el derecho a la objeción de conciencia está expresamente reconocido como derecho básico de los farmacéuticos colegiados en el ejercicio de su actividad profesional en el art. 8.5 de los estatutos del Colegio de Farmacéuticos de Sevilla (corporación profesional a la que pertenece el recurrente), aprobados definitivamente por Orden de 30 de diciembre de 2005, de la Consejería de Justicia y Administración Pública de la Junta de Andalucía, así como en los arts. 28 y 33 del Código de ética farmacéutica y deontología de la profesión farmacéutica, invocados también por el recurrente.

La sentencia aborda la relevancia jurídica de esta normativa profesional de la siguiente manera (FJ 5):

---

[175]  Ley 22/2007, de 18 de diciembre, de Farmacia de Andalucía.

Este reconocimiento por los estatutos colegiales del derecho a la objeción de conciencia de los farmacéuticos no carece de relevancia pues, según reza el apartado 1 del art. 22 de la Ley andaluza 10/2003, de 6 de noviembre, reguladora de los colegios profesionales de Andalucía «aprobados los estatutos por el colegio profesional y previo informe del consejo andaluz de colegios de la profesión respectiva, si estuviere creado, se remitirán a la Consejería con competencia en materia de régimen jurídico de colegios profesionales, para su aprobación definitiva mediante orden de su titular, previa calificación de su legalidad»; y el apartado 2 del mismo art. 22 establece que «Si los estatutos no se ajustaran a la legalidad vigente, o presentaran defectos formales, se ordenará su devolución a la corporación profesional para la correspondiente subsanación, de acuerdo con el procedimiento que se establezca reglamentariamente». A la vista de lo expuesto, hemos de afirmar que el demandante actuó bajo la legítima confianza de ejercitar un derecho, cuyo reconocimiento estatutario no fue objetado por la Administración.

Supone pues un respaldo al valor normativo de los estatutos colegiales refrendados por la Administración, teniendo en cuenta, además, –aunque no lo señala la Sentencia–, que los colegios profesionales, son entidades de Derecho Público con personalidad jurídica propia y plena capacidad para el cumplimiento de sus fines[176], con expresa delegación de potestades públicas, tal y como reconoce a su favor el art. 5, i) de la Ley 2/1974, de Colegios Profesionales.

En todo caso, tampoco fue ésta una cuestión pacífica en los debates, y la discrepancia minoritaria se plasmó, una vez más, en los votos particulares suscritos por los magistrados Asúa, Valdés y Xiol, que vienen a cuestionar el valor de esta concreta *interpositio legislatoris* que contemplan tanto los Estatutos del Colegio de Farmacéuticos de Sevilla, como el Código de ética farmacéutica y deontología de la profesión farmacéutica, considerando que su valor en la Sentencia es elevado poco menos que al rango de normas constitucionales, cuando «ni pueden crear *ex novo* derechos fundamentales, ni regular su ejercicio al margen de la Ley».

---

[176] Art. 1 de la Ley 2/1974, de 13 de febrero de Colegios Profesionales.

Frente a esta crítica, entendemos que este pronunciamiento es perfectamente coherente el fundamento jurídico cuarto de la Sentencia, en cuanto el Tribunal Constitucional viene a ratificar los aspectos determinantes del singular reconocimiento de la objeción de conciencia que fijamos en la STC 53/1985 (FJ 14).

Por tanto, y conforme a esta doctrina recuperada con fortuna por el Tribunal, este derecho no es creado *ex novo* por la normativa colegial, pues ya existe y resulta directamente aplicable, sin que por otro lado haya impedimento legal alguno para que su desarrollo normativo pueda efectuarse a través de estas corporaciones profesionales dentro de las atribuciones y cauces que la misma Ley les reconoce.

Además debemos destacar que en este punto, y a pesar de las críticas vertidas en los referidos votos particulares, la Sentencia no viene a introducir ningún cambio sustancial de orden doctrinal, pues como hemos visto, los colegios profesionales –que cuentan con un expreso reconocimiento constitucional–,[177] tienen reconocida legalmente una función autorreguladora cuya amplia autonomía ya estaba respaldada tanto por la jurisprudencia del Tribunal Supremo como por la doctrina constitucional que, reconociendo su legalidad y su legitimidad, han venido considerando en numerosos pronunciamientos que la normativa deontológica tiene eficacia de ley para los colegiados, lo que garantiza su obligado cumplimiento.

Así se sostiene por nuestra jurisprudencia, al considerar que las normas deontológicas «no son simples tratados de deberes morales sin consecuencia en el orden disciplinario, sino normas que determinan obligaciones de necesario cumplimiento por los colegiados y responden a las potestades públicas que la Ley delega en favor de los colegios» (STS de 27 de diciembre de 1993, FJ 4). En similar sentido se pronuncian las SSTS de 10 y 17 de diciembre de 1998 (FJ 5 y 6, respectivamente), así como la STC 219/1989, de 21 de diciembre (FJ 5)[178].

---

[177] Art. 36 CE.

[178] Señala la STC 219/89, de 21 de diciembre, FJ. 5: *Tales normas determinan obligaciones de necesario cumplimiento por los colegiados y responden a las potestades públicas que la Ley delega en favor de los Colegios para ordenar la actividad profesional de los colegiados, velando por la ética y dignidad profesional y por el respeto*

Concluye el fundamento quinto de la Sentencia declarando –frente a quienes habían pronosticado que el amparo sería denegado[179]–, que ha sido vulnerado el derecho a la objeción de conciencia del demandante, vinculado al derecho fundamental a la libertad ideológica, pronunciamiento que realiza en los siguientes términos:

> En suma, a la vista de la ponderación efectuada sobre los derechos e intereses en conflicto y de las restantes consideraciones expuestas, hemos de proclamar que la sanción impuesta por carecer de las existencias mínimas de la conocida como píldora del día después vulnera el derecho demandante a la libertad ideológica garantizado por el art. 16.1 CE, en atención la concurrencia de especiales circunstancias reflejadas en el fundamento jurídico cuarto de esta resolución.

## D. Diferente protección: píldora postcoital frente a preservativos

Una vez confirmado por el tribunal que el art. 16.1 de la Constitución justificaba el amparo demandado por el recurrente en relación a la sanción impuesta por no disponer para la venta en su establecimiento de la píldora postcoital, la Sentencia aborda finalmente la controvertida cuestión de si la tutela del derecho a la objeción de conciencia del farmacéutico también comprende la negativa a tener y dispensar profilácticos –igualmente incluidos en las listas oficiales de existencias mínimas de medicamentos y productos sanitarios–, pues la infracción cometida contemplaba igualmente la carencia de este producto en la farmacia. Sobre este particular se pronuncia en su fundamento sexto de la siguiente manera:

---

*debido a los derechos de los particulares (...) y, por tanto, genera una mas que razonable certeza en cuanto a los efectos sancionadores, que las transgresiones de las normas de deontología profesional, constituyen, desde tiempo inmemorial y de manera regular, el presupuesto del ejercicio de las facultades disciplinarias más características de los Colegios profesionales. Y, en último extremo, este mismo criterio por el que se considera el incumplimiento de dichas normas como merecedor de las sanciones previstas en el ordenamiento corporativo es el que viene manteniendo la jurisprudencia del Tribunal Supremo.*

[179] Vid. LÓPEZ MARTÍNEZ, J. (2015); *La píldora del día después, los preservativos, los farmacéuticos y la objeción de conciencia.* Ed. Sepin. Disponible en: www.blog.sepin.es/2015/07/pildora-del-dia-despues-objecion-de-conciencia

El demandante también fue sancionado por no disponer (y, en consecuencia, no dispensar) de preservativos en la oficina de farmacia que regenta. Vistas las razones que nos han conducido a considerar que la falta de existencias, en el establecimiento citado, del principio activo levonorgestrel 0,750 mg queda amparada por el art. 16.1 CE, es patente que el incumplimiento de la obligación relativa a las existencias de preservativos queda extramuros de la protección que brinda el precepto constitucional indicado. La renuencia del demandante a disponer de profilácticos en su oficina de farmacia no queda amparada por la dimensión constitucional de la objeción de conciencia que dimana de la libertad de creencias reconocida en el art. 16.1 CE. Ningún conflicto de conciencia con relevancia constitucional puede darse en este supuesto.

En consecuencia, el otorgamiento del amparo al demandante por vulneración de su derecho a la objeción de conciencia, vinculado al derecho a la libertad ideológica (art. 16.1 CE), debe comportar (art. 55.1 LOTC) el reconocimiento del derecho fundamental vulnerado, exclusivamente en lo que concierne a la falta de existencias mínimas del medicamento con el principio activo levonorgestrel 0,750 mg.

Respecto a este punto indicaremos que en el recurso inicialmente interpuesto ante el juzgado contencioso-administrativo, en cuanto a los preservativos, el actor no quiso entrar a considerar la prevalencia del derecho fundamental a la libertad ideológica y el derecho a la protección de la salud, sosteniendo que la decisión adoptada había sido «una opción personal que no causaba perjuicio alguno a terceros, al quedar garantizada la distribución por la gran cantidad de establecimientos que lo dispensan». Tampoco lo hizo en la demanda de amparo donde invocó la lesión del derecho a la objeción de conciencia con argumentos referidos a la posible eficacia abortiva de la píldora de día después. Evidentemente no fue un olvido de este letrado, sino una decisión con la que –acertadamente o no– se pretendía que el Tribunal no confundiera los términos esenciales del debate.

Y es que teniendo en cuenta que en un caso (preservativo) se trata de un producto para evitar la fecundación que además previene las enfermedades de trasmisión sexual, pero que se encuentra a disposición de los usuarios en las máquinas expendedoras instaladas al efecto en numerosos negocios y espacios públicos, mientras que en el otro (píldora de día después) se trata de un fármaco que sólo puede adquirirse en farmacias y establecimientos sanitarios, que actúa sobre un óvulo ya fecundado evitando su anidación –como así reconoce expresamente el prospecto del medicamento–, impidiendo el desarrollo de una vida humana ya en gestación –aunque lo sea en su fase más temprana–, resulta patente que su significación ética, sin dejar de ser relevante en ambos casos para la conciencia personal del objetor, sin embargo no es equiparable, al tener una especial carga de responsabilidad moral en el caso de la píldora abortiva.

Realizada la anterior precisión señalaremos que con la salomónica decisión de dividir en dos el dictamen de nulidad del fallo sobre la sanción única, parece que se estaba intentando dar satisfacción a las enfrentadas posturas planteadas durante las sesiones del plenario compensando un resultado con el otro. Sin embargo, no ha sido así. Que finalmente *la falta de unanimidad científica* y la *duda razonable* respecto a los posibles efectos abortivos del principio activo levonorgestrel frente al carácter meramente anticonceptivo del profiláctico sea el argumento que justifica que el incumplimiento de la obligación relativa a las existencias tenga o no la protección que le brinda el art. 16.1 CE, hubiera requerido algún esfuerzo argumental por parte del Tribunal. Y ello, porque no puede negarse sin más que la dispensación de anticonceptivos conforme a las propias convicciones personales pueda generar igualmente un conflicto de conciencia en el farmacéutico, aunque, al no afectar a la vida del *nasciturus*, éste sea de menor intensidad que el que puede provocar un fármaco abortivo.

Lo cierto es que la naturaleza y el fundamento de la objeción como manifestación de la libertad religiosa en este caso no deja de ser la misma, y al Tribunal no le correspondía negar sin más su existencia, sino ponderar adecuadamente los intereses en conflicto para justificar, en su caso, la inadmisión finalmente acordada por no tratarse de un derecho con alcance ilimitado. Pero lo cierto es que esta fundamentación brilla por su ausencia, además de resultar la decisión respecto a los preservativos completamente contradictoria con la contenida en el fundamento jurídico quinto, cuya argumentación resultaba plenamente aplicable a ambos productos sin distinción.

Podemos deducir que la ponencia que se llevó a deliberación no contemplaba la doble solución finalmente adoptada, y buena prueba de ello es que en una decisión poco habitual el magistrado ponente Ollero Tassara, a favor de la estimación completa del recurso, suscribiera un voto particular concurrente resaltando que «las exigencias del artículo 16 CE giran en torno a la neutralidad de los poderes públicos y su no injerencia en la conciencia –jurídica o moral– del ciudadano». Igualmente señala que «no parece compatible con ello que los Magistrados del Tribunal puedan considerarse llamados a erigirse en directores espirituales de los ciudadanos, aleccionándolos sobre qué exigencias de su conciencia gozan de la protección de un derecho fundamental y cuáles han de verse descartadas por tratarse de retorcidos escrúpulos. No se me ocurre ningún argumento, ni la Sentencia los ofrece, para poder afirmar sobre la disposición de preservativos que ningún conflicto de conciencia con relevancia constitucional puede darse en este supuesto (…) El problema es que la conciencia relevante a la hora de reconocer el derecho a la objeción es la del objetor; no la de quien emite el veredicto. Su contrapeso en la ponderación no ha de ser nunca la conciencia de este sino la repercusión sobre derechos de terceros» [180].

## 3.7. Los votos particulares

Aunque hemos enlazado los comentarios de la doctrina de la mayoría del Pleno con algunos de los posicionamientos incluidos en los tres votos particulares –siendo concurrente el del magistrado ponente–, vamos a abordar a continuación aquellos aspectos más destacados de los mismos que hasta el momento no hemos tenido oportunidad de reseñar.

El voto particular que formula la magistrada Asúa Batarrita, siguiendo el argumento expuesto por el Ministerio Fiscal en su escrito de alegaciones, básicamente viene a defender que los farmacéuticos en el ejercicio de su actividad no tienen derecho a objetar, ya que la conciencia personal no se puede imponer en perjuicio del interés común, entendiendo que un embarazo –como si de una grave enfermedad se tratase–,

---

[180] STC 245/2015, de 25 de junio, FFJJ 5, 6 y voto particular concurrente.

puede lesionar los derechos fundamentales a la vida, a la integridad física y psíquica y a la salud de la mujer que solicite el medicamento, por lo que debe prevalecer en cualquier caso la obligación de dispensación legalmente prevista.

Además interpreta que nuestra doctrina constitucional desmiente las premisas que sostienen los fundamentos de la Sentencia, al considerar que, conforme a esta jurisprudencia, la objeción de conciencia no se encuentra incardinada en una libertad fundamental y que por ello no cuenta con reconocimiento constitucional alguno, con la excepción del supuesto previsto en el art. 30.2 CE, que permite caracterizar este específico derecho en relación al servicio militar como un derecho autónomo no fundamental y de naturaleza excepcional. Y como el legislador no ha previsto que la obligación de dispensar medicamentos que recae sobre los titulares de las oficinas de farmacia pueda verse exceptuada en ningún supuesto, ni siquiera por cuestiones ideológicas, la oposición a la exigencia de dispensación por motivos ideológicos, no es admisible y merece ser sancionada.

Por ello viene a manifestar su «preocupación y consternación por la aprobación de esta Sentencia, cuya factura técnica se separa de la exigencia de motivación congruente conforme a las reglas básicas del método jurídico-constitucional» y, según indica, presenta «argumentos que resultan irrelevantes».

A la hora de exponer las razones de su *profunda discrepancia*, más allá de los respetables argumentos técnico-jurídicos que esgrime, también, emplea de forma profusa gruesas y severas descalificaciones contra la decisión adoptada por la mayoría de sus compañeros, con veladas alusiones a quien fue ponente de la misma[181], al señalar que la Sentencia «parece responder a un posicionamiento previo que no logra ocultar la sombra ideológica que le guía».

---

[181] Como señala Barrero Ortega, *en lo que atañe a la delimitación del contenido de la libertad ideológica, da la sensación de que Asua con quien realmente dialoga es con Ollero*. Vid. Barrero Ortega, A. (2016). «La objeción de conciencia farmacéutica». *Revista de Estudios Políticos*, 172, pp.. 83-107. Doi: http://dx.doi.org/10.18042/cepc/rep.172.03.

Así, llega a expresar «estupor» ante lo que considera «limitada argumentación de la Sentencia» que le resulta «penosa» y «construida sobre apriorismos, sonoros silencios y omisiones, junto con sorprendentes saltos de la lógica argumentativa», entendiendo inadmisible el «banal ejercicio de ponderación de intereses» que, a su juicio, realiza la sentencia.

Como vemos, los términos empleados para mostrar su desacuerdo están muy lejos de la moderación, prudencia y mesura habitual en este órgano constitucional y que resultan tan necesarias para preservar la reputación institucional de este órgano constitucional, y evitar que se cuestione la independencia, la imparcialidad y la profesionalidad de los magistrados que conforman el Tribunal Constitucional.

Además, sus razonamientos parten de un importante prejuicio frente a la objeción, que presenta como una amenaza a la ciudadanía, a la autoridad, al orden público, «con consecuencias aciagas para nuestro Estado Constitucional de Derecho» –tal y como señala en su particular voto–, ofreciendo además una visión muy distorsionada sobre la verdadera dimensión y naturaleza de este derecho.

Así se desprende cuando asimila el supuesto enjuiciado al de otras conductas que en modo alguno pueden incardinarse en el legítimo ejercicio de la objeción, al señalar que «hoy es la dispensación de la píldora anticonceptiva, mañana podrán ser la vacunación obligatoria, o la obligación tributaria, o un largo etcétera, los supuestos afectados por la negativa a cumplir el correspondiente deber jurídico apelando al derecho a la objeción de conciencia, conformado a voluntad de quien esgrime la objeción». En definitiva, entiende que se trata de un pretendido derecho que se justifica en decisiones caprichosas y arbitrarias, o en un simple desacuerdo o desprecio a la ley, interpretación que en modo alguno podemos compartir.

Frente a esta negativa visión de lo que es la objeción de conciencia, no podemos más que compartir la afirmación que a este respecto destaca en su voto particular concurrente el magistrado D. Andrés Ollero: «Pretender que la obediencia al derecho pueda depender del código moral de cada cual es una torpe caricatura del derecho a la objeción de conciencia (…) el falso panorama de una subordinación de la obediencia a la norma a los postulados morales de cada cual genera un explicable vértigo».

Evidentemente el objeto de nuestro análisis al que dedicamos este estudio es la fundamentación del Fallo adoptado finalmente por la mayoría del Pleno del Tribunal, pero no podemos dejar de referirnos a esos *apriorismos, sonoros silencios y omisiones* que, en efecto por nuestra parte hemos podido percibir, pero no en la decisión de la mayoría, sino en la particular y extensa exposición del voto de la magistrada discrepante, cuyo beligerante argumentario adolece de esas sombras ideológicas y prejuicios que tan abiertamente denuncia; lo que tampoco puede extrañarnos al ser consustancial con un tema tan apasionante como éste, cuyo debate no podía dejar de ser, también, altamente apasionado.

Pero lo que no se debe olvidar, es que el objeto de la cuestión de alcance constitucional que se plantea es, en esencia, la negativa del farmacéutico, por motivos justificados de conciencia, a someterse a una obligación legal de dispensar un determinado fármaco que, como su mismo prospecto indica, entre otros efectos tiene el de actuar sobre el óvulo una vez fecundado evitando su anidación. El debate científico acerca de si el embarazo empieza en el momento de la concepción o tras la implantación, y si se puede denominar como método anticonceptivo un producto que actúa después de la concepción, abarcando también aquellos otros procedimientos que impiden el desarrollo de la vida humana desde la fecundación hasta la implantación del óvulo, no era el objeto sometido a debate.

La perspectiva constitucional del conflicto debía anudarse pues al hecho acreditado de que el mecanismo de acción de este fármaco tiene una significación ética muy relevante y una importante carga de responsabilidad moral para el demandante sobre quien pesaba la carga de dispensar un fármaco que entendía, no sin razones fundadas, que posee eficacia abortiva.

Esa y no otra es la cuestión. Por tanto, fundamentar como hace este voto particular que el farmacéutico no puede negarse, simplemente porque la norma no prevé excepciones a la dispensación por motivos de conciencia, equivale también a prohibir en cualquier caso la posibilidad de ejercerlo, como si los conflictos de conciencia tan solo pudieran ser legítimos cuando el legislador expresamente así lo prevé y autoriza. Además, lo cierto es que tan solo cuando existe una obligación legal puede invocarse el derecho a la objeción de conciencia, pues de otra manera carecería de objeto.

Señala igualmente la magistrada Asúa Batarrita que la objeción de conciencia tampoco ha sido reconocida, con el alcance que pretende la Sentencia, en el ámbito internacional, y considera significativa la absoluta ausencia de referencias al nivel de protección que en esta materia pudiera provenir del Derecho internacional de los derechos humanos y, en su caso, del Derecho de la Unión Europea. Y a continuación, realiza una peculiar invocación de la doctrina del Tribunal Europeo de Derechos Humanos, partiendo de la sentencia del caso *Pichon y Sajous c. Francia*, de 2 de octubre de 2001, que aborda el recurso interpuesto por dos farmacéuticos franceses que fueron sancionados por negarse a dispensar píldoras anticonceptivas.

A este respecto indica que «en dicha decisión, el Tribunal Europeo recuerda que el art. 9 CEDH no garantiza en todo caso el derecho a comportarse en el ámbito público de la manera que dicten las convicciones personales y, con relación al caso concreto, estima que, en cuanto la venta de las píldoras anticonceptivas es legal y se realiza única y obligatoriamente en las oficinas de farmacia, los recurrente no pueden hacer prevaler e imponer a un tercero sus convicciones religiosas para justificar la denegación de la venta de este producto: en consecuencia, concluyó que la sanción de los recurrentes por negarse a su venta no interfirió en el ejercicio de los derechos garantizados por el art. 9 del Convenio»

En relación a estos argumentos olvida sin embargo que el Convenio para la Protección de los Derechos Humanos y de las Libertades Fundamentales (CEDH) en su art. 9 referido a la Libertad de pensamiento, de conciencia y de religión, inspirado en el art. 18 de la Declaración Universal de los Derechos Humanos, reconoce que «toda persona tiene derecho a la libertad de pensamiento, de conciencia y de religión; este derecho implica la libertad de manifestar su religión o sus convicciones individual o colectivamente, en público o en privado».

Además, el CEDH prevé excepcionalmente que puedan imponerse límites a su ejercicio, supeditando en todo caso estas restricciones a que se encuentren expresamente reguladas y sean realmente necesarias. Exige pues la expresa regulación para que se puedan imponer limitaciones a su ejercicio, pero no así para su efectivo reconocimiento.

Dado que el voto particular viene a referirse a la Carta de Derechos Fundamentales de la Unión Europea, debemos precisar igualmente que ésta contempla de manera expresa el derecho a la objeción de conciencia bajo el epígrafe dedicado a la Libertad de pensamiento, de conciencia y de religión. Y que el Consejo de Derechos Humanos, de Naciones Unidas ha reconocido el derecho de cada persona a plantear la objeción de conciencia como un ejercicio legítimo del derecho a la libertad de pensamiento, conciencia y religión, tal como figura en la Declaración Universal y del Pacto Internacional de Derechos Civiles y Políticos.

Y en este mismo sentido se ha pronunciado reiteradamente la Asamblea Parlamentaria del Consejo de Europa, concretamente sobre la objeción de conciencia sanitaria, en su Resolución 1763 (2010), de 7 de octubre al afirmar que «ninguna persona podrá ser coaccionada ni discriminada debido a su rechazo a realizar, autorizar, participar o asistir en la práctica de un aborto (…) o cualquier otro acto que cause la muerte de un feto humano o un embrión, por cualquier razón».

Evidentemente la magistrada descarta que un óvulo fecundado sea un embrión, que el embarazo empiece con la concepción, e igualmente que la píldora del día después tenga un efecto distinto al de un preservativo. Así lo indica al señalar que no se ha practicado prueba pericial alguna que justifique que la píldora del día después tenga efectos abortivos y dar por hecho que este medicamento es un simple anticonceptivo de emergencia, simplemente porque así lo ha definido la Agencia Española del Medicamento, a pesar de que actúa sobre el óvulo ya fecundado –como reconoce expresamente el prospecto del fármaco– y, por tanto, tras la concepción.

Pero aquí no se trataba de dilucidar su personal visión, ni los valores o creencias prevalentes en la sociedad acerca del comienzo de la vida humana, como tampoco se trata de determinar cuál es la posición científica mayoritaria sobre el tema, pues por la propia esencia y naturaleza del derecho que se examina, estando en juego los escrúpulos de conciencia individual y creencias religiosas del objetor, –no de la colectividad–, lo que debe valorarse es, precisamente, si su particular y personal percepción del respeto a la vida desde el momento de la fecundación colisiona con la obligación que como profesional se le impone, y si este conflicto encuentra sustento en un serio y sólido imperativo ético o moral y, por tanto, respetable y digno de amparo, como en este caso lo era.

Igualmente, en relación al posicionamiento del Tribunal Europeo de Derechos Humanos, conviene recordar que todos los objetores –también al servicio militar obligatorio– quedaron en un primer momento a juicio del Tribunal fuera del ámbito de protección del art. 9 del Convenio de Roma. Por tanto, bajo estas premisas, no puede extrañarnos que en el único caso en que el TEDH había abordado la objeción en el ámbito farmacéutico (caso *Pichón y Sajous c. Francia*), resolviera en el sentido reseñado.

Pero lo cierto es que el Tribunal de Estrasburgo no tardó en iniciar un cambio de postura hasta apartarse finalmente de esta doctrina inicial. Así, el derecho a la objeción de conciencia se reconoce hoy en día por el TEDH –concretamente desde la sentencia *Bayatyan* de 7 de julio de 2011–, como un componente fundamental del derecho a la libertad de pensamiento, de conciencia y de religión consagrada en art. 9 de la Convención.

Esta resolución y la doctrina instaurada a partir de ella, es totalmente contraria al planteamiento invocado por el voto particular de la magistrada Asúa que, de esta manera, fundamenta su discrepancia en un criterio jurisprudencial que en el año 2015 se encontraba ya claramente desfasado.

Y aunque parece fuera de toda duda que la objeción de conciencia forma parte del contenido del derecho fundamental a la libertad religiosa, considera la magistrada en su voto particular que esta afirmación es una premisa errónea de la que parte la Sentencia que, según dice, «se sustenta como único argumento en la afirmación contenida en un obiter dictum de la STC 53/1985, de 11 de abril, FJ 14, referida a la constitucionalidad de la Ley que introdujo el sistema de plazos».

Sin embargo, la realidad es bien distinta, pues como hemos tenido ocasión de analizar en el primer capítulo de nuestro estudio, la Sentencia 15/82, de 23 de abril, dictada por la Sala Primera del Tribunal Constitucional ya dejaba meridianamente claro que puesto que la libertad de conciencia es una concreción de la libertad ideológica, que nuestra Constitución reconoce en el art. 16, puede afirmarse que la objeción de conciencia es un derecho reconocido explícita e implícitamente en el ordenamiento constitucional español (FJ 6). Así que esta doctrina constitucional contaba con bastante más apoyo que el de un tangencial e irrelevante obiter dictum, como erróneamente parece indicar este voto particular.

Resulta obvio que esta magistrada se decanta por el criterio doctrinal instaurado por el Tribunal Constitucional a raíz de las SSTC 160 y 161 de 1987, cuyos argumentos hace suyos en su discrepante voto. Pero ello no justifica que pueda llegar a calificar de *premisa errónea* un razonamiento de la Sentencia que, como hemos visto, encuentra perfecto encaje y fundamento en la doctrina precedente. Recordemos que cuando en el año 1987 estas dos sentencias –dictadas en el mismo día– vinieron a apartarse del criterio previamente establecido, ninguno de los votos particulares emitidos criticó de manera tan furibunda el giro doctrinal consumado, pues resulta perfectamente legítimo y hasta razonable que este Tribunal, como cualquier otro, pueda revisar sus propios argumentos con el transcurso del tiempo.

Y así hace la sentencia que comentamos, cuando también opta con acierto y coherencia por recuperar y actualizar el planteamiento de la reseñada doctrina constitucional, al asumir que la objeción de conciencia se trata de un derecho que existe y puede ejercitarse sin necesidad de que una norma expresamente así lo reconozca. Este argumento es igualmente rechazado en el voto particular que comentamos, cuando afirma que «no hay un derecho general a la objeción de conciencia que se pueda aplicar directamente desde la Constitución, y sin que intervenga el legislador» asumiendo una vez más el criterio instaurado a raíz de las referidas sentencias de 1987, como si éste fuera un axioma inmodificable.

Indica también que «el demandante debió haber manifestado su discrepancia por la vía legal correspondiente, que no era otra que la impugnación de aquella disposición ante la jurisdicción contencioso-administrativa». En este punto conviene recordar que el Decreto 104/2001, de 30 de abril, por el que se regulan las existencias mínimas de medicamentos y productos sanitarios en las oficinas de farmacia y almacenes farmacéuticos de distribución fue impugnado previamente por dos farmacéuticos andaluces como hemos tenido ocasión de analizar en el capítulo anterior y se puso de manifiesto en el recurso de amparo.

Precisamente la sentencia del Tribunal Superior de Justicia de Andalucía de 8 de enero de 2007 vino a desestimar el recurso contencioso-administrativo interpuesto al entender (FJ 5º) que la objeción de conciencia no se puede invocar como motivo de ilegalidad pues «podría considerarse como un modo de excepción, oponible por el individuo a someterse por cuestiones éticas a una conducta que, en principio, le es jurídicamente exigible. Sin embargo, dicha excepción personal derivada de un juicio de carácter ético o moral, no legitima para la impugnación de una norma de carácter general, ya que el objetor de conciencia, no puede hacer prevalecer o imponer a otros sus condiciones religiosas o morales, para justificar la nulidad de una norma general».

Entre otras cuestiones, también advierte la magistrada que no se concibe cómo la obligación de la oficina de farmacia de disponer existencias mínimas de un medicamento puede entrar en colisión con la concepción que profesa el demandante sobre el derecho a la vida.

En este punto coincide con el voto particular que formula el magistrado Valdés –al que se adhiere el magistrado Xiol–, que criticando igualmente la que denomina «posición ideológica de acusada tendencia» de la sentencia, defiende que «no llegó a existir conflicto alguno en el supuesto de hecho», pues entiende que «el conflicto que está en la base de la objeción de conciencia sólo hubiera podido materializarse en el momento de la dispensación»; y como «el expediente sancionador no trajo causa, ni directa ni indirecta, en una resistencia a la dispensación de la píldora reseñada; o, lo que es igual, la sanción no derivó de un rechazo a expender medicamentos de esta naturaleza, sino de la falta de disposición de las existencias de aquellos productos que la normativa aplicable exige», concluye que ni pudo haber lugar al conflicto personal que trata de ampararse en la objeción de conciencia, ni lesión alguna a un derecho constitucional que debiera ser reparado.

Resulta obvio que la medida de exigir existencias mínimas de determinados productos y medicamentos no estaba encaminada a la exposición o custodia de los mismos en la farmacia, sino para su dispensación. Así, como señala en su voto particular el magistrado ponente de la Sentencia, D. Andrés Ollero: «la distinción entre la conducta sancionada por la Administración (no disponer de determinados medicamentos o productos sanitarios en la oficina de farmacia) y la negativa del farmacéutico a dispensarlos, puede llevar a debates bizantinos, si no se profundiza en el sentido de la norma. La presencia de determinados productos en la trastienda de las oficinas de farmacia no contribuye a mejora alguna de la salud. Si la Junta de Andalucía ha preferido tipificar como sancionable su no disposición en vez de su no dispensación es, obviamente, para evitar que el farmacéutico desatienda la solicitud del ciudadano argumentando que ha agotado las existencias de determinados productos; tendrá pues que disponer siempre de ellos, aunque ningún ciudadano se los reclame».

Así que teniendo en cuenta que el objetor era farmacéutico cotitular de la oficina de farmacia sancionada, y que sobre él o sobre un empleado –y no sobre una máquina expendedora– pesaba la obligación de suministrar estos productos al público que lo reclamara, la concurrencia de un conflicto de conciencia que afectaba al farmacéutico y su dimensión constitucional estaban más que justificadas.

Pero además este cuestionamiento del fundamento de la sentencia partía de una premisa errónea que invalidaba todo el argumento expuesto, que los magistrados discrepantes hubieran podido evitar con la simple lectura del art. 75.1 d) de la Ley de Farmacia de Andalucía –que era la norma invocada por la Administración sanitaria para justificar la sanción impuesta–. Pues si bien el hecho por el que se había denunciado al farmacéutico era por no disponer en su oficina de farmacia de preservativos, lo cierto es que, conforme al citado precepto, la infracción administrativa sanitaria tipificada como grave había sido impuesta por negarse a la dispensación en los términos legalmente establecidos de medicamentos y productos sanitarios incluidos en las listas oficiales de existencias mínimas; por tanto, no por el hecho de carecer de estos productos.

Y concluye el voto de la magistrada indicando que «se lleva a cabo, de forma encubierta, un drástico overruling de la doctrina constitucional pergeñada durante décadas en plena sintonía con los instrumentos internacionales de protección de los derechos humanos. Este drástico cambio doctrinal puede tener consecuencias aciagas para nuestro Estado Constitucional de Derecho y, en definitiva, para el equilibrio de nuestra convivencia»[182].

Lo cierto es que transcurridos siete años desde que se dictara la Sentencia, afortunadamente, ni nuestra convivencia se ha desequilibrado, ni nuestro régimen constitucional se ha visto resentido por este planteamiento plenamente congruente con el respeto del Estado a los derechos de los ciudadanos y, de modo muy especial, con su libertad ideológica y religiosa.

Pero es que tampoco existía una doctrina constitucional pergeñada durante décadas, sino una escasa y contradictoria doctrina jurisprudencial, por cierto, bastante antigua y en ningún caso referida a la objeción de conciencia en el ámbito de la profesión farmacéutica. Y lo cierto es que extendiendo la doctrina precedente contenida en la STC 53/1985 al presente conflicto entre la obligación de dispensación y el derecho de conciencia del farmacéutico no viene a deducir que exista un derecho general a la objeción derivado del art. 16 CE, realizando además una interpretación restrictiva de los supuestos en los que tal derecho puede ser invocado.

Y, además, es precisamente esta sentencia la que resulta conforme con los instrumentos internacionales de protección de los derechos humanos que cita, a diferencia del planteamiento propio que sostiene en este extenso, desaforado y, a nuestro juicio, desafortunado voto disidente, tantas veces invocado para criticar la Sentencia que comentamos por aquél sector de la doctrina que se encuentra abiertamente en contra de que se pueda reconocer la objeción de conciencia a los profesionales de la sanidad y mucho menos a los farmacéuticos, en la mayoría de las ocasiones por una mera discrepancia ideológica con los valores morales o creencias religiosas en juego.

---

[182] Algún autor animado por esta acerada crítica viene a concluir apodícticamente que *el razonamiento del Tribunal Constitucional conduce a la destrucción del Estado de derecho. Vid.* TAJADURA TEJADA, J. (2015); «Objeción y Estado de derecho». El País. Disponible en: www.elpais.com/elpais/2015/07/17/opinion/1437143934_815934.html. Barrero Ortega, a pesar de mostrarse crítico con algunos de los pronunciamientos de la Sentencia, sin embargo, no comparte *lecturas extremadas o radicales que se han hecho de ella; le atribuyen una raíz o un fundamento subversivo del que –entiendo–, carece. Al TC, por así decir, no se le ha entendido bien. Vid.* referencia bibliográfica en Nota 183.

## 3.8. Conclusión del procedimiento

Finalmente, la estimación del recurso con la consiguiente anulación de las resoluciones sancionadoras y de la sentencia del Juzgado de lo Contencioso-Administrativo, obligó a retrotraer las actuaciones siete años para que la Administración andaluza resolviera exclusivamente acerca de la negativa del farmacéutico a disponer preservativos. Así lo hizo y, finalmente, a pesar de haber prescrito la supuesta infracción al haber superado el plazo de dos años previsto en el art. 81.1 de la Ley 22/2007 de Farmacia de Andalucía, el 16 de octubre de 2015 la Consejería de Salud de La Junta de Andalucía acordó nuevamente sancionar al farmacéutico objetor esta vez con 3001 euros (recordemos que la sanción anulada imponía una multa de 3.300 euros).

La supuesta infracción objeto de sanción –según señalaba la resolución dictada–, consistía en incumplir la obligación de tenencia de preservativos, lo que no se corresponde con la infracción administrativa sanitaria grave contemplada en el art. 75.1 d) de la Ley de Farmacia de Andalucía, que era la norma invocada para justificar la sanción impuesta. De esta manera, mientras el hecho tipificado era el de negarse a la dispensación en los términos legalmente establecidos de medicamentos y productos sanitarios incluidos en las listas oficiales de existencias mínimas, sin embargo, el hecho por el que se había denunciado al farmacéutico era bien distinto, concretamente por no disponer en su oficina de farmacia de preservativos. Y como ya hemos señalado, la no tenencia y la negativa a dispensar, son hechos bien diferentes.

Además, una vez justificada constitucionalmente por razones de objeción de conciencia la falta de tenencia de la píldora del día después, resultaba claramente injustificado y desproporcionado considerar como infracción sanitaria grave el hecho de que un farmacéutico no dispusiera de un producto que se puede adquirir sin ningún problema en cualquiera de las máquinas expendedoras que a tal efecto se encuentran instaladas con profusión, lo que deja bien claro que tal negativa no podía ocasionar perjuicio alguno y mucho menos afectar negativamente a la vida ni a la salud e integridad física o psíquica de nadie.

Pero lo cierto es que la Junta de Andalucía hizo de esta cuestión un *casus belli*, como se desprende de la nota de prensa de su Consejería de

Salud –remitida a los medios de comunicación tan solo unos días después de hacerse pública la sentencia–, en la que señalaba lo siguiente: «Ante el pronunciamiento del Tribunal Constitucional en el que otorga amparo a un farmacéutico de Sevilla sancionado por no disponer de la píldora postcoital, la Consejería de Salud desea manifestar que: Andalucía está en total desacuerdo con la sentencia del Tribunal Constitucional en la que reconoce el derecho a la objeción de conciencia de un farmacéutico que fue sancionado por la Consejería de Salud por no disponer de la píldora postcoital, aunque la acatará como es su obligación. Entendemos que con dicha sentencia se vulneran, una vez más, los derechos de las mujeres, recogidos en la Ley de Salud Sexual y Reproductiva, unos derechos que desde Andalucía seguiremos garantizando, poniendo a la disposición de las mujeres todos los métodos anticonceptivos a su alcance, garantizando la interrupción voluntaria del embarazo y el acceso a los productos anticonceptivos y contraceptivos, y ofreciendo formación en educación sexual, entre otros. (…) Andalucía respeta escrupulosamente la libertad de conciencia de los profesionales sanitarios, pero en aquellos términos recogidos en la Ley de Salud Sexual y Reproductiva»[183].

Siendo evidente que la Ley Orgánica 2/2010 no contempla más objeción que a la interrupción del embarazo por razones de conciencia y tan solo reconocido al personal sanitario directamente implicado en la realización de la interrupción voluntaria del embarazo, a sensu contrario debemos entender que con esta declaración la Consejería de Salud de la Junta de Andalucía (en aquél momento gobernada por el Partido Socialista), además de mostrar su disconformidad con esta sentencia venía a reafirmar un inusual posicionamiento en contra de que este derecho pudiera ser ejercitado por ningún farmacéutico.

3.9. Valoración crítica

Como hemos tenido ocasión de comprobar, en los comentados votos particulares se manifestaron profundas discrepancias con buena parte

___

[183] Nota de prensa de la Consejería de Salud de la Junta de Andalucía, de 7 de julio de 2015.

de la fundamentación y del mismo fallo, lo que nos da idea de que el intercambio de opiniones en las extensas sesiones de deliberación en el plenario fue realmente intenso y que, en ningún caso hubo posicionamientos previos que no fueran ampliamente debatidos por los magistrados. Estas cuestiones fueron finalmente resueltas por una más que amplia mayoría del Pleno, lo que nos permite contar hoy con un importante y fundamental referente constitucional que, sin duda, permitirá unificar nuestra jurisprudencia ordinaria sobre la materia.

No obstante, la decisión salomónica de dividir el dictamen de nulidad de la sanción única para otorgar parcialmente el amparo –a pesar de que el fundamento por el que se ejercitaba la objeción era la misma en ambos casos–, es considerada por algún sector de la doctrina como *solución de compromiso*,[184] que entendemos deja muchas dudas por resolver; concretamente, si el ejercicio de este derecho sólo se encuentra protegido en aquellos supuestos en que el conflicto de conciencia tiene su origen en la obligación de dispensar medicamentos con posibles efectos abortivos, descartándolo para cualquier otro producto.

Y tampoco se puede negar que el fallo ha sido inevitablemente contestado tanto por quienes consideran que la sentencia dejó pasar la oportunidad de profundizar en las consecuencias prácticas del ejercicio de la libertad de conciencia[185], como también, pero en sentido contrario, por un activo sector de la doctrina frontalmente opuesto al reconocimiento de este derecho, por entender que ningún farmacéutico puede hacer prevalecer sus convicciones religiosas o morales para denegar la dispensación de un medicamento.

Destacan de este último bloque de críticas que sus argumentos vienen a ser en gran medida una mera reiteración de los previamente

---

[184] Así la califica GÓMEZ ABEJA, L. (2016) en «El Tribunal Constitucional ante el conflicto de conciencia del farmacéutico: una solución de compromiso a gusto de nadie». *Revista de Derecho Constitucional Europeo*, núm. 25. En similar sentido se pronuncia DÍEZ FERNÁNDEZ, J.A. (2015); «La constitucionalidad de la objeción de conciencia farmacéutica». *Revista General de Derecho Canónico y Derecho Eclesiástico del Estado* Núm. 39, p. 16.

[185] En este sentido, MARTÍNEZ-TORRÓN, J, (2015); «La objeción de conciencia farmacéutica en la reciente jurisprudencia constitucional española: otra oportunidad perdida». *Revista General de Derecho Canónico y Derecho Eclesiástico del Estado*, 39.

expuestos en el voto particular que formula la magistrada Asúa Batarrita, quien, a su vez, había hecho propio el criterio doctrinal instaurado por el Tribunal Constitucional a raíz de las SSTC 160 y 161 de 1987[186].

Básicamente para mostrar su oposición insisten en las siguientes premisas: que la objeción de conciencia no forma parte de la libertad ideológica y religiosa, consagrada en el art. 16 CE y, por otro, que la objeción de conciencia no se puede alegar sin que haya una previa regulación legal. De esta manera, acusando a la mayoría del Tribunal Constitucional de decidir por prejuicios ideológicos, se resisten a asumir que el Tribunal Constitucional, con esta nueva decisión, haya venido a fijar su posición contraria a estos presupuestos, y que por ello quedan –al menos de momento–, completamente obsoletos.

Por nuestra parte, entendemos que la Sentencia al abordar el problema planteado extiende –aunque sea de manera incompleta– este derecho a modalidades de objeción profesional no expresamente previstas por el legislador, realiza un positivo y necesario complemento a la STC 53/1985, de 11 de abril, de forma que su ejercicio ya no queda reservado tan sólo al personal sanitario frente al aborto que en esta sentencia se contemplaba, sino que despliega ahora su eficacia también para los profesionales de la farmacia, siendo ésta una cuestión de trascendencia constitucional que resultaba necesario resolver.

Además, como hemos ya indicado al analizar sus fundamentos, la sentencia aclara algunos interesantes aspectos de la doctrina constitucional sobre la naturaleza de este derecho, siendo positivo –como señala el magistrado Ollero Tassara en su voto particular– «la actualización del alcance limitado de la interpositio legislatoris, vinculado a la eficacia del derecho y no a su fundamento, así como al carácter de derecho fundamental de la objeción».

Sin embargo, hubiera sido deseable para evitar confusiones en el futuro que el Tribunal hubiera realizado un pronunciamiento expreso y contundente sobre el posicionamiento constitucional instaurado a raíz

---

[186] Así se pronuncian, entre otros, NAVARRO-MICHEL, M. (2015); «¿Objeción de conciencia de los farmacéuticos? Comentario a la Sentencia del Tribunal Constitucional 145/2015, de 25 de junio». *Rev. Bioética y Derecho* núm. 35. Barcelona.

de las sentencias de 1987[187] abiertamente contraria a la postura que ahora se recupera y defiende. Sin embargo, de forma realmente llamativa, no se hace la más mínima alusión a esta doctrina, a pesar de haber sido invocada tanto por el Letrado de la Junta de Andalucía como por el Fiscal en sus alegatos de oposición.

Por último, destacaremos que la trascendencia del reconocimiento no queda limitado a este caso puntual, pues su ejercicio no puede separarse de la naturaleza misma del papel del boticario dentro del proceso asistencial. De esta manera, si la decisión del Tribunal Constitucional hubiera sido contraria a otorgar este derecho a los farmacéuticos –con independencia de la posición personal que cada uno mantenga frente a la dispensación de la píldora postcoital–, las consecuencias indudablemente hubieran sido muy negativas para la profesión. Y ello, porque si el farmacéutico hubiera quedado totalmente relegado, sin opinión, y forzado por la prescripción a la mera dispensación automática de medicamentos, nada hubiera impedido cuestionar el modelo de farmacia en nuestro país, y plantear otros al margen de estos profesionales de la sanidad.

---

[187] SSTC 160/1987, 161/1987, 321/1994, 177/1996, 154/2002 y 104/2004

# Capítulo III. Regulación deontológica profesional tras su reconocimiento constitucional

## 1. Introducción

AUNQUE YA HEMOS ANALIZADO CON CARÁCTER GENERAL la objeción de conciencia sanitaria desde la perspectiva deontológica profesional, pretendo finalizar el presente trabajo analizando con más detalle su expresa plasmación normativa en el ámbito farmacéutico tras la reciente actualización llevada a cabo en el año 2018, redacción que se mantiene inalterable en el texto del año 2023 y en sus posteriores modificaciones, por tanto, tras haberse dictado la STC de 25 de junio de 2015 que, como hemos visto, resulta trascendental para el ejercicio de este derecho por parte de los farmacéuticos gracias al expreso amparo que la doctrina constitucional le brinda.

## 2. El código de ética farmacéutica y deontología de la profesión farmacéutica del año 2000

La Asamblea General de Colegios Oficiales de Farmacéuticos de España, en su sesión celebrada el día 14 de diciembre de 2000, aprobó el Código de Ética Farmacéutica y Deontología de la Profesión Farmacéutica que recoge los principios y reglas éticas que han de inspirar y guiar la conducta y actuaciones profesionales de los farmacéuticos, tal como señala en su Preámbulo.

Se desarrolla como un texto de mínimos y, según indica en su Preámbulo, susceptible de ser ampliado y desarrollado por los farmacéuticos de las diferentes modalidades profesionales y de las diferentes organizaciones territoriales del Estado, respetando los Principios básicos en él recogidos.

Tras definir la Deontología Farmacéutica como «el conjunto de principios y reglas éticas que han de inspirar y guiar la conducta profesional del farmacéutico», viene a reconocer ampliamente en su articulado el derecho a la objeción de conciencia en el ámbito farmacéutico. Así, constan referencias expresas en los puntos 10 (Principios generales), 23 (Relaciones entre los farmacéuticos y con otros profesionales sanitarios), 28 (Relaciones con la Sociedad) y 33 (Relaciones con la Corporación farmacéutica)[188].

Conviene reseñar que la precedente regulación deontológica realizaba este contundente reconocimiento a la objeción de conciencia a pesar de carecer en el momento de su promulgación de apoyo legal o jurisprudencial alguno, al haber sido redactada antes de que fuera dictada la STC núm. 145/2015, de 25 de junio, así como la STSJA de 30 de julio de 2002 y la STS de 23 de abril de 2005.

### 3. El nuevo Código de deontología de la profesión farmacéutica de 2018. Examen crítico

El 7 de marzo de 2018 se aprobó un nuevo Código de Deontología de la Profesión Farmacéutica, que reemplazó al anterior Código de Ética Farmacéutica y Deontología de la Profesión Farmacéutica de 14 de diciembre de 2000. Posteriormente, ha sido actualizado en el año 2023,

---

[188] Los citados puntos establecen:

*10. El farmacéutico se abstendrá de participar en todo tipo de actuaciones, estén o no relacionadas con su profesión, en que sus conocimientos y habilidades sean puestas al servicio de actos que atenten contra la vida, la dignidad humana o contra los derechos del hombre.*

*23. El farmacéutico respetará las actuaciones de sus colegas y de otros profesionales sanitarios, aceptando la abstención de actuar cuando alguno de los profesionales de su equipo muestre una objeción razonada de ciencia o de conciencia.*

*28. La responsabilidad y libertad personal del farmacéutico le faculta para ejercer su derecho a la objeción de conciencia, respetando la libertad y el derecho a la vida y la salud del paciente.*

*33. El farmacéutico podrá comunicar al Colegio de Farmacéuticos su condición de objetor de conciencia a los efectos que considere procedentes. El Colegio le prestará el asesoramiento y la ayuda necesaria.*

siendo su última modificación de 9 de enero de 2025. No obstante, el contenido del capítulo relativo a la Objeción de Conciencia permanece sin cambios desde su redacción original de 2018.

Debemos destacar, en primer lugar, que supone en términos generales una importante puesta al día de las normas deontológicas de la profesión farmacéutica para adaptarlas a la nueva realidad legal y social, teniendo en cuenta, además, los nuevos retos a los que se enfrenta actualmente esta profesión en constante evolución, así como la naturaleza diversa de las diferentes modalidades de su ejercicio, como el mismo texto señala.

Como este Código resulta de obligado cumplimiento para todos los farmacéuticos, advierte expresamente desde su Preámbulo, que en el mismo sólo se codifican aquellas reglas que puedan ser asumidas por todos los profesionales. Tan solo así se puede garantizar la legítima diversidad y pluralidad de posturas ante los dilemas éticos que puedan surgir en el ejercicio de la profesión sin quebrantar la conciencia individual y convicciones personales de nadie[189].

Teniendo en cuenta que la Deontología no debe quedar circunscrita a la exigencia puramente normativa y ante la falta de una regulación legal relativa al derecho a la objeción de conciencia del farmacéutico, entendemos que hubiera sido más que razonable al afrontar la actualización de su normativa deontológica, que el nuevo Código hubiera tenido presente la novedosa doctrina plasmada en la trascendental STC de 25 de junio de 2015, en cuanto la misma, por vez primera, otorga carta de naturaleza constitucional y ampara de forma precisa y contundente su ejercicio. Sin embargo, esta doctrina es sorprendentemente obviada por el nuevo texto deontológico que, en su nueva formulación, viene a dar un significativo y desconcertante paso atrás, como dejamos reseñado a continuación.

De esta manera, tan sólo el contenido del art. 10 del anterior Código del año 2000 tiene parcial reflejo en el texto actualmente vigente; concretamente, en su art. 6.2[190] (Principios generales de actuación con el

---

[189] *Vid.* Preámbulo del Código de Deontología de la Profesión Farmacéutica.

[190] El Código de Deontología de la Profesión Farmacéutica, en su art. 6.2, bajo el epígrafe referido a los Principios generales de actuación con el paciente, reconoce el derecho del farmacéutico a abstenerse de *participar en cualquier tipo de actuación contraria a la legalidad en la que sus conocimientos y habilidades sean puestas al*

paciente), en cuanto reconoce el derecho del farmacéutico a abstenerse de participar «en cualquier tipo de actuación contraria a la legalidad en la que sus conocimientos y habilidades sean puestas al servicio de actos que atenten contra la vida, la dignidad de la persona o los Derechos Humanos». No obstante, sorprende que en los términos empleados en este artículo se indique que esta obligación deba ser *contraria a la legalidad*, lo que resulta totalmente incongruente y contradictorio con su propio enunciado, además de injustificadamente restrictivo, pues la opción de negarse a realizar una actividad ilícita es simple y llanamente una objeción de legalidad, y no una objeción de conciencia.

Resulta realmente preocupante que el específico tratamiento que el texto ofrece a la objeción de conciencia en su Capítulo XII (arts. 46 y 47), así como en los precedentes arts. 21.3[191] (El derecho de las personas a obtener los medicamentos) y 30.2[192] (Trabajo en equipo), reconozca este derecho individual constitucionalmente protegido, pero con una visión claramente negativa, como si su ejercicio fuera un verdadero peligro, un elemento perturbador o una rémora para la profesión, en lugar de un derecho que, de forma excepcional y debidamente justificada, garantiza la libertad de conciencia y la independencia del profesional. Por su interés, dejamos reseñado a continuación el contenido de los arts. 46 y 47 del nuevo código deontológico:

Artículo 46. Objeción de conciencia del farmacéutico. La objeción de conciencia del farmacéutico es un derecho que ampara, en determinadas circunstancias, la negativa del mismo a someterse a una conducta jurídicamente exigida cuando ésta suponga violentar seriamente su conciencia por

---

servicio de actos que atenten contra la vida, la dignidad de la persona o los Derechos Humanos, sin perjuicio de lo dispuesto sobre el derecho a la objeción de conciencia en el Capítulo XII del presente Código.

[191] Art. 21.3: *Para el ejercicio del derecho a la objeción de conciencia por el farmacéutico, deberá, en todo caso, quedar garantizado el derecho de las personas a la protección de su salud y de acceso a los medicamentos.*

[192] Art. 30.2: *El farmacéutico debe respetar las actuaciones de sus compañeros y otros profesionales sanitarios, observando lo dispuesto en el Capítulo XII del presente Código sobre la objeción de conciencia. En cualquier caso, se deberá evitar cualquier limitación de los derechos de los pacientes y usuarios a la dispensación farmacéutica.*

ser contraria a sus convicciones morales o éticas. La objeción de conciencia ampara al farmacéutico a título individual por razones de conciencia y moral personal, por lo que no cabe su aplicación de manera colectiva o institucional, ni para amparar actuaciones basadas en criterios de conveniencia u oportunismo. La objeción de conciencia no es el cauce adecuado para resolver conflictos derivados de controversias científicas, técnicas y profesionales. La objeción de conciencia no puede amparar la negativa del farmacéutico a realizar una actuación profesional fundamentada en razón de características individuales de la persona que demanda su actuación, tales como la raza, sexo, religión o ideología.

Artículo 47. Ejercicio de la objeción de conciencia. El ejercicio del derecho a la objeción de conciencia por el farmacéutico no debe limitar o condicionar el derecho a la salud de las personas. Por ello, el farmacéutico objetor podrá comunicar esta circunstancia a la autoridad responsable de garantizar la prestación, a los efectos de que se articulen los mecanismos necesarios para evitar menoscabo en el derecho a la salud de la población y los derechos de las personas establecidos por la legislación. El farmacéutico objetor deberá adecuarse a los cauces establecidos para el ejercicio del derecho de objeción de conciencia en los casos en que ésta se encuentre regulada por la legislación vigente. El farmacéutico podrá comunicar su condición de objetor de conciencia a su Colegio a los efectos previstos en la normativa estatutaria, cuyo tratamiento por el Colegio ineludiblemente será absolutamente confidencial. El ejercicio del derecho de objeción de conciencia por el farmacéutico que lo invoca no debe ocasionarle perjuicios ni ventajas. El ejercicio de la objeción de conciencia por el farmacéutico ante una actuación demandada por un paciente o usuario no debe perseguir nunca la imposición de las convicciones del farmacéutico a la persona que demanda su actuación.

Puede apreciarse que, con esta redacción, la nueva regulación deontológica parece tener más interés en poner impedimentos al correcto ejercicio de la objeción de conciencia que a garantizarlo, insistiendo, por el contrario, en aquellos abusos que algunos profesionales puedan cometer en un ilegítimo ejercicio del mismo que, más bien, habría que atribuir a prácticas fraudulentas o de mala praxis, que a la naturaleza propia de una objeción responsable.

Concretamente, podemos observar cómo el art. 46 describe una relación de circunstancias que impiden el ejercicio de la objeción de conciencia, cuando en realidad tales conductas no son ni deberían ser nunca consideradas incardinadas en la naturaleza propia de este derecho, en cuanto se refieren a actuaciones tan impropias y rechazables como aquellas que amparan actuaciones basadas en criterios de conveniencia u oportunismo, las que se justifican para resolver conflictos derivados de controversias científicas, técnicas y profesionales, o las que se valen de la objeción para negar la asistencia profesional por motivos de discriminación.

Por todo ello, resulta innecesario insistir en que el abuso del derecho o su utilización fraudulenta, no son más que falsas objeciones incompatibles con su legítimo ejercicio –como ya hemos tenido ocasión de comentar al abordar las actuaciones impropias en el Capítulo II de la primera parte de nuestro estudio–, de manera que su concreta mención en el texto resulta claramente inadecuada.

Además, la normativa deontológica excluye de forma expresa la posibilidad de que este derecho pueda ejercerse de manera institucional, cuando los supuestos de objeción basados en un ideario de naturaleza corporativa están expresamente previstos en el art. 6.1 de la Ley Orgánica 7/1980, de Libertad Religiosa[193], y esta dimensión institucional de la objeción goza del reconocimiento internacional que le brinda la Resolución 1763 (2010) de la Asamblea Parlamentaria del Consejo de Europa sobre la objeción de conciencia sanitaria[194].

---

[193] El art. 6.1 de la Ley Orgánica 7/1980, de Libertad Religiosa viene a reconocer que: *Las Iglesias, Confesiones y Comunidades religiosas inscritas tendrán plena autonomía y podrán establecer sus propias normas de organización, régimen interno y régimen de su personal. En dichas normas, así como en las que regulen las instituciones creadas por aquéllas para la realización de sus fines, podrán incluir cláusulas de salvaguarda de su identidad religiosa y carácter propio, así como del debido respeto a sus creencias, sin perjuicio del respeto de los derechos y libertades reconocidos por la Constitución, y en especial de los de libertad, igualdad y no discriminación.*

[194] La Resolución 1763 (2010) del Consejo de Europa sobre la objeción de conciencia sanitaria aprobada por su Asamblea Parlamentaria el 7 de octubre, señala en su punto primero que: *ninguna persona, hospital o institución será coaccionada, considerada civilmente responsable o discriminada debido a su rechazo a realizar, autorizar, participar o asistir en la práctica de un aborto, la realización de un aborto involuntario o de emergencia, eutanasia o cualquier otro acto que cause la muerte de un feto humano o un embrión, por cualquier razón.*

Y concretamente en relación a las instituciones sanitarias, el Tribunal Constitucional admite expresamente esta modalidad de objeción, si bien no bajo la denominación de objeción de conciencia, sino con la más amplia expresión de ideario como signo de identidad empresarial, puesto que determinadas entidades privadas sí son «portadoras de una ideología, respecto a los trabajadores vinculados por contrato laboral con ella» (STC 106/1996, FJ 4, con cita de las SSTC 5/1981, 47/1985 y 77/1985); y este ideario, como señala el Tribunal, cuenta con la cobertura constitucional que le brinda el art. 16 CE[195].

En todo caso, respecto a este taxativo rechazo a la objeción institucional debemos considerar que la regulación deontológica limita su ámbito subjetivo de aplicación a aquellos profesionales que son colegiados y, aun cuando puedan inscribirse igualmente las sociedades profesionales, una cosa es el ejercicio colectivo del derecho –lo que se descarta de plano–, y otra bien distinta su ejercicio institucional que, como hemos visto sí encuentra pleno respaldo legal y jurisprudencial.

En cuanto a la comunicación al Colegio de la objeción, aunque sea de forma potestativa[196], no podemos obviar que tal comunicación, a pesar de su confidencialidad, podría tener consecuencias negativas para el farmacéutico objetor que, por este motivo, podría sufrir discriminación profesional o laboral.

Por ello hubiera sido deseable que, junto a esta mención, el texto deontológico hubiera incluido alguna referencia a su defensa corporativa e institucional en similar modo a lo dispuesto en el anterior Código del año 2000 que, en su art. 33, señalaba que «El Colegio le prestará el asesoramiento y la ayuda necesaria».

Recordemos que la STC 145/2015, considera muy relevante a la hora de conceder el amparo, que la objeción se encuentre reconocida tanto en los estatutos colegiales –aprobados por la administración correspondiente–, como por el código deontológico profesional, poniendo igualmente en valor que el demandante se hubiera inscrito como objetor de conciencia en el Colegio Oficial de Farmacéuticos de Sevilla (FJ 5).

---

[195] Así se desprende de la STC 106/1996, FJ 4.

[196] Señala el art. 47.3: *El farmacéutico podrá comunicar su condición de objetor de conciencia a su Colegio.*

Precisamente la sentencia destacaba a estos efectos el párrafo que ahora no tiene reflejo en el nuevo código, en el que, como hemos indicado, se hacía constar la obligación del Colegio de prestar el *asesoramiento y la ayuda necesaria* al farmacéutico que hubiera comunicado su condición de objetor de conciencia, obligación que, sin embargo, se ha hecho desaparecer del actual texto.

Resulta pues que el farmacéutico objetor tras la referida Sentencia, y de forma realmente paradójica, no cuenta ya con este amparo expreso, sino con un difuso «a los efectos previstos en la normativa estatutaria», a diferencia de lo previsto tanto en el Código de Deontología Médica como en el Código Deontológico de Enfermería Española[197] que sí ofrecen la debida protección colegial para que el objetor no se vea perjudicado ni discriminado por su ejercicio.

Por último, al abordar el «compromiso con la evidencia científica y la calidad técnica», así como el principio de «independencia del criterio profesional» previstos en los arts. 12 y 13, si bien prevé que el farmacéutico que se viera forzado a actuar conforme a criterios profesionales diferentes de los suyos podrá hacerlo constar por escrito dando traslado de dicho escrito al colegio, sin embargo, no contiene referencia alguna a la *objeción razonada de ciencia* como sí se hacía en el art. 23 del anterior Código del año 2000.

De esta manera, aun reconociendo su plena autonomía técnica y científica, hubiera resultado adecuado incluir una mención expresa a la señalada objeción científica o de ciencia, máxime si tenemos en cuenta que la Ley de garantías y uso racional de los medicamentos y productos sanitarios sanciona la negativa a dispensar siempre que se haga *sin causa justificada*, expresión ésta de carácter amplio en la que podemos entender comprendidas tanto aquellas objeciones que tienen su fundamento en razones de conciencia como de ciencia.

A modo de conclusión, tanto el texto aprobado en el año 2018 como el publicado en 2023 –que reproduce la anterior redacción– desaprovechan, dejando en un completo olvido, la reciente doctrina sentada por el Pleno del Tribunal Constitucional en su STC de 25 de junio de 2015 que, debemos recordar, ampara la objeción de conciencia de los farma-

---

[197] *Ibid.* nota 102.

céuticos, como un derecho íntimamente vinculado a la libertad ideológica y religiosa consagrada en el art. 16 CE y conectada, en el caso de
la píldora postcoital, con la defensa de la vida del no nacido.

La actual y especialmente significativa posición de la Asamblea General de Colegios Oficiales de Farmacéuticos, en contraposición con la
postura que mantenía en el derogado código del año 2000, no es ajena
–en mi opinión–, a una extremada prevención que parece haberse insta-
lado a nivel corporativo frente al ejercicio de esta modalidad constitu-
cionalizada de desobediencia, pues lejos de destacarse su papel garante
para la libertad e independencia de los colegiados en el ámbito se su
profesión, ahora se percibe institucionalmente como un verdadero riesgo para el propio sistema, como si su ejercicio desmedido pudiera hacer
peligrar el singular y restrictivo modelo regulatorio de la farmacia; sector que en nuestro país se encuentra amenazado por el constante y rei-
terado anuncio de medidas liberalizadoras para lograr un mayor grado
de competencia efectiva.

# PARTE FINAL

# CONCLUSIONES

I. SOBRE LA OBJECIÓN DE CONCIENCIA EN GENERAL

1.  No se puede admitir que la conciencia personal pueda prevalecer en cualquier caso sobre la norma jurídica que obliga a todos los ciudadanos. Sin embargo, cuando la conducta impuesta entra en grave colisión con la conciencia individual a la que podría ocasionar un daño moral irreparable, de manera excepcional esta exigibilidad erga omnes puede verse restringida en el caso concreto. Se descarta así que su fundamento radique en un mero desacuerdo de carácter ideológico o político, al igual que no puede aceptarse que la obligación legal impuesta por el ordenamiento pueda adaptarse caprichosa o arbitrariamente a la propia conveniencia.

2.  El ejercicio abusivo de este derecho o su utilización fraudulenta –supuestos de falsas objeciones incompatibles con su propia naturaleza–, nunca puede servir –como pretende algún sector doctrinal– para discutir su reconocimiento o para negar su carácter de derecho fundamental.

3.  Lejos de quienes consideran que su ejercicio cuestiona la idea del Estado, amenaza la autoridad y el orden público, relativiza los mandatos jurídicos, o bien ataca la esencia misma de la democracia, entendemos que la consagración de un derecho que permita ajustar los comportamientos personales a las propias convicciones resulta plenamente compatible con una sociedad moderna, plural, tolerante, alejada del conformismo y comprometida con la firme

defensa de las libertades fundamentales, pues la objeción de conciencia, a pesar de ser desobediencia al derecho es, al mismo tiempo y sobre todo, la mejor garantía –a veces la única– con la que cuentan los ciudadanos para proteger su libertad individual frente a la acción del poder público.

4.  Que la objeción de conciencia sea un derecho personal de ejercicio individual descarta la posibilidad de que pueda ser invocado en forma conjunta o colectiva. Sin embargo, no se puede confundir –como incorrectamente hacen tanto el Código de Ética Médica (art. 32.2) como el Código de Deontología de la Profesión Farmacéutica (art. 46.2) –, el ejercicio colectivo del derecho con la objeción institucional. Sin olvidar que las personas jurídicas pueden ser titulares de derechos fundamentales –como señala la STC 19/1983, FJ2–, resulta obvio que la objeción institucional no puede ser denominada de conciencia –al ser ésta propia y exclusiva del ser humano–, sino una objeción fundamentada en un ideario de naturaleza corporativa o institucional como signo de identidad empresarial. Así, mientras la primera (colectiva) debe ser rechazada de plano, la segunda (institucional) sí encuentra amparo legal y jurisprudencial –también para las instituciones sanitarias–, además de contar con un expreso reconocimiento en el ámbito internacional.

5.  Frente a quienes consideran que no existe un derecho fundamental a la objeción de conciencia entendemos que este derecho se debe considerar no solo como un derecho constitucionalmente reconocido, sino que, por su contenido intrínseco, tanto si se le considera de forma autónoma, como vinculado al derecho fundamental de libertad ideológica o religiosa, se trata además de un derecho fundamental de la persona que en cualquier modalidad de ejercicio goza de la garantía del recurso de amparo previsto en el art. 53.2 CE. Esta naturaleza de derecho fundamental encuentra igualmente respaldo en la Carta de Derechos Fundamentales de la Unión Europea (art. 10.1), así como en diversas Resoluciones de la Asamblea Parlamentaria del Consejo de Europa (núm. 337, de 26 de enero de 1967, y 1763, de 7 de octubre de 2010 29, entre otras).

6.  No obstante, la objeción de conciencia no se puede considerar un derecho absoluto de ejercicio ilimitado, pues, como ha manifestado el Tribunal Constitucional, los derechos fundamentales pueden experimentar restricciones que derivan de su conexión con otros derechos o bienes constitucionalmente protegidos. Y así ocurre cuando puede colisionar con el derecho a la vida y a la integridad física y moral (art. 15 CE), en relación con el derecho a la protección de la salud (art. 43 CE), o cuando es necesario preservar el orden público. Estas limitaciones, que en todo caso deberán ser necesarias, razonables y proporcionadas, también vienen reconocidas en los acuerdos y tratados internacionales ratificados por España que, conforme al art. 10.2 CE, vinculan a nuestros tribunales a la hora de interpretar el sentido y alcance de los derechos fundamentales.

7.  El único supuesto de objeción expresamente previsto en nuestra Constitución es el referido a la prestación del servicio militar (art. 30.2 CE). La previsión que el artículo realiza acerca del necesario desarrollo legislativo posterior, ha permitido cuestionar la protección al objetor cuando la concreta modalidad que se pretende ejercer carece de un reconocimiento y regulación específica. Además, cuando su ejercicio se ha venido extendiendo a otras modalidades distintas a la expresamente prevista en nuestra Carta Magna, la ausencia en el art. 16 de nuestra Constitución de una mención destinada a reconocer la objeción de conciencia dejó abierto el debate sobre la vinculación entre este derecho y la libertad ideológica y religiosa, dando así lugar a las interpretaciones doctrinales más dispares que subsisten en la actualidad.

8.  Las discrepancias ideológicas que este derecho genera unido a la escasa claridad del texto constitucional han propiciado igualmente contradictorias interpretaciones jurídicas acerca del reconocimiento que debe otorgarse a la objeción de conciencia en general. Fruto de esta divergencia, hasta el 27 de octubre de 1987 la doctrina constitucional había venido considerando que el derecho de objeción de conciencia es una concreción de la libertad ideológica reconocida en el art. 16 de la Constitución y que, como tal, existe y puede ejercitarse sin necesidad de que el legislador intervenga. Sin

embargo, a partir de esta fecha (SSTC 160 y 161/87) este posicionamiento sufre un giro radical, pues admitiendo que se trata de un derecho que nuestra Constitución reconoce en relación a la prestación del servicio militar, entiende que fuera de este ámbito tan solo aquellas modalidades previstas en nuestro ordenamiento podrán ejercitarse legítimamente y obtener la tutela constitucional. De esta manera, salvo algunas excepciones (SSTS de 16 de enero de 1998 y 23 de abril de 2005), la jurisprudencia mayoritaria del Tribunal Supremo, siguiendo este último posicionamiento, se ha venido mostrando reacia a reconocer que la objeción de conciencia sea un derecho de general aplicación en aquellos supuestos no contemplados de forma expresa. Esta situación se ha mantenido hasta la STC 145/2015 que, actualizando la doctrina constitucional, finalmente se ha inclinado –al igual que en su día hicieron las SSTC 15/1982 y 53/1985–, por reconocer la tutela constitucional también a aquellas modalidades que no han sido objeto de reconocimiento legal. Compartimos plenamente este planteamiento, pues la falta de desarrollo legal normativo no puede privar el ejercicio de un derecho constitucional.

9.  Cuestión distinta es si resulta o no conveniente que este derecho cuente con una adecuada previsión normativa que garantice que realmente sea viable, permitiendo armonizar los intereses del objetor con los de aquellos ciudadanos que pueden verse perjudicados por el incumplimiento de la obligación legal que se objeta. Considero a este respecto que no sólo es deseable sino también necesario que el legislador realice un adecuado y completo desarrollo de aquellas modalidades de dispensa o exención del cumplimiento de deberes jurídicos que puedan resultar más comunes, previsibles o relevantes, pero sin que ello suponga acotar las diversas modalidades de objeción que pueden surgir, pues muchas de ellas resultan difíciles de predecir anticipadamente. Solo de esta manera se evitarán situaciones de desprotección e inseguridad jurídica, permitiendo armonizar la garantía de su ejercicio, con la salvaguarda de los derechos e intereses protegidos por la norma.

10. No obstante, en una cuestión como ésta, en la que por las profundas divergencias ideológicas, éticas y morales, resulta tan difícil

alcanzar el deseable consenso a la hora de delimitar la amplitud y eficacia con la que se pretende reglamentar su ejercicio, y en donde el procedimiento legislativo, además de condicionado políticamente puede resultar demasiado genérico o bien adolecer de una excesiva rigidez, resulta necesario que, además, los tribunales vengan a completar esta tarea legislativa aplicando mecanismos objetivos de ponderación que, atendiendo a las peculiaridades de cada caso en concreto y a los intereses en conflicto, permitan ofrecer mayores cotas de protección tanto al objetor como a la sociedad en general.

## II. Sobre la objeción de conciencia en el ámbito de la sanidad

11. Entre las distintas modalidades de objeción de conciencia las que surgen en el ámbito del ejercicio de las profesiones sanitarias son las que presentan una mayor relevancia en cuanto su ejercicio afecta directamente a principios rectores de la política social y económica que nuestra Constitución reconoce, como el derecho a la protección de la salud y a la atención sanitaria de todos los ciudadanos.

12. En las últimas décadas se han ido acrecentado exponencialmente el número de deberes y actos médicos objetables al presentarse una diversidad de supuestos que parecen contrariar el fundamento mismo de la profesión en cuanto pueden directamente atentar contra la vida o dañar la salud (aborto, contracepción, eutanasia, terapias con células madre embrionarias, manipulación genética, entre otras muchas).

13. Aunque las obligaciones profesionales no deben implicar invariablemente una renuncia a las propias creencias religiosas ni a la ética o a la moral personal, lo cierto es que la conciencia individual tampoco puede mediatizar por completo la prestación asistencial, en cuanto la libertad y el derecho de autodeterminación personal son derechos que alcanzan tanto a los objetores como a quienes demandan la prestación del servicio público que la ley garantiza.

14. El profesional de la sanidad debe ser consciente de las consecuencias que el incumplimiento de la obligación legal que se objeta implica, asumiendo con sentido de responsabilidad que, en algu-

nos casos, su decisión adoptada en el ejercicio de su libertad puede afectar negativamente a los ciudadanos a los que se les niega una determinada prestación. De esta manera, la objeción debe ser siempre un recurso empleado en circunstancias excepcionales, referida a cuestiones graves y responder a una actitud coherente y responsable.

15. El ejercicio de la objeción de conciencia en este ámbito de actividad conlleva obligaciones que deberán ser asumidas por el objetor. De esta manera, tan sólo cuando el profesional asume el deber de informar sobre las opciones de tratamiento, de derivación a otro profesional, de atender en situaciones de urgencia y, en todo caso, de garantizar la prestación, este derecho deja de constituir un riesgo asistencial y su ejercicio debe considerarse legal y deontológicamente legitimado y protegido.

16. El relevante papel que los códigos deontológicos de las profesiones sanitarias brindan a la cobertura de la objeción de conciencia ha sido puesto de relieve por nuestra jurisprudencia, al considerar que las normas deontológicas «no son simples tratados de deberes morales sin consecuencia en el orden disciplinario, sino normas que determinan obligaciones de necesario cumplimiento por los colegiados y responden a las potestades públicas que la Ley delega en favor de los colegios» (STS de 27 de diciembre de 1993, FJ 4).

17. La constancia formal de la objeción en relación a las prestaciones sanitarias y más concretamente respecto a la interrupción voluntaria del embarazo, asegura el cumplimiento y eficacia de la propia norma al reflejar anticipadamente la condición de objetor. Con ello se garantiza la prestación a quien lo solicita y a la vez permite que este derecho despliegue con eficacia sus efectos, recibiendo el objetor de su Colegio la ayuda y el asesoramiento previsto en el correspondiente código deontológico profesional.

18. Aunque se podría entender como una vulneración del derecho fundamental a libertad ideológica y religiosa que la incorporación a un registro de profesionales sanitarios objetores de conciencia opere como requisito inexcusable para su válido ejercicio, lo cierto es que cuenta con el respaldo del Tribunal Constitucional (STC 151/2014) que considera –acertadamente– que no afecta al conte-

nido esencial del derecho en cuestión, puesto que el ejercicio de este derecho no puede, por definición, permanecer en la esfera íntima del sujeto. En todo caso, en cuanto la previa declaración e inscripción en un registro afecta al tratamiento de datos de carácter personal, el acceso a esta información por parte de terceros distintos de la Administración sanitaria debe ser lo más limitado posible –como señala la AEPD–, y el interés de quien lo solicita debe estar debida y suficientemente justificado.

19. La objeción de conciencia de los profesionales sanitarios había sido hasta la Ley Orgánica 2/2010, de 3 de marzo, de salud sexual y reproductiva y de la interrupción voluntaria del embarazo, un fenómeno limitado a otras prácticas profesionales relacionadas con las técnicas de reproducción asistida o la esterilización, pues la reforma operada en el Código Penal por la Ley Orgánica 9/1985, de reforma del art. 417 bis del Código Penal, no consagraba un derecho al aborto, sino que se limitaba a despenalizar parcialmente el tipo en supuestos muy concretos. De esta manera, al no existir un derecho de la mujer embarazada al aborto, tampoco había obligación de practicarlo, pues ni se trata de un acto médico exigible, ni está incluido en el concepto de buena praxis, como tampoco en la obligación de medios que enmarca su responsabilidad profesional. Por ello, el médico que se negaba a practicar un aborto no necesitaba declararse formalmente objetor, pues lo que estaba haciendo era respetar la legalidad. En todo caso, la STC 53/1985 vino a ofrecer expreso amparo legal a la objeción de conciencia de los médicos. Así pudo ejercitarse por los profesionales objetores sin ningún impedimento, a pesar de carecer de un expreso reconocimiento legal en este concreto ámbito.

20. La objeción del personal sanitario a la práctica del aborto, tras permanecer un cuarto de siglo sin regulación, fue finalmente prevista por el legislador en la referida Ley Orgánica 2/2010. A partir de la aprobación y entrada en vigor de esta Ley que viene a reconocer expresamente que la prestación de la interrupción voluntaria del embarazo es un derecho para la madre gestante que no necesita de motivación cuando se realiza dentro de las 14 primeras semanas (a pesar de que en este caso ni debería considerarse propiamente un

acto médico ni una prestación sanitaria conforme a la definición que brinda nuestro ordenamiento jurídico), el médico que no quiera participar en su práctica tan solo podrá eximirse de su obligación comunicando su objeción de forma anticipada y por escrito.

21. Este derecho a la objeción médica al aborto, reconocido sin garantía alguna que respalde a los profesionales que lo ejerciten, debe ajustarse a lo previsto en el art. 17 de la Ley, que señala entre otros extremos, que las mujeres que manifiesten su intención de someterse a una interrupción voluntaria del embarazo recibirán información encaminada a garantizar la prestación del aborto. Lo cierto es que la Ley no contempla que esta obligación de informar corresponda al propio objetor, por lo que teniendo en cuenta la interpretación más favorable a la efectividad de los derechos fundamentales, deberá ser asumida por el servicio público de salud.

22. La principal controversia nace porque la ley no concreta quienes son los profesionales que están directamente implicados en la interrupción voluntaria del embarazo. De esta forma, mientras permaneció sin expreso desarrollo legal, todos los sanitarios relacionados de forma directa o indirecta con la práctica del aborto pudieron plantear su objeción sin traba alguna. Sin embargo, la estrecha delimitación que la regulación legal ordinaria ofrece a su ejercicio parece abonar la interpretación de quienes sostienen que su amparo legal debe quedar reducido al caso concreto; es decir, tan solo a los médicos especialistas en ginecología y obstetricia, en anestesiología y reanimación, así como al personal de enfermería y matronas que son quienes participan en la interrupción voluntaria del embarazo. Esta interpretación, a mi juicio errónea, deja fuera del amparo del derecho constitucional a aquellos otros profesionales de la sanidad que de forma indirecta se ven obligados a participar en un proceso asistencial que terminará desembocando en la práctica de un aborto. Así ocurre, entre otros, con radiólogos, embriólogos, trabajadores sociales y, muy especialmente con los médicos de atención primaria.

23. En cuanto la Disposición final tercera de la LO 3/2021, de 24 de marzo, de regulación de la eutanasia, otorga carácter ordinario al apartado 1 del art. 16, relativo a la objeción de conciencia de los

profesionales sanitarios, resulta un precepto manifiestamente inconstitucional, pues como derecho fundamental, el desarrollo normativo de su contenido esencial y condiciones básicas de su ejercicio deben regularse mediante ley orgánica (art. 81.1 CE). Por tanto, una norma de naturaleza ordinaria no puede condicionar el ejercicio este derecho imponiendo la obligación de manifestar anticipadamente y por escrito la condición de objetor, exigencia que, además, se opone a lo dispuesto en los arts. 16.2 CE y 2. a) LO 7/1980, de 5 de julio, de Libertad Religiosa, que garantizan a cualquier persona el derecho a abstenerse de declarar sobre sus creencias religiosas.

### III. SOBRE LA OBJECIÓN DE CONCIENCIA FARMACÉUTICA

24. Frente a quienes defienden que la dispensación aparece como un imperativo legal que se opone firmemente a la opción de plantear objeciones éticas por parte de los farmacéuticos, considero que el reconocimiento de la objeción de conciencia para estos profesionales es plenamente legítimo y debe quedar protegido al formar parte del contenido esencial del derecho a la libertad ideológica y religiosa reconocida en la Constitución, máxime cuando la Ley de garantías y uso racional de los medicamentos y productos sanitarios lo que sanciona es la negativa a dispensar productos farmacéuticos, pero siempre que se haga *sin causa justificada,* expresión que debe incluir tanto las consideraciones profesionales como las éticas o de conciencia. Además, este derecho cuenta con el expreso reconocimiento y protección en la normativa deontológica profesional y de aquellas leyes autonómicas que, regulando la ordenación de la atención farmacéutica, han reconocido expresamente el derecho a la objeción de estos profesionales al considerar compatible su ejercicio con el derecho a la salud de los ciudadanos.

25. El peculiar y cuestionado modelo farmacéutico español integrado por los diversos sistemas regulatorios de ámbito territorial autonómico, resulta bien distinto al de otros países de la Unión Europea por las especiales restricciones normativas a la competencia en el sector de oficinas de farmacia en nuestro país. Ello viene a condi-

cionar la libertad personal de los profesionales de las oficinas de farmacia en el caso de que surjan conflictos de conciencia relacionados con la dispensación.

26. El ejercicio de este derecho por los farmacéuticos alcanza especial relevancia en aquellos supuestos en que el objeto de la dispensación sean productos destinados a obstaculizar o impedir el desarrollo natural del embarazo. Por ello, cuando en el año 2001 se impone a los farmacéuticos andaluces la obligación de tenencia y dispensación del principio activo Levonorgestrel (conocido comúnmente como *píldora del día después*) con posibles efectos abortivos, es cuando se planteó por vez primera en nuestro país la colisión entre esta obligación legal y el ejercicio de la objeción.

27. Aunque el reconocimiento del derecho a modalidades de objeción no expresamente previstas por el legislador ha generado contradicciones jurisprudenciales notorias, el Tribunal Constitucional vino a reconocer este derecho a favor de aquellos profesionales de la salud que debían intervenir en la práctica de abortos en las modalidades despenalizadas (STC de 11 de abril de 1985). Desde entonces y durante treinta años, no hubo ningún otro pronunciamiento en que el Constitucional tratara la objeción de conciencia sanitaria. En relación a los farmacéuticos, el único precedente judicial en nuestro país fue el resuelto por el Tribunal Supremo en su Sentencia de 23 de abril de 2005 que venía a reconocer con carácter general la reserva de una acción en garantía de este derecho no sólo para los médicos, sino también para aquellos profesionales sanitarios con competencias en materia de dispensación de medicamentos. Por ello, el recurso planteado por el primer farmacéutico objetor que llevó este debate hasta el Tribunal Constitucional se presentaba como una oportunidad idónea para resolver divergencias interpretativas y, muy especialmente, para ofrecer una solución a estos profesionales como anteriormente había hecho en relación a los médicos frente al aborto.

28. Como tuve oportunidad de indicar en la demanda para justificar las motivaciones de conciencia que llevaron al farmacéutico recurrente a negarse a dispensar determinados productos y fármacos, el derecho a la objeción de conciencia de los farmacéuticos, ante la

obligación legal a dispensar productos con posibles efectos abortivos, no resulta ajena al ejercicio de su actividad profesional, pues
ante esta obligación legal se sitúan en una difícil posición: o bien
actuar fuera de la legalidad (sobre existencias mínimas en farmacias) al hacer uso de su derecho a la objeción de conciencia, asumiendo el riesgo de ser sancionado por ello, o bien actuar en contra
de su conciencia, traicionando sus más arraigadas creencias, al dispensar en razón de su profesión unos productos que considera inmorales. En ambos casos, tendría que afrontar el dilema de no poder ejercer adecuadamente su profesión, que se corresponde con
sus estudios académicos y que constituye su medio de vida. Este
argumento resulta aplicable igualmente para cualquier otro profesional objetor que fundamente su decisión en similares prejuicios
de carácter ético-moral.

29. Con la STC 145/2015, el Tribunal Constitucional recupera con
toda fortuna el planteamiento que sobre la objeción de conciencia
sanitaria de los médicos al aborto había adoptado en su STC 53/85
y que ahora hace extensivo a los farmacéuticos, con la consecuencia de apartarse definitivamente de la muy restrictiva visión que
sobre este derecho se instauró a raíz de la sentencia de 27 de octubre de 1987 que, recordemos, vinieron a desvincular la objeción de
conciencia del derecho a la libertad ideológica y religiosa, denegando la tutela constitucional de aquellas modalidades que no hubieran sido objeto de expreso reconocimiento legal. Además, supone un respaldo al valor normativo de los estatutos colegiales
refrendados por la Administración, así como al Código de ética
farmacéutica y deontología de la profesión farmacéutica, pues, si
bien este derecho no es creado ex novo por la normativa colegial
–dado que ya existe y resulta directamente aplicable–, reconoce la
*interpositio legislatoris* que contemplan. Por tanto, no existe impedimento legal alguno para que el desarrollo normativo de este derecho fundamental pueda efectuarse a través de estas corporaciones profesionales dentro de las atribuciones y cauces que la misma
Ley les reconoce. Lo cierto es que a pesar de las críticas vertidas en
los votos particulares de los magistrados Asúa, Valdés y Xiol, la
Sentencia no viene a introducir ningún cambio sustancial de orden

doctrinal, pues los colegios profesionales en cuanto entidades de Derecho Público con personalidad jurídica propia y plena capacidad para el cumplimiento de sus fines, tienen reconocida un expresa delegación de potestades públicas. Y en esta función autorreguladora cuentan con una amplia autonomía ya respaldada tanto por la jurisprudencia del Tribunal Supremo como por la doctrina constitucional que, reconociendo su legalidad y su legitimidad, han venido considerando en numerosos pronunciamientos que la normativa deontológica tiene eficacia de ley para los colegiados, lo que garantiza su obligado cumplimiento.

30. Aunque la obligación de dispensar no sea equiparable en el caso de la píldora de día después y de los preservativos por su diferente significación ética y carga de responsabilidad moral, entendemos que éste no puede ser el argumento que justifique –como hace la Sentencia– que el incumplimiento de la obligación relativa a las existencias tenga o no la protección que le brinda el art. 16.1 CE; pues lo cierto es que no puede negarse que la dispensación de anticonceptivos conforme a las propias convicciones personales puede generar un conflicto de conciencia en el farmacéutico, siendo la naturaleza y fundamento de la objeción como manifestación de la libertad religiosa la misma en ambos casos. Por ello, el Tribunal debería haber ponderado adecuadamente los intereses en conflicto en el caso de los preservativos para, en su caso, justificar la inadmisión finalmente acordada por no tratarse de un derecho con alcance ilimitado. Pero lo cierto es que esta salomónica decisión de dividir en dos el dictamen de nulidad del fallo sobre la sanción única, resulta respecto a los profilácticos completamente contradictoria con la misma argumentación que se contiene en el fundamento jurídico quinto, plenamente aplicable a ambos productos sin distinción.

31. En los comentados votos particulares se manifestaron profundas discrepancias con buena parte de la fundamentación y del mismo fallo, lo que nos da idea de que el intercambio de opiniones en las extensas sesiones de deliberación en el plenario fue realmente intenso y que, en ningún caso hubo posicionamientos previos que no fueran ampliamente debatidos por los magistrados. Estas cuestio-

nes fueron finalmente resueltas por una más que amplia mayoría del Pleno, lo que nos permite contar hoy con un importante y fundamental referente constitucional que, sin duda, permitirá unificar nuestra jurisprudencia ordinaria sobre la materia.

32. El fallo ha sido inevitablemente contestado tanto por quienes consideran que la sentencia dejó pasar la oportunidad de profundizar en las consecuencias prácticas del ejercicio de este derecho, como también, pero en sentido contrario, por un activo sector de la doctrina frontalmente opuesto a su reconocimiento por entender que ningún farmacéutico puede hacer prevalecer sus convicciones religiosas o morales para denegar la dispensación de un medicamento. Por nuestra parte, entendemos que la Sentencia extiende la objeción –aunque sea de manera incompleta– a modalidades no expresamente previstas por el legislador, realizando un positivo y necesario complemento de la STC 53/1985, de forma que su ejercicio ya no queda reservado tan sólo al personal sanitario frente al aborto que en esta sentencia se contemplaba, sino que despliega ahora su eficacia también para los profesionales de la farmacia. No obstante, hubiera sido deseable para evitar confusiones en el futuro que el Tribunal hubiera realizado un pronunciamiento expreso y contundente sobre el posicionamiento constitucional instaurado a raíz de las sentencias de 1987 abiertamente contraria a la postura que ahora se recupera y defiende.

33. Pese al reconocimiento constitucional que brinda la STC de 25 de junio de 2015 amparando de forma expresa el ejercicio de la objeción de conciencia farmacéutica, sin embargo, desde la propia Asamblea General de Colegios Oficiales de Farmacéuticos de España al abordar la actualización de su normativa deontológica en los años 2018 y 2023 optó por ignorar esta novedosa y trascendental resolución dando un significativo y desconcertante paso atrás –en contraposición con la postura que mantenía en su anterior texto del año 2000–. Así, en lugar de una opción legítima que, de forma excepcional y debidamente justificada, permite garantizar la libertad de conciencia y la independencia de sus colegiados, la nueva regulación viene a imponer infundadas restricciones a su ejercicio, ofreciendo una visión claramente negativa de este dere-

cho, como si se tratara de un elemento perturbador para la profesión, o un verdadero peligro para el singular y restrictivo modelo regulatorio de la farmacia en nuestro país.

## IV. PROPUESTAS

Como hemos tenido oportunidad de comprobar a lo largo de este trabajo, nos encontramos con una dispersa y absolutamente discordante jurisprudencia anclada en viejos dogmas y no pocos prejuicios, donde la personal perspectiva ideológica y convicciones morales se han trasladado igualmente a quienes debían emitir el necesario juicio de ponderación. En definitiva, una problemática realidad jurídica adobada por las interpretaciones jurisprudenciales más dispares que, sin duda, ha contribuido a limitar y condicionar negativamente el legítimo ejercicio de este derecho

La razón de tal divergencia interpretativa hubiera podido evitarse si el art. 16 CE hubiera podido contar con una expresa mención destinada a reconocer la objeción de conciencia. Sin embargo, la falta del necesario consenso constituyente propició que el debate sobre la vinculación entre este derecho y la libertad ideológica y religiosa quedara sin resolver y trascendiera de los estrictos límites del Derecho por sus indudables condicionantes éticos y morales.

Por ello, nuestra primera y principal propuesta de *lege ferenda* no puede ser otra que la de una iniciativa de reforma constitucional consistente en incluir un apartado cuarto al art. 16 CE a fin de reconocer expresamente la objeción de conciencia como derecho fundamental. Esta previsión estaría en plena consonancia con el art. 10 de la Carta de Derechos Fundamentales de la Unión Europea que, bajo el enunciado Libertad de pensamiento, de conciencia y de religión, en su segundo apartado y bajo el mismo epígrafe, contempla de manera expresa el derecho a la objeción de conciencia.

Respecto al desarrollo legal de este derecho, indicaremos que en la actualidad asistimos al crecimiento exponencial del número de deberes y actos objetables, concretamente en el ámbito de la sanidad, al presentarse una diversidad de supuestos que pueden atentar contra la vida o dañar la salud (aborto, eutanasia, terapias con células madre embrionarias, manipulación genética, entre otras muchas). Sin embargo, España está aún están lejos de desarrollar marcos legales claros y completos que definan y regulen la objeción de conciencia en relación con los servicios médicos y de salud, tal y como prevé la Resolución de la Asamblea Parlamentaria 1763 (2010), de 7 de octubre, sobre objeción de conciencia sanitaria. Este marco normativo al que hace referencia la citada resolución, permitiría armonizar los intereses tanto del objetor como de aquellos ciudadanos que pueden verse perjudicados por el incumplimiento de la obligación legal que se objeta. Que en nuestro país el primer reconocimiento de rango legal –frente al aborto– haya venido de la mano de la Ley Orgánica 2/2010, nos permite afirmar que aún queda mucho camino por recorrer, siendo deseable que el legislador realice un adecuado y completo desarrollo del derecho en aquellos ámbitos en los que resulta más que previsible que el imperativo legal pueda generar conflictos personales de conciencia.

Así, ocurre en relación a la objeción de conciencia farmacéutica, en aquellas Comunidades Autónomas que aún no han actualizado su normativa de ordenación farmacéutica a fin de garantizar este derecho a los profesionales del sector. Su reconocimiento obligaría a adoptar las medidas necesarias para que su ejercicio no limite ni condicione el derecho a la salud de los ciudadanos.

Igualmente, en relación a las leyes relativas a los derechos y garantías de las personas en el proceso final de la vida, al regular la sedación terminal al paciente (actuación bien distinta de la eutanasia), se debería contemplar el recurso a la objeción, pues aun siendo una medida terapéutica habitual en la práctica de los cuidados paliativos para evitar el sufrimiento del enfermo terminal, puede llegar en algunas ocasiones a plantear importantes conflictos bioéticos para el personal sanitario.

Y en este mismo sentido apuntamos cómo en la Ley 14/2007, de 3 de julio, de Investigación biomédica tampoco encontramos la deseable referencia a la objeción de conciencia a favor de aquellos profesionales que han de participar en estas tareas, aun cuando «bajo la excusa de la investigación en el ámbito de la terapia celular y la medicina regenerativa, esta ley abre las puertas a la clonación terapéutica, permitiendo la producción de fetos clónicos –moralmente condenada por la Asamblea General de Naciones Unidas–, legaliza la donación de óvulos para la experimentación y permite el uso de embriones y fetos para la investigación»[198].

Por otro lado, los tribunales en su función de completar la tarea legislativa no siempre han sabido aprovechar la oportunidad de ofrecer respuestas eficaces que, de alguna manera, permitan resolver las controvertidas cuestiones que en la práctica se suscitan y que hemos analizado en el presente trabajo. Queda así pendiente, entre otros muchos aspectos, que el Tribunal Constitucional aclare sus contradicciones argumentales y más concretamente se posicione expresamente frente a la doctrina instaurada a partir de las sentencias de 27 de octubre 1987, abiertamente contraria a la que mantiene en su más reciente STC 145/2015, pero sin embargo aún seguida mayoritariamente por nuestra jurisprudencia. Igualmente debe resolver la confusión entre objeción de conciencia y desobediencia civil presente en la doctrina constitucional, pues malinterpretando la misma naturaleza de la objeción ha permitido que nuestros tribunales en no pocas ocasiones dejen este derecho reducido a su mínima expresión.

En definitiva, que el Tribunal Constitucional no deje pasar una vez más la oportunidad de resolver sus propias discrepancias de forma precisa, terminando con aquellos fundamentos alternativos que permiten tanto afirmar como negar este derecho, pues solo armonizando la garantía de su ejercicio, con la salvaguarda de los derechos e intereses que la norma protege, se evitarán aquellas situaciones de desprotección e inseguridad jurídica que desgraciadamente siguen acompañando a quienes legítimamente invocan su ejercicio.

---

[198] Vid. DE SANTIAGO, M. (2008); «De la célula adulta a la embrionaria» *Nueva Revista*, núm. 116. Disponible en: www.bioeticaweb.com/de-la-caclula-adulta-a-la-embrionaria/

# Bibliografía

## 1. Doctrina

Azulay Tapiero, A. (2003); «La sedación terminal. Aspectos éticos» publicado en la revista *Anuales de Medicina Interna* (Madrid), Vol. 20, pp. 645-649.

Barrero Ortega, A. (2016). «La objeción de conciencia farmacéutica». *Revista de Estudios Políticos*, 172, 83-107. Doi: http://dx.doi.org/10.18042/cepc/rep.172.03

Bentham, J. (1836); *Deontología o Ciencia de la moral*. Librería de Galván. Disponible en: https://bibliotecadigital.jcyl.es/es/catalogo_imagenes/grupo.cmd?path=10078945.

Bueno Delgado, J.A., *La legislación religiosa en la Compilación Justinianea*. Prólogo Fernández de Buján, A. (2015). Colección Derecho Romano y Cultura Clásica. Dykinson, pp. 502.

Carabante Muntada, J.M. (2005); *Una revisión crítica de la desobediencia civil en la obra de J. Habermas*. Comunicación presentada en las XX Jornadas de Filosofía jurídica y política: Libertad y seguridad. La fragilidad de los derechos, Málaga.

Castillo Calvín, J.M. (2005); «La resolución del Tribunal Supremo sobre la objeción de conciencia del farmacéutico», *Actualidad del Derecho Sanitario*, núm. 117, pp. 428-430.

– (2007); *La libertad de conciencia al servicio de la salud*, en *Libertad y conciencia en el ejercicio de las profesiones sanitarias*. II Simposio Nacional sobre Objeción de Conciencia. Madrid, Andoc.

- (2007); «La objeción de conciencia de los farmacéuticos en España», *Cuadernos de Bioética*. XVIII, 2007/2, pp. 283-285.
- (2017); «Objeción de conciencia en el ejercicio de la actividad laboral», publicado en *La Voz de Galicia* el 13 de abril. Disponible: www.lavozdegalicia.es/noticia/sociedad/2017/04/13/objecion-conciencia-ejercicio-actividad-laboral/0003_201704G13P25992.htm

CASTILLO CALVÍN, J.M. y GARCÍA BLÁZQUEZ, M. (2011); *Manual Práctico De Responsabilidad de la Profesión Médica (Aspectos Jurídicos y Médico-Forenses)*, 3ª Edición. Ed. Comares, Granada, pp. 239-244.

CAPODIFERRO CUBERO, D. (2017); «El tratamiento de la objeción de conciencia en el Consejo de Europa», *Revista de Ciencias de las Religiones*, Vol. 22, Ediciones Complutense.

DE SANTIAGO, M. (1997); *Una perspectiva acerca de los fundamentos de la bioética*. Biblioteca básica Du Pont Pharma para el médico de Atención Primaria, pp. 71-80.
- (2008); «De la célula adulta a la embrionaria». *Nueva Revista*, núm. 116. Disponible en: www.bioeticaweb.com/de-la-caclula-adulta-a-la-embrionaria

DÍEZ FERNÁNDEZ, J.A. (2015); «La constitucionalidad de la objeción de conciencia farmacéutica». *Revista General de Derecho Canónico y Derecho Eclesiástico del Estado* Núm. 39 p. 16.
- (2013); *El caso Bayatyan: punto de inflexión en la doctrina del Tribunal de Estrasburgo sobre la objeción de conciencia*. En Religión y Derecho Internacional. Ed. UNIR y Comares. Granada, pp. 369-390.

DÍEZ-PICAZO GIMÉNEZ, L.M. (2003); *Sistema de derechos fundamentales*. Pamplona, Ed. Aranzadi-Thompson, pp. 226 a 229.

FERNÁNDEZ DE BUJÁN, A. «En el mil setecientos aniversario del edicto de Milán sobre tolerancia religiosa, del año 313 después de Cristo». *Revista General de Derecho Romano*, 22 (2014). Revistas@iustel.com.
- (2020); *Cristianismo y Derecho Romano*, en *Derecho Público Romano*, 23 ed., capítulo XIII. Ed. Civitas.

GÓMEZ ABEJA, L. (2016); «El Tribunal Constitucional ante el conflicto de conciencia del farmacéutico: una solución de compromiso a gusto de nadie». *Revista de Derecho Constitucional Europeo*, núm. 25.

GONZÁLEZ DEL VALLE, J.M. (2005) *Derecho eclesiástico español*. Madrid, Ed. Aranzadi.

GONZÁLEZ-VARAS IBÁÑEZ, A. (2009); *Derecho y conciencia en las profesiones sanitarias*. Madrid, Ed. Dykinson, p.45.

HABERMAS, J. (1997); *Ensayos políticos*. Barcelona, Ed. Península.

HERRANZ RODRÍGUEZ, G. (1994); *El Código de Ética y Deontología Médica*, Cuadernos de Bioética. Disponible en: www. aebioetica.org/revistas/1994/4/20/328.pdf

HERRANZ RODRÍGUEZ, G. (1995); *La objeción de conciencia de las profesiones sanitarias*, publicado en Scripta Theologica núm. 27, p. 546.

LEYRA CURIÁ, S. (2011); *Participación política de la sociedad civil y objeción de conciencia al aborto*, Universidad Complutense de Madrid, p. 177.

LÓPEZ GUZMÁN, J.; *Objeción de conciencia Farmacéutica* (1997). Barcelona. Ediciones Internacionales Universitarias.

– (2006); *El Derecho a la Objeción de Conciencia en el Supuesto del Aborto*. Persona y Bioética, vol. X.

LÓPEZ GUZMÁN, J. y APARISI MIRALLES, A., (2000); *Deontología Farmacéutica: concepto y fundamento*. Navarra. Ed. Eunsa.

– (2002); *La píldora del día siguiente. Aspectos farmacológicos, éticos y jurídicos*. Serie Opinión y Ensayo. Ed. La Caja.

LÓPEZ MARTÍNEZ, J. (2015); *La píldora del día después, los preservativos, los farmacéuticos y la objeción de conciencia*. Ed. Sepin. Disponible en: www.blog.sepin.es/2015/07/pildora-del-dia-despues-objecion-de-conciencia/

MALEN SEÑA, J.F. (1988); *Concepto y justificación de la desobediencia civil*. Barcelona, Ed. Ariel.

MARTÍNEZ-TORRÓN, J, (2015); «La objeción de conciencia farmacéutica en la reciente jurisprudencia constitucional española: otra oportunidad perdida», en *Revista General de Derecho Canónico y Derecho Eclesiástico del Estado*, núm. 39.

MARTÍN SÁNCHEZ, I. (2002); *La recepción por el tribunal constitucional español de la jurisprudencia sobre el Convenio Europeo de Derechos Humanos respecto de las libertades de conciencia, religiosa y de enseñanza*. Colección Religión, Derecho y Sociedad. Granada, Ed. Comares.

MARTÍNEZ CALCERRADA, L. (1986), *Derecho Médico General y Especial*, en *Derecho Médico*, vol. 1. Ed. Tecnos, pp. 619.

MORENO RANGEL, C.H. (2010); *La objeción de conciencia y su aplicación al supuesto del aborto*, Madrid, Ed. Dykinson.

MUGUERZA CARPINTIER, J. (1986); «La obediencia al derecho y el imperativo de la disidencia (una intrusión en un debate)». *Rev. de Ciencias Sociales*, n° 70, pp. 27-40.

NAVARRO-MICHEL, M. (2015); «¿Objeción de conciencia de los farmacéuticos? Comentario a la Sentencia del Tribunal Constitucional 145/2015, de 25 de junio». *Rev. Bioética y Derecho* núm. 35. Barcelona.

NAVARRO VALLS, R. (1986) «La objeción de conciencia al aborto: Derecho comparado y Derecho español», en *ADEE*, Vol. II, pp. 306-307.

– (2007); «Las Objeciones de conciencia», separata de la obra *Libertad y conciencia en el ejercicio de las profesiones sanitarias*. Madrid, ANDOC, pp. 29-38.

– (2010); «Inconstitucionalidad y otras cuestiones en torno al Proyecto de Ley Orgánica del Aborto», en *El Cronista del Estado Social y Democrático de Derecho*, n° 9. Madrid, Ed. Iustel.

– (2015); «Un Big Bang Jurídico: conciencia contra ley», en Diario del Derecho. Ed. Iustel.

NAVARRO-VALLS, R. y MARTÍNEZ-TORRÓN, J. (1997); *Las objeciones de conciencia en el Derecho Español y Comparado*. Madrid, Ed. Mc. Graw-Hill, pp. 12-15.

– (2012); *Conflictos entre conciencia y ley. Las objeciones de conciencia*. Segunda edición. Ed. Iustel

OLLERO TASSARA, A. (2005); *España ¿un Estado laico? La libertad religiosa en perspectiva constitucional*. Pamplona, Ed. Thompson Cívitas.

– (2008); Prólogo de *La Libertad de conciencia y salud. Guía de casos prácticos* (Isidoro Martín Sánchez y otros). Granada, Ed. Comares, p. 20.

– (2009); *La Objeción de Conciencia en La Constitución Española*, en *Implicaciones bio-jurídicas y clínicas de la objeción de conciencia de los profesionales sanitarios*. Colegio Oficial de Médicos de Valladolid, p.26.

PALOMO PINEL, C.M. (2013); «En busca de los orígenes del derecho a la objeción de conciencia: belicismo, conquista y milicia en los primeros siglos del cristianismo», capítulo de la obra *Hacia un Derecho Administrativo y Fiscal Romano II*. Colección Monografías de Derecho Romano, Dirección del Prof. Dr. D. Antonio Fernández De Buján, Ed. Dykinson.

– (2016); «La contribución de los primeros escritores cristianos a la delimitación de la noción de tributo injusto», capítulo de la obra *Hacia un Derecho Administrativo Fiscal y Medioambiental Romano III*. Colección Monografías de Derecho Romano y Cultura Clásica, Dirección del Prof. Dr. D. Antonio Fernández de Buján, Ed. Dykinson.

POLO SABAU, J.R. (2012), en *Libertad de creencias y orden público en la Constitución Española: claves de interpretación*. Ed. Foro, Nueva época, vol. 15, pp. 213-232.

PUPPINCK, G. y LOISEAU, D. (2020); *Ngos and the judges of the Echr, 2009 – 2019*. Centro Europeo por el Derecho y la Justicia. Puede consultarse en https://eclj.org/ngos-and-the-judges-of-the-echr.

REQUERO IBAÑEZ, J.L.; «La reforma de la legislación del aborto en España», publicado en *Cuadernos de Bioética*, nº 70, Vol. XX, 3ª, 2009, p. 494.

RODRÍGUEZ BLANCO, M. (2017); «La objeción de conciencia en la jurisprudencia constitucional española». *Diálogos jurídicos: Anuario de la Facultad de Derecho de la Universidad de Oviedo*, núm. 2, pp. 107-132.

– (2018) *Derecho y Religión, nociones de Derecho Eclesiástico del Estado*. 2ª Ed. Cívitas, pp. 123-134.

RUIZ-BURSÓN, F.J. (2010); «La regulación de la objeción de conciencia en la Ley Orgánica 2/2010, de 3 de marzo, de Salud Sexual y Reproductiva y de Interrupción Voluntaria del Embarazo». *Rev. Persona y Derecho*, nº 63, pp. 163-196.

VOLTAS BARO, D. (1987); *Seminario de Ética en Enfermería*. Pamplona, Ed. Eunsa.

2. Textos legales

2.1. Textos legales internacionales

Declaración Universal de Derechos Humanos, proclamada por la Asamblea General de las Naciones Unidas en París, el 10 de diciembre de 1948.

Pacto Internacional de Derechos Civiles y Políticos (PIDCP) Promulgado en Nueva

York, el 19 de diciembre de 1966 y ratificado por España el 13 de abril de 1977.

Declaración sobre la eliminación de todas las formas de intolerancia y discriminación

fundadas en la religión o las convicciones proclamada por la Asamblea General de las Naciones Unidas el 25 de noviembre de 1981 (Res. 36/55).

Convenio para la Protección de los Derechos Humanos y de las Libertades Fundamentales (CEDH) aprobado en Roma el 4 de noviembre de 1950, fue modificado por los Protocolos núm. 11 y 14 (STCE núm. 194) y completado por el Protocolo adicional y los Protocolos nos. 4, 6, 7, 12, 13 y 16, siendo ratificado por España el 24 de noviembre de 1977.

Convenio para la protección de los derechos humanos y la dignidad del ser humano con respecto a las aplicaciones de la Biología y la Medicina (Convenio relativo a los derechos humanos y la biomedicina), Oviedo, 4 de abril de 1997.

Carta de Derechos Fundamentales de la Unión Europea (Niza, 7 de diciembre de 2000), proclamada solemnemente el 12 de diciembre de 2007 atribuyéndole el mismo valor jurídico que los tratados. Posteriormente ha sido adaptado su texto el 30 de marzo de 2010 y 7 de junio de 2016.

Tratado de Lisboa por el que se modifican el Tratado de la Unión Europea y el Tratado Constitutivo de la Comunidad Europea, fue publicado en el Diario Oficial de la Unión Europea el 17 de diciembre de 2007.

## 2.2. Textos legales nacionales

*Leyes de ámbito estatal*

Ley de Bases de Sanidad Nacional, de 25 de noviembre de 1944 (BOE núm. 331, de 26 de noviembre de 1944).

Ley 2/1974, de 13 de febrero, sobre Colegios Profesionales. (BOE. núm. 40, de 15 de febrero de 1974).

Ley 74/1978, 26 diciembre, de normas reguladoras de los Colegios Profesionales. (BOE núm. 40, de 15 de febrero de 1974).

Constitución Española. (BOE núm. 311, de 29 de diciembre de 1978).

Ley Orgánica 2/1979, de 3 de octubre, del Tribunal Constitucional (LOTC). (BOE núm. 239, de 5 de octubre de 1979).

Ley Orgánica 30/1979, de 27 de octubre, sobre extracción y trasplante de órganos. (BOE núm. 266, de 6 de noviembre de 1979).

Ley Orgánica 7/1980, de 5 de julio, de libertad religiosa. (BOE de 24 de Julio de 1980).

Ley Orgánica 8/1980, de 25 de junio, de reforma urgente y parcial del código penal, sobre la pena de muerte. (Disposición derogada).

Ley Orgánica 9/1980, de 6 de noviembre, de reforma del código de justicia militar, sobre pena de muerte y sus consecuencias. (BOE núm. 280, de 21 de noviembre de 1980).

Ley 48/1984, de 26 de diciembre, reguladora de la objeción de conciencia y de la prestación social sustitutoria. (Derogada).

Ley Orgánica 6/1985, de 1 de julio, del Poder Judicial. (BOE núm. 157, de 02 de julio de 1985).

Ley Orgánica 8/1985, de 3 de julio, reguladora del derecho a la educación. (BOE de 04 de Julio de 1985).

Ley Orgánica 9/1985, de 5 de julio, de reforma del artículo 417 bis del Código Penal. (Derogada).

Ley Orgánica 13/1985, de 9 de diciembre, que aprueba el código penal militar. –Limita la pena de muerte a los tiempos de guerra, en caso de desobediencia a los mandos–. (Derogada).

Ley 14/1986, de 25 de abril, general de sanidad. (BOE núm. 102, de 29 de abril de 1986).

Ley 42/1988, de 28 de diciembre, de donación y utilización de embriones y fetos humanos o de sus células, tejidos y órganos. (BOE núm. 314, de 31 de diciembre de 1988. Derogada).

Ley 25/1990, de 20 de diciembre, del Medicamento. (Derogada).

Ley Orgánica 13/1991, de 20 de diciembre, del Servicio Militar. (Derogada).

Ley Orgánica 5/1992, de 29 de octubre, de Regulación del Tratamiento Automatizado de los Datos de Carácter Personal. (Derogada).

Ley 24/1992, de 10 de noviembre, por la que se aprueba el Acuerdo de Cooperación del Estado con la Federación de Entidades Religiosas Evangélicas de España. (BOE núm. 272, de 12 de noviembre de 1992).

Ley 26/1992, de 10 de noviembre, por la que se aprueba el Acuerdo de Cooperación del Estado con la Comisión Islámica de España. (BOE núm. 272, de 12 de noviembre de 1992).

Ley Orgánica 10/1995, de 23 de noviembre, del Código Penal. (BOE núm. 281, de 24 de noviembre de 1995).

Ley Orgánica 11/1995, de 27 de noviembre, de abolición de la pena de muerte en tiempo de guerra. (BOE núm. 284, de 28 de noviembre de 1995).

Ley Orgánica 1/1996, de 15 de enero, de protección jurídica del menor. (BOE de 17 de enero de 1996).

Ley 16/1997, de 25 de abril, de Regulación de Servicios de las Oficinas de Farmacia. (BOE núm. 100, de 26 de abril de 1997).

Ley Orgánica 2/1997, de 19 de junio, reguladora de la cláusula de conciencia de los profesionales de la información. (BOE núm. 147, de 20 de junio de 1997).

Ley 22/1998, de 6 de julio, reguladora de la Objeción de Conciencia y de la Prestación Social Sustitutoria. (Derogada).

Ley 29/1998, de 13 de julio, reguladora de la Jurisdicción Contencioso-administrativa. (BOE núm. 167, de 14 de julio de 1998.)

Ley Orgánica 11/1999, de 30 de abril, de modificación del título VIII del libro II del Código Penal. (BOE núm. 104, de 1 de mayo de 1999).

Ley 17/1999, de 18 de mayo, de Régimen del Personal de las Fuerzas Armadas. (BOE núm. 119, de 19 de mayo de 1999).

Ley Orgánica 15/1999, de 13 de diciembre, de Protección de Datos de Carácter Personal. (BOE núm. 298, de 14 de diciembre de 1999).

Ley Orgánica 6/2001, de 21 de diciembre, de Universidades. (BOE núm. 307 de 24 de diciembre de 2001).

Ley 7/2001, de 19 de diciembre, de Ordenación Farmacéutica de Cantabria (BOE núm. 14, de 16 de enero de 2002).

Ley 41/2002, de 14 de noviembre, básica reguladora de la autonomía del paciente y de derechos y obligaciones en materia de información y documentación clínica. (BOE núm. 274, de 15 de noviembre de 2002).

Ley Orgánica 11/2003, de 29 de septiembre, de medidas concretas en materia de seguridad ciudadana, violencia doméstica e integración social de los extranjeros. (BOE núm. 234, de 30 de septiembre de 2003).

Ley 16/2003, de 28 de mayo, de cohesión y calidad del Sistema Nacional de Salud. (BOE núm. 128, de 29 de mayo de 2003).

Ley 44/2003, de 21 de noviembre, de ordenación de las profesiones sanitarias. (BOE núm. 280, de 22 de noviembre de 2003).

Ley 55/2003, de 16 de diciembre, del Estatuto Marco del personal estatutario de los servicios de salud. (BOE núm. 301, de 17 de diciembre de 2003).

Ley Orgánica 5/2005, de 17 de noviembre, de la Defensa Nacional. (BOE núm. 276, de 18 de noviembre de 2005).

Ley Orgánica 2/2006, de 3 de mayo, de Educación. (BOE núm. 106, de 04 de mayo de 2006).

Ley 29/2006, de 26 de julio, de garantías y uso racional de los medicamentos y productos sanitarios. (BOE núm. 178, de 27 de julio de 2006. Derogada a excepción de sus disposiciones finales segunda, tercera y cuarta).

Ley 7/2007, de 12 de abril, del Estatuto Básico del Empleado Público. (Derogada).

Ley Orgánica 1/2008, de 30 de julio, por la que se autoriza la ratificación por España del Tratado de Lisboa. (BOE núm. 98, de 22 de abril de 2009).

Ley Orgánica 2/2010, de 3 de marzo, de salud sexual y reproductiva y de la interrupción voluntaria del embarazo. (BOE núm. 55, de 4 de marzo de 2010).

Real Decreto Legislativo 5/2015, de 30 de octubre, por el que se aprueba el texto refundido de la Ley del Estatuto Básico del Empleado Público. (BOE núm. 261, de 31 de octubre de 2015).

Ley Orgánica 3/2021, de 24 de marzo, de regulación de la eutanasia (BOE núm. 72, de 25 de marzo de 2021).

*Leyes de ámbito autonómico*

Ley 31/1991, de 13 de diciembre, de ordenación farmacéutica de Cataluña. (DOGC núm. 1538 de 08 de enero de 1992 y BOE núm. 32 de 06 de febrero de 1992).

Ley 3/1997, de 28 de mayo, de Ordenación Farmacéutica de la Región de Murcia. (BOE núm. 247, de 15 de octubre de 1997).

Ley 8/1998, de 16 de junio, de ordenación farmacéutica de la Comunidad Autónoma de La Rioja. (BOLR núm. 74 de 20 de junio de 1998 y BOE núm. 156 de 01 de Julio de 1998).

Ley 19/1998, de 25 de noviembre, de Ordenación y Atención Farmacéutica de la Comunidad de Madrid. (BOCM núm. 287, de 3 de diciembre de 1998, y BOE núm. 124, de 25 de mayo de 1999).

Decreto 104/2001, de 30 de abril, por el que se regulan las existencias mínimas de medicamentos y productos sanitarios en las oficinas de farmacia y almacenes farmacéuticos de distribución. (BOJA núm. 62, de 31 de mayo de 2001).

Ley 10/2003, de 6 de noviembre, reguladora de los Colegios Profesionales de Andalucía. (BOE núm. 301, de 17 de diciembre de 2003)

Ley 5/2005, de 27 de junio de 2005, de Ordenación del Servicio Farmacéutico de Castilla-La Mancha. (DOCM núm. 131 de 1 de Julio de 2005 y BOE núm. 203, de 25 de agosto de 2005).

Ley 22/2007, de 18 de diciembre, de Farmacia de Andalucía. (BOJA núm. 254, de 28 de diciembre de 2007, y BOE núm. 45, de 21 de febrero de 2008).

Ley Foral de Navarra 16/2010, de 8 de noviembre, por la que se crea el registro de profesionales en relación con la interrupción voluntaria del embarazo. (BON núm. 139, de 15/11/2010, BOE núm. 315, de 28/12/2010).

Ley 3/2019, de 2 de julio, de ordenación farmacéutica de Galicia. (DOG núm. 130 de 10 de Julio de 2019 y BOE núm. 229 de 24 de septiembre de 2019).

*Leyes autonómicas de «muerte digna»*

Andalucía: Ley 2/2010, de 8 de abril, de derechos y garantías de la dignidad de la persona en el proceso de la muerte. (BOJA núm. 88, de 7 de mayo de 2010 y BOE núm. 127, de 25 de mayo de 2010).

Aragón: Ley 10/2011, de 24 de marzo, de derechos y garantías de la dignidad de la persona en el proceso de morir y de la muerte. (BOA núm. 70 de 07 de abril de 2011 y BOE núm. 115 de 14 de mayo de 2011).

Asturias: Ley 5/2018, de 22 de junio, sobre derechos y garantías de la dignidad de las personas en el proceso del final de la vida. (BOE núm. 181, de 27 de julio de 2018).

Baleares: Ley 4/2015, de 23 de marzo, de derechos y garantías de la persona en el proceso de morir. (BOIB núm. 44, de 28 de marzo de 2015 y BOE núm. 96, de 22 de abril de 2015).

Canarias: Ley 1/2015, de 9 de febrero, de derechos y garantías de la dignidad de la persona ante el proceso final de su vida. (BOE núm. 54, de 4 de marzo de 2015).

Euskadi: Ley 11/2016, de 8 de julio, de garantía de los derechos y de la dignidad de las personas en el proceso final de su vida. (BOE núm. 175, de 21 de julio de 2016).

Galicia: Ley 5/2015, de 26 de junio, de derechos y garantías de la dignidad de las personas enfermas terminales. (BOE núm. 228, de 23 de septiembre de 2015).

Madrid: Ley 4/2017, de 9 de marzo, de Derechos y Garantías de las Personas en el Proceso de Morir. (BOE núm. 149, de 23 de junio de 2017).

Navarra: Ley Foral 8/2011, de 24 de marzo, de derechos y garantías de la dignidad de la persona en el proceso de la muerte. (BON núm. 65 de 04 de abril de 2011 y BOE núm. 99 de 26 de abril de 2011).

C. Valenciana: Ley 16/2018, de 28 de junio, de derechos y garantías de la dignidad de la persona en el proceso de atención al final de la vida.

(DOGV núm. 8328, de 29 de junio de 2018 y BOE núm. 183, de 30 de julio de 2018).

*Decretos y Reales Decretos*

Decreto de 24 de enero de 1941 por el que se reglamenta el establecimiento de nuevas farmacias. (BOE núm. 37, de 6 de febrero de 1941. Derogado).

Decreto 3160/1966, de 23 de diciembre, por el que se aprueba el Estatuto Jurídico del personal médico de la Seguridad Social. (Derogado).

Real Decreto 3011/1976, de 23 de diciembre, sobre la objeción de conciencia de carácter religioso al servicio militar. (Derogado).

Real Decreto 909/1978, de 14 de abril por el que se regula el establecimiento, transmisión o integración de las Oficinas de Farmacia. (BOE núm. 106 de 04 de mayo de 1978).

Real Decreto 551/1985, de 25 de abril, por el que se aprueba el Reglamento del Consejo Nacional de Objeción de Conciencia y del procedimiento para el reconocimiento de la condición de objetor de conciencia. (Derogado).

Real Decreto 266/1995, de 24 de febrero, que aprueba el Reglamento de la objeción de conciencia y prestación social sustitutoria. (Derogado).

Real Decreto 700/1999, de 30 de abril, por el que se aprueba el Reglamento de la objeción de conciencia y de la prestación social sustitutoria. (BOE núm. 140, de 12 de junio de 2002).

Real Decreto 247/2001, de 9 de marzo, por el que se adelanta la suspensión de la prestación del servicio militar al 31 de diciembre de 2001. (BOE núm. 60, de 10 de marzo de 2001).

Real Decreto 1231/2001, de 8 de noviembre, por el que se aprueban los Estatutos generales de la Organización Colegial de Enfermería de España, del Consejo General y de Ordenación de la actividad profesional de enfermería. (BOE núm. 269, de 09 de noviembre de 2001).

Real Decreto 1146/2006, de 6 de octubre, por el que se regula la relación laboral especial de residencia para la formación de especialistas en Ciencias de la Salud. BOE núm. 240, de 07 de octubre de 2006.

Real Decreto 696/2007, de 1 de junio, por el que se regula la relación laboral de los profesores de religión. (BOE núm. 138, de 9 de junio de 2007).

Real Decreto 1720/2007, de 21 de diciembre, por el que se aprueba el Reglamento de desarrollo de la Ley Orgánica 15/1999, de 13 de diciembre, de protección de datos de carácter personal. (BOE núm. 17, de 19 de enero de 2008).

Real Decreto Legislativo 1/2015, de 24 de julio, por el que se aprueba el texto refundido de la Ley de garantías y uso racional de los medicamentos y productos sanitarios. (BOE núm. 177, de 25 de julio de 2015).

*Órdenes Ministeriales*

Orden de 5 de julio de 1971, por la que se aprueba el Estatuto de Personal no Sanitario al Servicio de las Instituciones Sanitarias de la Seguridad Social. (Derogada).

Orden de 26 de abril de 1973, por la que se aprueba el Estatuto del personal Auxiliar sanitario titulado y Auxiliar de clínica de la Seguridad Social. (Derogada).

3. JURISPRUDENCIA

3.1. Tribunal Constitucional

STC 5/1981, de 13 de febrero
STC 11/1981, de 8 de abril
STC 15/1982, de 23 de abril
STC 24/1982, de 13 de mayo
STC 69/1982, de 23 de noviembre
STC 19/1983, de 14 de marzo
STC 13/1985, de 31 de enero
STC 19/1985, de 13 de febrero
STC 47/1985, de 27 de marzo
STC 53/1985, de 11 de abril
STC 77/1985, de 27 de junio

STC 53/1986, de 5 de mayo
STC 37/1987, de 26 de marzo
STC 160/1987, de 27 de octubre
STC 161/1987, de 27 de octubre
STC 196/1987, de 11 de diciembre
STC 15/1982, de 23 de abril
STC 104/1986, de 17 de julio
STC 37/1989, de 15 de febrero
STC 219/1989, de 21 de diciembre
STC 12/1990, de 29 de enero
STC 120/1990, de 27 de junio
STC 137/1990, de 19 de julio
STC 57/1994, de 28 de febrero
STC 127/1994, de 5 de mayo
STC 321/1994, de 28 de noviembre
STC 88/1995, de 6 de junio
STC 106/1996, de 12 de junio
STC 166/1996, de 28 de octubre
STC 177/1996, de 11 de noviembre
STC 58/1998, de 16 de marzo
STC 219/1998, de 21 de diciembre
STC 227/1999, de 13 de diciembre
STC 141/2000, de 29 de mayo
STC 46/2001, de 15 de febrero
STC 154/2002, de 18 de julio
STC 101/2004, de 2 de junio
STC 155/2009, de 25 de junio
STC 37/2011, de 28 de marzo
STC 151/2014, de 25 de septiembre
STC 145/2015, de 25 de junio de 2015
3.2.    Tribunal Supremo
STS de 16 de enero de 1998 (RC. 5519/1995)
STS de 23 de abril de 2005 (RC. 6154/2002)
STS de 11 de mayo de 2009 (RC. 69/2007)
STS de 14 de enero de 2010 (RC 6155/2008)
STS de 6 de mayo de 2010 (RC 6202/2009)

STS de 3 de marzo de 2011 (RC 881/2010)
STS de 24 de marzo de 2011 (RC 3812/2010)
STS de 31 de marzo de 2011 (RC 3808/2010)
STS de 7 de abril de 2011 (RC 3820/2010)
STS de 14 de abril de 2011 (RC 3716/2010)
STS de 28 de abril de 2011 (RC3627/2010)
STS de 5 de mayo de 2011 (RC 3602/2010)
STS de 11 de mayo de 2009 (RC 69/2007)
STS 12 de mayo de 2011 (RC 3614/2010)
STS de 19 de mayo de 2011 (RC 3905/2010)
STS de 25 de mayo de 2012 (RC 3340/2011)
STS de 26 de mayo de 2011 (RC 3473/2010)
STS de 2 de junio de 2011 (RC 457/2010)
STS de 9 de junio de 2011 (RC 3803/2010)
STS de 24 de junio de 2011 (RC 3632/2010)
STS de 23 de septiembre de 2011 (RC 3783/2010)
STS de 12 de noviembre de 2012 (RC 6856/2010).
STS de 14 de febrero de 2013 (Rec. 4118/2011).
STS de 459/2019, Sala de lo Penal, de 14 de octubre de 2019 (causa
   especial núm. 20907/2017).

3.3. Tribunal Europeo de Derechos Humanos

*Kokkinakis c. Grecia*, de 25 de mayo de 1993.
*Manoussakis y otros c. Grecia*, de 26 de septiembre de 1996.
*Raninen c. Finlandia*, de 16 de diciembre de 1997.
*Thlimmenos c. Grecia* (GS), de 6 de abril de 2000.
*Pichón y Sajous c. Francia*, de 2 octubre 2001 (O.C. farmacéutica).
*Bayatyan c. Armenia*, de 7 de julio de 2011 (O.C. al servicio militar)
*Tysiac c. Polonia*, de 20 de marzo de 2007.
*R. R. c. Polonia*, de 28 de mayo de 2011.
*P. y S. c. Polonia*, de 2012.
*Pretty c. Reino Unido*, de 29 de abril de 2002.
*Ellinor Grimmark c. Suecia*, de 11 de febrero de 2020 (O.C. sanitaria)
*Linda Steen c. Suecia*, de 11 de febrero de 2020 (O.C. sanitaria).

4. RESOLUCIONES INTERNACIONALES

## 4.1. Naciones Unidas

Resolución 2200 A (XXI) de la Asamblea General, aprobada el 16 de diciembre de 1966. Pacto Internacional de Derechos Civiles y Políticos.

Observación General No. 22, Comentarios generales adoptados por el Comité de los Derechos Humanos, art. 18 – Libertad de pensamiento, de conciencia y de religión, 48º período de sesiones, U.N. Doc. HRI/GEN/1/Rev.7 at 179 (1993).

Resoluciones adoptadas por la Comisión de Derechos Humanos y del Consejo de Derechos Humanos, entre otras: 1989/59, 1991/65, 1993/84, 1995/83, 1998/77, 2000/34, 2002/45, 2004/35, 20/2 de 2012, y 24/17 de 2013.

## 4.2. Consejo de Europa

Resolución 337 (1967), de 26 de enero, de la Asamblea Parlamentaria del Consejo de Europa, relativa al Derecho de objeción de conciencia.

Recomendación 478 (1967), de 26 de enero, sobre el derecho de objeción de conciencia al servicio militar.

Resolución de 9 de abril de 1997 del Comité de Ministros, en relación a la objeción de conciencia al servicio militar (Res. 87, 8).

Recomendación de la Asamblea núm. 1518 (2001), de 23 de mayo de 2001, sobre objeción de conciencia al servicio militar.

Resolución 1607 (2008)1, de 14 de diciembre de 2009, sobre despenalización del aborto.

Resolución 1763 (2010), de 7 de octubre, sobre la objeción de conciencia sanitaria.

Resolución 1846 (2011), sobre la lucha contra todas las formas de discriminación basadas en la religión.

Recomendación 1962 (2011) sobre la dimensión religiosa del diálogo intercultural.

Resolución 1928 (2013) sobre la salvaguarda de los derechos humanos en relación con la religión y las creencias, y la protección de las comunidades religiosas de actos de violencia.

Resolución 2036 (2015), por la que Asamblea solicita al Consejo de Europa que, entre otras medidas, promueva el respeto a la libertad de conciencia en el lugar de trabajo al mismo tiempo que el acceso a los servicios previstos por la ley se mantiene y el derecho de los otros a no ser discriminados esté protegido.

## 5. OTRAS DECLARACIONES, DICTÁMENES E INFORMES

Declaración de Helsinski (Recomendaciones para los médicos dedicados a la investigación clínica. Adoptada por la World Medical Assembly, en Helsinski, Finlandia 1964).

Declaración de Sydney (manifiesto sobre la muerte. Adoptada por la World Medical Assembly, en Sydney, Australia, 1968).

Declaración de Oslo aprobada por la World Medical Assembly (manifiesto sobre el aborto terapéutico, en Oslo, Noruega,1970).

Declaración En defensa de la vida humana en su etapa prenatal, aprobada Asamblea General de la Comisión Deontológica Central, el 19 de febrero de 1983.

Declaración de la Comisión Central de Deontología sobre la Objeción de Conciencia del médico, aprobada por la Asamblea General del Consejo General de Colegios Oficiales de Médicos, el 31 de mayo de 1997.

Dictamen Motivado dirigido al Reino de España en virtud del artículo 226 del Tratado Constitutivo de la Comunidad Europea debido a determinadas restricciones en materia de establecimiento de oficinas de farmacia, de la Comisión de las Comunidades Europeas, de 28 de junio de 2006.

Informe del Servicio Vasco de Defensa de la Competencia, regulación y oficinas de farmacia en la Comunidad Autónoma de Euskadi, de octubre de 2007, disponible en: www.ogasun.ejgv.euskadi.eus/r51-19204/es/contenidos/informacion/svdc/es_svdc/adjuntos/informe-farmacias.pdf.

Informe elaborado por el Observatorio de Bioética de Bioética y Derecho de la Universidad de Barcelona (2007), en el que aborda la objeción de conciencia.

Dictamen 1384/2009 del Consejo de Estado sobre el Anteproyecto de Ley Orgánica de Salud Sexual y Reproductiva y de Interrupción Voluntaria del Embarazo, de 17 de septiembre de 2009.

Declaración sobre la Objeción de Conciencia aprobada el 24 de octubre de 2009 por la Asamblea General del Consejo General de Colegios Oficiales de Médicos.

Criterios y recomendaciones para el registro colegial de la objeción de conciencia, aprobados por la Asamblea de la OMC el 14 de noviembre de 2009.

Declaración oficial de la Organización Médica Colegial sobre el Proyecto de Ley Orgánica de salud sexual y reproductiva y de la interrupción voluntaria del embarazo, suscrito el 11 de diciembre de 2009.

Informe núm. 272/2010 de la Agencia Española de Protección de Datos (AEPD) a la consulta planteada sobre diversas cuestiones relacionadas con el ejercicio por parte de los profesionales sanitarios del derecho a la objeción de conciencia, previsto en el art. 19.2 de la Ley Orgánica 2/2010, de 3 de marzo, de salud sexual y reproductiva y de la interrupción voluntaria del embarazo.

Comité de Bioética de España (2011); Opinión sobre la Objeción de Conciencia en Sanidad. Madrid.

Estudio elaborado por la Comisión Nacional de los Mercados y la Competencia (CNMC) sobre el mercado de distribución minorista de medicamentos en España (E/CNMC/003/15), de 15 de octubre de 2015, disponible en: www.cnmc.es/en/node/272086.

Estadísticas jurisdiccionales del Tribunal Constitucional (1980-2019). Pueden consultarse en:

www.tribunalconstitucional.es/es/memorias/Paginas/Cuadros-estadisticos.aspx.

## 6. NOTICIAS Y ARTÍCULOS EN PRENSA

Quero, L. (19.05.2001) La Junta obligará a todas las farmacias andaluzas a tener y dispensar siempre la píldora del día después. El País. Recupe-

rado de: https://elpais.com/diario/2001/05/19/andalucia/990224525_
850215.html.

López, J. (24.05.2001); Vallejo anuncia que sancionará a las farmacias
que no dispensen la píldora postcoital. Diario ABC. Disponible en:
www.abc.es/archivo/periodicos/abc-sevilla-20010524-57.html

López, J. (20.11.2001); «El TSJA anula la Orden que obligaba a dispensar la píldora del día después». Diario ABC. Disponible en: www.
abc.es/archivo/periodicos/abc-madrid-20011120-42.html

Missé, A. (29.06.2006); «Bruselas da dos meses a España para liberalizar la apertura de farmacias». El País. Recuperado de: www.elpais.
com/diario/2006/06/29/economia/1151532003_850215.html

Diario Público (13.8.2009) «Caamaño descarta la objeción de conciencia para el aborto. El ministro tilda de «desobediencia civil» negarse
a interrumpir un embarazo». Recuperado de: www.publico.es/actua-
lidad/caamano-descarta-objecion-conciencia-aborto.html

Marqués, J., (14/01/2013). «La liberalización de las farmacias conducirá al cierre de 3 de cada 4». elEconomista.es. Recuperado de: www.
eleconomista.es/economia/noticias/4526110/01/13/2/La-liberaliza-
cion-de-las-farmacias-conducira-al-cierre-de-3-de-cada-4.htm.

Tajadura Tejada, J. (21.07.2015); «Objeción y Estado de derecho. El
Tribunal Constitucional yerra al poner la conciencia personal por
encima de la ley». Diario El País. Disponible en: www.elpais.com/
elpais/2015/07/17/opinion/1437143934_815934.html

Diario El País (21.10.2015); «Competencia propone liberalizar las farmacias. Recomienda el fin de las distancias mínimas y que se puedan
vender medicamentos sin recetas en supermercados y gasolineras».
Recuperado de: www.elpais.com/economia/2015/10/21/actuali-
dad/1445429387_481154.html

Noticias.jurídicas.com (25.07.2017; «Memoria del Tribunal Constitucional: Solo el 1% de los recursos de amparo son admitidos». Recuperado de: www.noticias.juridicas.com/actualidad/noticias/12195-solo-
el-1-de-los-recursos-de-amparo-son-admitidos/

Arganda, C. (26.10.2018); «Satse declara la guerra total: propone liberalizar la propiedad de la farmacia». Diario Farma. Recuperado de:
www.diariofarma.com/2018/10/26/satse-declara-la-guerra-to-
tal-propone-liberalizar-la-propiedad-de-la-farmacia.

Ballester Esquivias, J.M. (23/02/2020); «Soros controla a 12 de los 100 jueces del Tribunal Europeo de Derechos Humanos». Diario ABC. Recuperado de: www.abc.es/internacional/abci-soros-controla-12-100-jueces-tribunal-europeo-derechos-humanos-202002230205_noticia.html.

Jiménez, A. (1.3.2020); «Los médicos en contra de un registro público de objetores de conciencia de la eutanasia». ConSalud.es. Recuperado de: www.consalud.es/pacientes/medicos-registro-publico-objetores-conciencia-eutanasia_74758_102.html

# Apéndice Documental

# Anexo 1 (STC 145/2015)

OBJECIÓN DE CONCIENCIA DEL FARMACÉUTICO

TRIBUNAL CONSTITUCIONAL

Pleno. Sentencia 145/2015, de 25 de junio de 2015.
Recurso de amparo 412-2012.
(BOE núm. 182, de 31 de julio de 2015)

Sección del Tribunal Constitucional

TRIBUNAL CONSTITUCIONAL

El Pleno del Tribunal Constitucional, compuesto por don Francisco Pérez de los Cobos Orihuel, presidente, doña Adela Asua Batarrita, doña Encarnación Roca Trías, don Andrés Ollero Tassara, don Fernando Valdés Dal-Ré, don Juan José González Rivas, don Santiago Martínez-Vares García, don Juan Antonio Xiol Ríos, don Pedro José González-Trevijano Sánchez, don Ricardo Enríquez Sancho y don Antonio Narváez Rodríguez, Magistrados, ha pronunciado

EN NOMBRE DEL REY

la siguiente

SENTENCIA

En el recurso de amparo avocado núm. 412-2012, promovido por don Joaquín Herrera Dávila, representado por el Procurador de los Tribunales don Juan Ignacio Valverde Cánovas y asistido por el Abogado don José Miguel Castillo Calvín, contra la resolución de 16 de julio de 2010 de la Dirección General de Planificación e Innovación Sanitaria de la Junta de Andalucía, que confirma la sanción de multa impuesta al recurrente por el delegado provincial de salud de Sevilla en el expediente 78-2008, así como frente a la Sentencia del Juzgado de lo Contencioso-Administrativo núm. 13 de Sevilla de 2 de noviembre de 2011, dictada en el procedimiento abreviado núm. 736-2010 y la providencia del mismo Juzgado de 22 de diciembre de 2011, que inadmite el incidente de nulidad promovido contra la anterior Sentencia. Ha comparecido y formulado alegaciones el Letrado de la Junta de Andalucía. Ha intervenido el Ministerio Fiscal. Ha sido Ponente el Magistrado don Andrés Ollero Tassara, quien expresa el parecer del Tribunal.

## I. Antecedentes

1. Mediante escrito registrado en este Tribunal el 25 de enero de 2012, el Procurador de los Tribunales don Juan Ignacio Valverde Cánovas, en nombre y representación de don Joaquín Herrera Dávila y bajo la dirección del Abogado don José Miguel Castillo Calvín, interpuso recurso de amparo contra las resoluciones administrativas y judiciales referidas en el encabezamiento.

2. Los hechos en que se fundamenta la demanda de amparo son, sucintamente expuestos, los siguientes:

a) El demandante es cotitular de una oficina de farmacia en la ciudad de Sevilla y fue sancionado por resolución de 15 de octubre de 2008 del delegado provincial de salud en Sevilla de la Junta de Andalucía como consecuencia de que el establecimiento carecía de existencias de preservativos y del medicamento con el principio activo levonorgestrel 0,750 mg (coloquialmente conocido como «píldora del día después»). Así resulta del acta de inspección levantada el 4 de febrero de 2008 por la Inspección Provincial de Servicios Sanitarios de la Junta de Andalucía a raíz de la denuncia presentada por un ciudadano. El recurrente manifestó a la Inspección no disponer de existencias de dichos productos y medicamentos por razones de objeción de conciencia, e interesó a efectos probatorios en el expediente sancionador que se oficiase al Colegio Oficial de Farmacéuticos de Sevilla para que certificase su condición de objetor de conciencia, a la vista del registro de farmacéuticos objetores de dicha corporación profesional; diligencia probatoria que el instructor del expediente rechazó por innecesaria, por constarle de manera expresa la condición de objetor de conciencia del recurrente a la píldora postcoital y a los preservativos. Los hechos fueron calificados como infracción grave, tipificada en el art. 75.1 d) de la Ley 22/2007, de 18 de diciembre, de farmacia de Andalucía, en relación con el art. 22.2 d) de la misma Ley y el art. 2 y anexo del Decreto 104/2001, de 30 de abril, por el que se regulan las existencias mínimas de medicamentos y productos sanitarios en las oficinas de farmacia, y sancionados con multa de 3.300 euros.

b) Contra la referida resolución interpuso el demandante recurso de alzada, en el que, entre otros extremos, se invocaba el derecho a la objeción de conciencia como justificación para no disponer de existencias de preservativos ni del medicamento con el principio activo levonorgestrel.

El recurso fue desestimado por resolución de 16 de julio de 2010 de la Dirección General de Planificación e Innovación Sanitaria de la Consejería de Salud de la Junta de Andalucía. La resolución considera que el farmacéutico titular de una oficina de farmacia no puede incumplir su obligación legal de contar en su establecimiento con los referidos productos y medicamentos invocando la objeción de conciencia. En apoyo de esta decisión aduce la Sentencia de 23 de noviembre de 2009 de la Sala de lo Contencioso-Administrativo del Tribunal Superior de Justicia de Andalucía, que cita a su vez la resolución del Tribunal Europeo de Derechos Humanos de 2 de octubre de 2001, caso *Pichon y Sajous c. Francia*, que rechazó la demanda formulada por dos farmacéuticos franceses que se negaban a suministrar productos contraceptivos compuestos de estrógenos. Entendió el Tribunal Europeo de Derechos Humanos que la objeción de conciencia no tiene cabida en el art. 9 del Convenio europeo para la protección de los derechos humanos y de las libertades fundamentales (CEDH), relativo a la libertad religiosa, invocado por los demandantes, pues las convicciones personales no pueden constituir para los farmacéuticos a los que está reservada la venta de medicamentos, un motivo para denegar la dispensación de un producto al consumidor.

c) Contra la anterior resolución interpuso el demandante recurso contencioso-administrativo, en el que alegaba que su actuación se encuentra amparada por la objeción de conciencia, que forma parte del contenido esencial del derecho fundamental a la libertad ideológica (art. 16 CE), toda vez que de los medicamentos con el principio activo levonorgestrel 0,750 mg derivan, entre otros, efectos abortivos. Y en cuanto a los preservativos sostuvo además que su decisión de no dispensarlos por razones de conciencia no causa perjuicio alguno, al estar garantizada la distribución de este producto por el gran número de establecimientos que los dispensan. Subsidiariamente, alegaba la errónea calificación de la infracción y la falta de proporcionalidad de la sanción impuesta. Por todo ello solicitaba que se declarase nula la sanción impuesta o, en el segundo supuesto, que los hechos se calificasen como infracción leve en aplicación de los arts. 74 d) y 77 de la Ley 22/2007, de 18 de diciembre, de farmacia de Andalucía.

d) El recurso contencioso-administrativo del demandante fue desestimado por Sentencia de 2 de noviembre de 2011 del Juzgado de lo Contencioso-Administrativo núm. 13 de Sevilla, por entender que la resolución sancionadora era ajustada a Derecho. Niega el Juzgado que la STC 53/1985, de 11 de abril, y la Sentencia de la Sala de lo Contencioso-Administrativo del Tribunal Supremo de 23 de abril de 2005, que cita el recurrente en apoyo de su pretensión, sean fundamento legal para objetar. Entiende que la cuestión está resuelta por la Orden de la Consejería de Salud de la Junta de Andalucía de 1 de junio de 2001, que actualiza el contenido del anexo del Decreto 104/2001, de 30 de abril, por el que se regulan las existencias mínimas de medicamentos y productos sanitarios en las oficinas de farmacia, así como por la Sentencia de 23 de noviembre de 2009 de la Sala de lo Contencioso-Administrativo del Tribunal Superior de Justicia de Andalucía, que cita a su vez la resolución del Tribunal Europeo de Derechos Humanos de 2 de octubre de 2001, caso *Pichon y Sajous c. Francia*, transcritas en la resolución administrativa que resuelve el recurso de alzada. De ella resulta que el deber que tienen los farmacéuticos de dispensar determinados medicamentos «no está reñido con el ejercicio de los derechos de libertad de conciencia, pensamiento, religión o convicción regulado en el art. 9 de la Convención Europea de los derechos y libertades del hombre».

e) El demandante promovió contra la Sentencia incidente de nulidad *ex* art. 241.1 de la Ley Orgánica del Poder Judicial (LOPJ), en el que invocaba las mismas quejas que ahora aduce en su demanda de amparo: la lesión del derecho a la objeción de conciencia como manifestación de la libertad ideológica y religiosa (art. 16.1 CE), así como la vulneración del derecho a la tutela judicial efectiva (art. 24.1 CE), por incongruencia omisiva y motivación arbitraria e irrazonable.

El incidente de nulidad fue inadmitido a trámite por providencia de 22 de diciembre de 2011, por entender el Juzgado que la Sentencia ha desestimado la pretensión deducida por el demandante resolviendo expresamente y de modo comprensible y congruente cuantas cuestiones se han planteado.

3. El demandante de amparo sostiene, en primer lugar, que las resoluciones impugnadas han vulnerado su derecho a la objeción de conciencia, como manifestación de la libertad ideológica reconocida en el art. 16.1 CE, al haber sido sancionado por actuar en el ejercicio de su profesión de farmacéutico siguiendo sus convicciones éticas. Estas son contrarias a la dispensación de los medicamentos con el principio activo levonorgestrel 0,750 mg (la denominada «píldora del día después»), debido a sus posibles efectos abortivos. Invoca en apoyo de su planteamiento las SSTC 15/1982, de 23 de abril, y 53/1985, de 11 de abril, así como la Sentencia de la Sala de lo Contencioso-Administrativo del Tribunal Supremo de 23 de abril de 2005, doctrina de la que resulta que el contenido constitucional de la objeción de conciencia forma parte de la libertad ideológica (art. 16.1 CE), sin necesidad de regulación legal específica.

Se añade en la demanda que el derecho a la objeción de conciencia está expresamente reconocido en el art. 8.5 de los estatutos del Colegio de Farmacéuticos de Sevilla, así como en los arts. 28 y 33 del Código de ética farmacéutica y deontología de la profesión farmacéutica. De acuerdo con todo ello sostiene el recurrente que el derecho a la objeción de conciencia de los farmacéuticos, ante la eventualidad de venir obligados por la normativa vigente a dispensar productos con posibles efectos abortivos, no resulta ajena al ejercicio de su actividad profesional.

Ante esta obligación legal de dispensación el recurrente, que afirma profesar un profundo respeto a la vida y que no ignora el efecto antianidatorio de la «píldora del día después», se sitúa en una difícil posición, al presentársele un grave conflicto: o bien actuar fuera de la legalidad (sobre existencias mínimas en farmacias) al hacer uso de su derecho a la objeción de conciencia, asumiendo el riesgo de ser sancionado por ello, o bien actuar en contra de su conciencia, traicionando sus más arraigadas creencias, al dispensar en razón de su profesión unos productos que considera inmorales; en ambos casos –concluye el recurrente– tendría que afrontar el dilema de no poder ejercer adecuadamente su profesión, que se corresponde con sus estudios universitarios y que constituye su medio de vida.

En segundo lugar, considera el demandante que la Sentencia impugnada en amparo ha vulnerado su derecho a la tutela judicial efectiva (art. 24.1 CE), por incurrir en incongruencia omisiva y adolecer de motivación arbitraria e irrazonable. Según el demandante, la remisión de la Sentencia, como *ratio decidendi*, a la resolución del Tribunal Europeo de Derechos Humanos de 2 de octubre de 2001, caso *Pichon y Sajous c. Francia*, supone no dar respuesta a la cuestión planteada, pues aquella resolución se refiere a productos anticonceptivos, mientras que en el presente caso se trata de medicamentos con efectos abortivos. Además, la Sentencia impugnada afirma apodícticamente que la resolución administrativa que se recurre es ajustada a derecho, lo que la convierte en una resolución judicial carente del más mínimo fundamento exigible, y por ello en arbitraria e irrazonable.

4. Tras requerir al Juzgado de lo Contencioso-Administrativo núm. 13 de Sevilla la remisión a este Tribunal de las actuaciones del procedimiento abreviado núm. 736-2010, mediante providencia de 9 de septiembre de 2013 la Sala Primera de este Tribunal acordó la admisión a trámite de la demanda de amparo y, a tenor de lo dispuesto en el art. 51 de la Ley Orgánica del Tribunal Constitucional (LOTC), requerir atentamente al Juzgado de lo Contencioso-Administrativo núm. 13 de Sevilla, a fin de que se emplace a quienes hubieran sido parte en el referido procedimiento –excepto al recurrente– para que en el plazo de diez días puedan comparecer en el recurso de amparo.

5. Por escrito registrado en este Tribunal con fecha 7 de octubre de 2013 el Letrado de la Junta de Andalucía se personó en el recurso de amparo.

6. Mediante diligencia de ordenación del Secretario de Justicia de la Sala Primera de 21 de octubre de 2013 se tuvo por personado al Letrado de la Junta de Andalucía y se procedió, conforme al art. 52.1 LOTC, a dar vista de las actuaciones por plazo común de veinte días al Ministerio Fiscal, al Letrado de la Junta de Andalucía y a la representación procesal del recurrente para presentar las alegaciones que estimasen pertinentes.

7. El Letrado de la Junta de Andalucía presentó su escrito de alegaciones en este Tribunal el 25 de noviembre de 2013, interesando con carácter principal la inadmisión del amparo y subsidiariamente su desestimación.

Solicita el Letrado de la Junta de Andalucía, en primer lugar, que se inadmita el recurso de amparo, por incumplimiento de la carga de justificar la especial trascendencia constitucional [arts. 49.1 *in fine* y 50.1 a) LOTC] y por carecer en cualquier caso el asunto planteado de especial trascendencia constitucional [art. 50.1 b) LOTC], al haberse pronunciado ya el Tribunal Constitucional sobre la cuestión planteada por el recurrente.

A juicio del Letrado de la Junta de Andalucía, la cuestión planteada en la demanda amparo, referida a la pretendida objeción de conciencia farmacéutica, ante el deber de disponer de medicamentos con el principio activo levonorgestrel, conocidos como «píldora del día después», con fundamento en la libertad ideológica y la libertad religiosa, carece de relevancia constitucional. De la doctrina constitucional se desprendería (SSTC 15/1982, FJ 6; 160/1987, FJ 3; 161/1987, FJ 3; 321/1994, FJ 4, y 55/1996, FJ 5, y ATC 135/2000, FJ 2) que la objeción de conciencia no se identifica con la libertad ideológica ni la libertad religiosa y que el derecho a la libertad ideológica reconocido en el art. 16 CE no resulta por sí solo suficiente para eximir a los ciudadanos por motivos de conciencia del cumplimiento de deberes legalmente establecidos. En el mismo sentido se pronuncian el Tribunal Supremo (Sentencia de la Sala de lo Contencioso-Administrativo de 11 de mayo de 2009) y el Tribunal Europeo de Derechos Humanos, que en su Decisión de 2 de octubre de 2001 rechazó la demanda formulada por dos farmacéuticos franceses que se negaban a suministrar productos contraceptivos compuestos de estrógenos, al entender el Tribunal Europeo de Derechos Humanos que el farmacéutico no puede imponer a otro sus convicciones religiosas para denegar la dispensación de un producto o medicamento.

En segundo lugar, el Letrado de la Junta de Andalucía interesa que se inadmita el recurso de amparo por inexistencia de vulneración de un derecho fundamental [arts. 41.2 y 50.1 a) LOTC]. La resolución recurrida no ha producido la lesión de derechos alegada por el demandante, pues la objeción de conciencia esgrimida se basaría en una mera especulación, por lo que la queja deducida en amparo se deduce contra una lesión hipotética.

Rechaza asimismo el Letrado de la Junta de Andalucía que la Sentencia impugnada carezca de motivación, pues ha llevado a cabo una adecuada ponderación de los intereses en juego, haciendo suyos los razonamientos de la resolución del Tribunal Europeo de Derechos Humanos de 2 de octubre de 2001, caso *Pichon y Sajous c. Francia.*

Lo que pretende el demandante de amparo –continúa el Letrado– es el reconocimiento de la objeción de conciencia a los farmacéuticos, pretensión que no podría ser atendida, porque la objeción de conciencia se configura como un derecho constitucional autónomo, pero no fundamental, que exige el reconocimiento del legislador para su ejercicio legítimo (*interpositio legislatoris*), como sucede en el art. 19.2 de la Ley Orgánica 2/2010, que reconoce la objeción de conciencia a los profesionales sanitarios que intervienen directamente en la interrupción del embarazo; sin que quepa una interpretación extensiva a favor del farmacéutico en la dispensación de la píldora postcoital. Tampoco es suficiente la eventual inclusión de la objeción de conciencia del farmacéutico en los estatutos de los Colegios profesionales o en los códigos deontológicos de la profesión, pues el reconocimiento del derecho a la objeción de conciencia exige la intervención del legislador, como expresión de la voluntad del interés general.

La legislación vigente en materia farmacéutica no permite a los farmacéuticos negarse a dispensar ningún tipo de medicamento (incluidos los medicamentos con el principio activo levonorgestrel), salvo causa justificada, que no concurre, a juicio del Letrado de la Junta de Andalucía, en el caso de la «píldora del día siguiente». Estos fármacos para la anticoncepción de emergencia suponen la prevención del embarazo después de una relación sexual de riesgo, sin que exista consenso científico sobre el pretendido efecto abortivo de los medicamentos con el principio activo levonorgestrel. El fármaco ejerce sus efectos antes de la unión de los gametos (fecundación) al impedir la motilidad de los espermatozoides por la alteración de la viscosidad de la mucosidad uterina. Sólo si la ingesta de la píldora se produce una vez que ha tenido lugar la fecundación la acción del fármaco puede provocar un efecto antianidatorio del zigoto en el útero, pero tampoco en este supuesto cabría hablar de efectos abortivos, pues el óvulo no ha sido todavía implantado: se trata de un pre-embrión, que no goza del derecho a la vida en nuestro ordenamiento jurídico.

En tal sentido, razona el Letrado de la Junta de Andalucía que, de acuerdo con la doctrina constitucional, cabe distinguir, en función de su protección, tres estadios jurídicos diversos de la vida embrionaria: a) el de los nacidos, titulares del derecho a la vida (art. 15 CE); el de los nascituri –es decir, los embriones postimplantados–, carentes de la titularidad de ese derecho (STC 53/1985), pero no desprotegidos jurídicamente (STC 212/1996, FJ 13); y el de los pre-embriones o embriones preimplantatorios, que no constituyen un bien jurídico protegido mientras no se implanten en el útero (STC 116/1999, FJ 9).

Concluye argumentando el Letrado de la Junta de Andalucía que el derecho a la salud sexual y reproductiva de la mujer, que es manifestación del derecho a la integridad física y psíquica garantizado por el art. 15 CE, en conexión con el derecho a la salud (art. 43 CE), determina el derecho de la mujer a las prestaciones sanitarias y farmacéuticas establecidas por el ordenamiento jurídico vigente. Tal derecho incluye el acceso a la prestación sanitaria de la interrupción voluntaria del embarazo en los supuestos legalmente previstos, así como a los medicamentos anticonceptivos autorizados en España. Si una mujer necesita obtener el medicamento con el principio activo levonorgestrel, prima su derecho a acceder a las prestaciones del sistema nacional de salud sobre la objeción de conciencia del farmacéutico a dispensar dicho medicamento.

8. El Ministerio Fiscal presentó en este Tribunal su escrito de alegaciones el 4 de diciembre de 2013, interesando con carácter principal la inadmisión del amparo por extemporáneo y subsidiariamente la desestimación.

Solicita el Fiscal que se declare la inadmisión del amparo en virtud de los arts. 43.2 y 50.1 a) LOTC, pues entiende que el demandante prolongó indebidamente el plazo de caducidad del recurso de amparo mediante la interposición de un incidente de nulidad de actuaciones manifiestamente improcedente contra la Sentencia del Juzgado de lo Contencioso-Administrativo núm. 13 de Sevilla de 2 de noviembre de 2011. En efecto, aunque considera que estamos ante un recurso de amparo de naturaleza mixta, el Fiscal sostiene que la pretendida vulneración del derecho a la tutela judicial efectiva (art. 24.1 CE) que se imputa a la Sentencia del Juzgado de lo Contencioso-Administrativo núm. 13 de Sevilla es una queja formal, carente de sustantividad propia. Realmente el núcleo de la argumentación del recurrente descansaría sobre la alegación de que la resolución sancionadora de la Junta de Andalucía lesionó su derecho a la objeción de conciencia como manifestación del derecho fundamental a la libertad ideológica reconocido en el art. 16.1 CE; queja esta sobre la que expresa y motivadamente resolvió la Sentencia. Por ello, el incidente de nulidad promovido contra la misma era manifiestamente improcedente a tenor de lo previsto con el art. 241.1 LOPJ, por lo que fue inadmitido mediante la providencia de 22 de diciembre de 2011; ello determina la extemporaneidad del recurso del amparo.

Para el caso de que este Tribunal no apreciase que el recurso de amparo es extemporáneo, el Fiscal pasa a examinar las quejas formuladas por el recurrente, comenzando por la lesión del derecho a la libertad ideológica (art. 16.1 CE) que se imputa a la Administración pública; su estimación haría innecesario pronunciarse sobre la pretendida vulneración del derecho a la tutela judicial efectiva (art. 24.1 CE), que se imputa a la Sentencia que desestimó el recurso contencioso-administrativo interpuesto contra la resolución sancionadora (por todas, STC 5/2008, de 21 de enero).

Expone el contenido de la normativa estatal y autonómica que, a juicio del Fiscal, resulta aplicable al caso, en cuanto reguladora de la obligación de los farmacéuticos de dispensar en las oficinas de farmacia los medicamentos y productos sanitarios de existencia mínima obligatoria, entre los que se encuentran los medicamentos con el principio activo levonorgestrel (conocido como «píldora del día siguiente»), así como los preservativos. Señala que el derecho a la objeción de conciencia, alegado como causa justificativa para no cumplir la obligación legal de disponer y dispensar a los usuarios los referidos medicamentos y productos sanitarios, exige distinguir un doble plano en la argumentación del recurrente.

Por lo que se refiere al ejercicio del derecho a la objeción de conciencia respecto de la dispensación de preservativos, el Fiscal señala que en la demanda de amparo no se contiene ningún argumento que sustente las razones ético-morales que conforman la propia convicción del recurrente en relación con dicho producto sanitario; en la demanda de amparo el alegato de la lesión del derecho a la objeción de conciencia se centra exclusivamente en los efectos del medicamento con el principio activo levonorgestrel. Ello sería suficiente para descartar la existencia de lesión de tal derecho en relación con la sanción impuesta al recurrente por negarse a dispensar preservativos en su farmacia. Sin perjuicio de ello –continúa el Fiscal– si se atiende a las razones esgrimidas por el recurrente en la vía administrativa y judicial, resulta que se limita a argumentar la disponibilidad de dichos productos sanitarios en otros establecimientos distintos de las oficinas de farmacia y que no se trata de medicamentos de urgencia. Ahora bien, no es posible reconocer el ejercicio de la objeción de conciencia para legitimar el incumplimiento de la obligación de disponer y dispensar preservativos en las farmacias, pues son productos sanitarios anticonceptivos y que previenen las enfermedades de trasmisión sexual; los restantes establecimientos en los que se pueden vender estos productos no tienen la obligación legal de disponer de los mismos, ni su venta en dichos lugares ofrece las garantías al consumidor que son inherentes a las oficinas de farmacia.

Señala seguidamente el Fiscal, que la argumentación principal del recurrente, en la que se funda su demanda de amparo, se refiere al ejercicio del derecho a la objeción de conciencia respecto de la dispensación del medicamento con el principio activo levonorgestrel. Se alega que este medicamento produce el efecto de inhibir la fecundación del óvulo y, si la fecundación se ha producido ya, el efecto de obstaculizar la anidación del embrión en el útero. Por ello el recurrente considera a este medicamento como un abortivo incipiente y que elimina la vida humana al impedir la anidación del embrión, vulnerando el derecho a la vida que consagra el art. 15 CE. En consecuencia, el recurrente considera que la obligación legal de disponer de existencias y dispensar este medicamento en su oficina de farmacia resulta incompatible con sus convicciones éticas de respeto a la vida. Por ello sostiene que su negativa a disponer y dispensar el medicamento con el principio activo levonorgestrel se encuentra amparada por la objeción de conciencia, que forma parte del contenido esencial del derecho fundamental a la libertad ideológica (art. 16 CE).

El Fiscal se opone a la argumentación del recurrente. Afirma que la Constitución sólo contempla expresamente el derecho a la objeción de conciencia en relación con la prestación del servicio militar (art. 30.2 CE); a lo que cabe añadir la cláusula de conciencia de los profesionales de la información [art. 20.1 d) CE]. Se refiere a la doctrina sentada por este Tribunal en relación con la objeción de conciencia (SSTC 53/1985, 160/1987, 161/1987, 321/1994, 177/1996, 154/2002 y 104/2004), para concluir que, en el presente caso, existe una limitación legal al ejercicio de la objeción de conciencia que pretende el recurrente, pues como titular de una oficina de farmacia viene obligado a disponer de las existencias mínimas obligatorias de medicamentos y productos sanitarios que establece la normativa vigente, constituyendo el incumplimiento de esta obligación una infracción administrativa grave.

Según el Ministerio Fiscal, la limitación del derecho del recurrente a la libertad ideológica o de creencias que supone esta normativa debe ser considerada legítima, en cuanto está encaminada a salvaguardar un derecho constitucionalmente protegido que resulta prevalente, como lo es el derecho a la salud individual y colectiva de las personas, que forma parte del derecho a la propia integridad física y moral (art. 15 CE). No correspondería atribuir al medicamento con el principio activo levonorgestrel otro carácter que el oficial de «medicamento anticonceptivo de emergencia» (Resolución de 5 de marzo de 2011 de la Agencia Española del Medicamento), carece de viabilidad la argumentación en la que sustancia el recurrente su pretensión de ejercer la objeción de conciencia respecto de la dispensación de este medicamento (su pretendido carácter de abortivo precoz o incipiente).

Añade el Ministerio Fiscal que el Tribunal Europeo de Derechos Humanos se ha pronunciado ya en un caso similar al presente en su resolución de 2 de octubre de 2001, caso *Pichon y Sajous c. Francia*, inadmitiendo la demanda presentada por dos farmacéuticos franceses que invocaban el art. 9 CEDH porque consideraban lesionado su derecho a la libertad religiosa y de creencias por haber sido sancionados al negarse a dispensar en su oficina de farmacia píldoras anticonceptivas. El Tribunal Europeo de Derechos Humanos entiende que el art. 9 CEDH no siempre garantiza el derecho a conducirse en público de acuerdo con las propias creencias y concluye que los farmacéuticos demandantes no pueden hacer prevalecer sus creencias religiosas para negarse a dispensar píldoras anticonceptivas, cuya venta se establece por la legislación francesa sólo en las oficinas de farmacia y bajo prescripción médica. En suma, la protección de la salud y la libre autodeterminación de las personas que trata de proteger la obligación legal de disponer las oficinas de farmacia del medicamento con el principio activo levonorgestrel, para su dispensación al público bajo prescripción médica, no puede considerarse desproporcionada en relación con el derecho de los farmacéuticos a conducirse de acuerdo con las propias convicciones o creencias.

A ello añade el Fiscal que la objeción de conciencia frente al cumplimiento de obligaciones legales se configura por la doctrina constitucional como un derecho que exige el reconocimiento del legislador para su ejercicio legítimo, lo que no acontece en el caso de los farmacéuticos titulares de oficinas de farmacia, que no pueden, por tanto, negarse a dispensar los medicamentos y productos sanitarios que constituyen existencias mínimas con fundamento en sus propias convicciones o creencias. En consecuencia, la sanción impuesta al recurrente por no disponer en su oficina de farmacia del medicamento con el principio activo levonorgestrel y de preservativos no ha supuesto vulneración de su derecho a las libertades ideológica y religiosa (art. 16 CE).

Por lo que se refiere a la vulneración del derecho a la tutela judicial efectiva (art. 24.1 CE) que el demandante imputa a la Sentencia impugnada en amparo, el Fiscal considera que no ha existido tal lesión, porque la Sentencia no incurre en incongruencia omisiva. Habría dado respuesta suficientemente razonada a las dos pretensiones deducidas en el recurso contencioso-administrativo interpuesto contra la resolución sancionadora; tanto a la principal, referida a la vulneración del derecho a la libertad ideológica (art. 16 CE), como a la subsidiaria, relativa a la errónea calificación de la infracción y a la falta de proporcionalidad de la sanción impuesta.

9. La representación procesal del recurrente presentó en este Tribunal su escrito de alegaciones el 22 de noviembre de 2013, reiterando lo expuesto en la demanda de amparo.

10. El Pleno de este Tribunal, por providencia de 8 de abril de 2014, acordó, de conformidad con el art. 10.1 n) LOTC y a propuesta de la Sala Primera, recabar para sí el conocimiento del presente recurso de amparo.

11. Por providencia de 23 de junio de 2015 se acordó señalar para deliberación y votación de la presente Sentencia el día 25 del mismo mes y año.

## II. Fundamentos jurídicos

1. El demandante de amparo considera que la sanción pecuniaria que le fue impuesta por la Administración sanitaria de la Junta de Andalucía, confirmada por la Sentencia del Juzgado de lo Contencioso-Administrativo núm. 13 de Sevilla de 2 de noviembre de 2011, por no disponer del medicamento con el principio activo levonorgestrel 0,750 mg (coloquialmente conocido como «píldora del día después») en la oficina de farmacia de la que es titular, ha vulnerado su derecho a la objeción de conciencia, que forma parte del contenido del derecho a la libertad ideológica (art. 16.1 CE). Además, el demandante imputa a la Sentencia la vulneración del derecho a la tutela judicial efectiva (art. 24.1 CE), por incurrir en incongruencia omisiva y motivación arbitraria e irrazonable.

Tanto el Letrado de la Junta de Andalucía como el Ministerio Fiscal se han opuesto al otorgamiento del amparo, interesando su inadmisión, o subsidiariamente su desestimación, por las razones que han quedado reflejadas en el relato de antecedentes.

Antes de entrar en el examen de las vulneraciones de derechos fundamentales aducidas por el demandante es preciso dilucidar algunas cuestiones previas, suscitadas por el Letrado de la Junta de Andalucía y por el Ministerio Fiscal, que afectan al carácter del presente recurso de amparo y a la eventual concurrencia de diversas causas de inadmisión del mismo.

2. En primer lugar, debe precisarse que el presente recurso, tal como pone de manifiesto el Ministerio Fiscal, constituye lo que hemos denominado un «recurso de amparo mixto» [arts. 43 y 44 de la Ley Orgánica del Tribunal Constitucional (LOTC)]. Junto a la queja principal, referida a la vulneración del derecho a la objeción de conciencia vinculado a la libertad ideológica (art. 16.1 CE), que se imputa a la resolución administrativa sancionadora, el demandante de amparo dirige una queja específica contra la Sentencia que confirma dicha resolución, por vulneración del derecho a la tutela judicial efectiva (art. 24.1 CE), en las vertientes de incongruencia omisiva y motivación arbitraria e irrazonable.

La calificación del presente recurso como un amparo mixto conlleva el rechazo del motivo de inadmisión aducido por el Ministerio Fiscal quien, como se vio, entiende que el demandante prolongó indebidamente el plazo de caducidad del recurso de amparo mediante la interposición de un incidente de nulidad de actuaciones manifiestamente improcedente contra la Sentencia del Juzgado de lo Contencioso-Administrativo núm. 13 de Sevilla de 2 de noviembre de 2011; lo que debería, a su juicio, conducir a inadmitir el recurso de amparo por extemporaneidad, en virtud de los arts. 43.2 y 50.1 a) LOTC.

Como ha quedado expuesto, resulta que junto a la queja por vulneración del derecho garantizado por el art. 16.1 CE, que se dirige frente a la resolución administrativa sancionadora, existe otra queja específica por vulneración del art. 24.1 CE frente a la Sentencia que desestima el recurso contencioso-administrativo interpuesto contra aquella resolución; esta posible infracción del art. 24.1 CE que se atribuye al órgano judicial es en efecto autónoma, al ir más allá de la mera falta de reparación de la lesión que originariamente se imputa a la Administración sancionadora.

Siendo esto así, no puede calificarse el incidente de nulidad de actuaciones promovido por el demandante contra la Sentencia impugnada como «manifiestamente improcedente», en el preciso sentido restrictivo que la doctrina de este Tribunal viene dando a este concepto (por todas, SSTC 50/1990, de 26 de marzo, FJ 2; 224/1992, de 14 de diciembre, FJ 2; 10/1998, de 13 de enero, FJ 2; 78/2000, de 27 de marzo, FJ 2; 172/2009, de 9 de julio, FJ 2, y 33/2011, de 28 de marzo, FJ 2), con la consecuencia de determinar, en su caso, la extemporaneidad del recurso de amparo. El demandante no se limitó a reiterar en el incidente de nulidad la queja referida a la alegada vulneración del art. 16.1 CE, sino que formuló una nueva queja frente a la Sentencia por vulneración del art. 24.1 CE; en consecuencia, de conformidad con lo dispuesto en el art. 241.1 de la Ley Orgánica del Poder Judicial (LOPJ), venía obligado a promover el incidente de nulidad para cumplir el requisito del agotamiento de la vía judicial previa [art. 44.1 a) LOTC].

Por otra parte, tampoco puede considerarse relevante para excluir la procedencia del incidente de nulidad el argumento del Fiscal basado en que el órgano judicial no lo desestimó, sino que lo inadmitió *a limine*. Ciertamente, este Tribunal ha venido rechazando que pueda considerarse como «manifiestamente improcedente» un incidente de nulidad cuando, pese a las dudas que pudieran suscitarse sobre esa procedencia conforme a la regulación legal, el órgano judicial no se limita a inadmitirlo, sino que lo tramita y finalmente desestima (por todas, SSTC 148/2003, de 14 de julio, FJ 2; 131/2004, de 19 de julio, FJ 3; 127/2005, de 23 de mayo, FJ 2; 47/2006, de 13 de febrero, FJ 2; 47/2006, de 13 de febrero, FJ 2, y 66/2011, de 16 de mayo, FJ 2). De esta doctrina no puede seguirse la conclusión inversa de que si el órgano judicial inadmite el incidente de nulidad este deba considerarse por el Tribunal Constitucional como «manifiestamente improcedente», con la eventual consecuencia de acarrear la extemporaneidad del recurso de amparo. Esto sólo ocurrirá cuando se apreciare por este Tribunal que el recurrente ha actuado con la intención de prolongar artificialmente la vía judicial previa, o cuando la improcedencia del incidente de nulidad, atendiendo a las circunstancias concurrentes en el caso, derive de manera terminante, clara e inequívoca del propio texto legal, sin dudas que hayan de resolverse con criterios interpretativos de alguna dificultad. En el presente caso no se advierte que nos hallemos en ninguno de estos supuestos.

Procede pues descartar el óbice de admisibilidad aducido por el Ministerio Fiscal.

3. El Letrado de la Junta de Andalucía también alega, como quedó expuesto, motivos de inadmisión del recurso de amparo; concretamente, por no cumplir el demandante la carga de justificar la especial trascendencia constitucional [arts. 49.1 *in fine* y 50.1 a) LOTC] y por carecer en cualquier caso el asunto de especial trascendencia constitucional [art. 50.1 b) LOTC], al haberse pronunciado ya el Tribunal Constitucional sobre la cuestión planteada por el demandante en relación con la objeción de conciencia.

Ambos óbices deben ser rechazados. Por lo que se refiere al cumplimiento de la carga de justificar la especial trascendencia constitucional del recurso [arts. 49.1 *in fine* y 50.1 a) LOTC], en el escrito de demanda de amparo, bajo el título «relevancia constitucional del caso», el demandante dedica un apartado específico a razonarla, exponiendo los motivos por los que considera que el pronunciamiento de este Tribunal es importante para la interpretación, eficacia y general aplicación de la Constitución y para la determinación del contenido del derecho constitucional invocado (en referencia al derecho a la libertad ideológica garantizada por el art. 16.1 CE). Señala el demandante de amparo que se trata de una cuestión absolutamente novedosa, pues no existe ningún pronunciamiento previo del Tribunal Constitucional acerca de si procede que un farmacéutico, en el ejercicio de su profesión, pueda invocar legítimamente el derecho a la objeción de conciencia para negarse a disponer (y por ello a dispensar) la píldora del día después debido a sus posibles efectos abortivos.

A la vista de lo expuesto es notorio que el demandante de amparo ha cumplido la carga de justificar la especial transcendencia constitucional del recurso que le impone el art. 49.1 LOTC, tal como ha sido interpretada esta exigencia por nuestra doctrina (por todas, SSTC 155/2009, de 25 de junio, FJ 2, y 69/2011, de 16 de mayo, FJ 3; AATC 188/2008, de 21 de julio, y 289/2008, de 22 de septiembre).

Por otra parte, cabe afirmar que en el presente caso este Tribunal entiende que concurre el requisito de la especial trascendencia constitucional [art. 50.1 b) LOTC], al apreciar que la cuestión suscitada en el recurso de amparo (admisibilidad de la objeción de conciencia de los farmacéuticos que desempeñan su profesión en oficinas de farmacia, en particular respecto de la dispensación de medicamentos con posibles efectos abortivos) permite perfilar y aclarar algunos aspectos de la doctrina constitucional en relación con la naturaleza del derecho a la objeción de conciencia, supuesto enunciado en la STC 155/2009, FJ 2, letra b).

4. Una vez descartados los óbices procesales aducidos, procede abordar el motivo principal de fondo. El demandante sostiene, invocando en apoyo de su planteamiento la doctrina estatuida en la STC 53/1985, de 11 abril, que las resoluciones impugnadas han vulnerado su derecho a la objeción de conciencia, como manifestación de la libertad ideológica reconocida en el art. 16.1 CE, al haber sido sancionado por actuar en el ejercicio de su profesión de farmacéutico siguiendo sus convicciones éticas sobre el derecho a la vida. Tales convicciones, afirma, son contrarias a la dispensación del medicamento con el principio activo levonorgestrel 0,750 mg, debido a sus posibles efectos abortivos si se administra a una mujer embarazada. El planteamiento del demandante, sintetizado en los términos expuestos, permite colegir que la exención del deber, que para sí reclama, de disponer y expedir el referido medicamento se anuda al efecto que atribuye al indicado principio activo, lo que colisiona frontalmente con sus convicciones sobre la protección del derecho a la vida. Hasta el momento presente, este Tribunal no había tenido ocasión de resolver sobre la problemática constitucional que suscita el demandante; esto es, el juicio de ponderación entre el invocado derecho a la objeción de conciencia, como manifestación del derecho fundamental a la libertad ideológica reconocida en el art. 16.1 CE, y la obligación de disponer del mínimo de existencias del citado medicamento que le impone la normativa sectorial, para así poderlo dispensar a quienes lo soliciten. Desde ese prisma abordaremos la resolución del presente recurso.

Ciertamente, en el fundamento jurídico 14 de la Sentencia objeto de cita rechazamos que cupiera considerar inconstitucional una regulación del aborto que no incluyera de modo expreso la del derecho a la objeción de conciencia, pues a ese respecto afirmamos que tal derecho «existe y puede ser ejercido con independencia de que se haya dictado o no tal regulación. La objeción de conciencia forma parte del contenido del derecho fundamental a la libertad ideológica y religiosa reconocido en el art. 16.1 CE y, como ha indicado este Tribunal en diversas ocasiones, la Constitución es directamente aplicable, especialmente en materia de derechos fundamentales». En relación con la doctrina expuesta debe destacarse la singularidad del pronunciamiento traído a colación, en tanto que el reconocimiento de la objeción de conciencia transcendió del ámbito que es consustancial al art. 30.2 CE (el servicio militar obligatorio), dadas las particulares circunstancias del supuesto analizado por este Tribunal; por un lado, la significativa intervención de los médicos en los casos de interrupción voluntaria del embarazo y, por otro, la relevancia constitucional que reconocimos a la protección del *nasciturus.*

Sentadas las anteriores consideraciones, cumple afirmar que para la resolución del presente recurso resulta prioritario dilucidar si la doctrina enunciada en el fundamento jurídico 14 de la STC 53/1985 es también aplicable al caso que nos ocupa. Para despejar esa cuestión es preciso esclarecer, previamente, si los motivos invocados para no disponer de la «píldora del día después» guardan el suficiente paralelismo con los que justificaron el reconocimiento de la objeción de conciencia en el supuesto analizado por la Sentencia citada, al objeto de precisar si la admisión de dicha objeción, entendida como derivación del derecho fundamental consagrado en el art. 16.1 CE, resulta también extensible a un supuesto como el actual, en el que el demandante opone, frente a la obligación legal de dispensar el principio activo levonorgestrel 0,750 mg, sus convicciones sobre el derecho a la vida.

Con relación a esta cuestión, este Tribunal no desconoce la falta de unanimidad científica respecto a los posibles efectos abortivos de la denominada «píldora del día después». Sin perjuicio de ello, y a los meros fines de este procedimiento, la presencia en ese debate de posiciones científicas que avalan tal planteamiento nos lleva a partir en nuestro enjuiciamiento de la existencia de una duda razonable sobre la producción de dichos efectos, presupuesto este que, a su vez, dota al conflicto de conciencia alegado por el recurrente de suficiente consistencia y relevancia constitucional. En consecuencia, sin desconocer las diferencias de índole cuantitativa y cualitativa existentes entre la participación de los médicos en la interrupción voluntaria del embarazo y la dispensación, por parte de un farmacéutico, del medicamento anteriormente mencionado, cabe concluir que, dentro de los parámetros indicados, la base conflictual que late en ambos supuestos se anuda a una misma finalidad, toda vez que en este caso se plantea asimismo una colisión con la concepción que profesa el demandante sobre el derecho a la vida. Además, la actuación de este último, en su condición de expendedor autorizado de la referida sustancia, resulta particularmente relevante desde la perspectiva enunciada. En suma, pues, hemos de colegir que los aspectos determinantes del singular reconocimiento de la objeción de conciencia que fijamos en la STC 53/1985, FJ 14, también concurren, en los términos indicados, cuando la referida objeción se proyecta sobre el deber de dispensación de la denominada «píldora del día después» por parte de los farmacéuticos, en base a las consideraciones expuestas.

5. Ahora bien, las conclusiones alcanzadas no nos dispensan de ponderar la incidencia del derecho invocado por el demandante en la legítima protección de otros derechos, bienes jurídicos o intereses dignos de tutela. Hemos de partir de la concreta intervención que el sistema público sanitario impone al profesional que ejerce su actividad en una oficina de farmacia, a saber la disposición para su ulterior dispensación a los consumidores de aquellas especialidades farmacéuticas que la Administración haya incluido dentro de una relación obligatoria. Al profesional farmacéutico le incumbe, pues, el deber normativo de facilitar la prestación de dicho servicio y, como señalan el Ministerio Fiscal y el Letrado de la Junta de Andalucía, en el presente caso dicho deber garantiza el derecho de la mujer a la salud sexual y reproductiva, del que dimana el derecho a las prestaciones sanitarias y farmacéuticas establecidas por el ordenamiento jurídico vigente, que incluye el acceso a la prestación sanitaria de la interrupción voluntaria del embarazo en los supuestos legalmente previstos, así como a los medicamentos anticonceptivos autorizados en España.

Pues bien, sobre ese particular cumple decir que la imposición de la sanción a que fue acreedor el demandante no derivó de su negativa a dispensar el medicamento a un tercero que se lo hubiera solicitado, sino del incumplimiento del deber de contar con el mínimo de existencias establecido normativamente. En segundo término, hemos de añadir que en las actuaciones no figura dato alguno a través del cual se infiera el riesgo de que la dispensación «de la píldora del día después» se viera obstaculizada, pues amén de que la farmacia regentada por el demandante se ubica en el centro urbano de la ciudad de Sevilla, dato este del que se deduce la disponibilidad de otras oficinas de farmacia relativamente cercanas, ninguna otra circunstancia permite colegir que el derecho de la mujer a acceder a los medicamentos anticonceptivos autorizados por el ordenamiento jurídico vigente fuera puesto en peligro.

Por último, no resulta ocioso recordar que el demandante estaba inscrito como objetor de conciencia, como así lo refleja certificación expedida por el secretario del Colegio Oficial de Farmacéuticos de Sevilla. Respecto del ámbito farmacéutico, hemos de señalar que la Comunidad Autónoma de Andalucía carece de una regulación específica de rango legal sobre el derecho a la objeción de conciencia de los profesionales farmacéuticos, a diferencia de otras Comunidades Autónomas que sí reconocen en su legislación sobre ordenación farmacéutica el derecho a la objeción de conciencia de los farmacéuticos. Ahora bien, esa ausencia de reconocimiento legal no se extiende a la totalidad de las normas que disciplinan el ejercicio de la profesión farmacéutica en el ámbito territorial en el que ejerce su profesión el demandante. El derecho a la objeción de conciencia está expresamente reconocido como «derecho básico de los farmacéuticos colegiados en el ejercicio de su actividad profesional» en el art. 8.5 de los estatutos del Colegio de Farmacéuticos de Sevilla (corporación profesional a la que pertenece el recurrente), aprobados definitivamente por Orden de 30 de diciembre de 2005, de la Consejería de Justicia y Administración Pública de la Junta de Andalucía, a cuyo tenor «el colegiado al que se impidiese o perturbase el ejercicio de este derecho conforme a los postulados de la ética y deontología profesionales se le amparará por el Colegio ante las instancias correspondientes»; asimismo se reconoce en los arts. 28 y 33 del Código de ética farmacéutica y deontología de la profesión farmacéutica, invocados también por el recurrente, que «la responsabilidad y libertad personal del farmacéutico le faculta para ejercer su derecho a la objeción de conciencia respetando la libertad y el derecho a la vida y a la salud del paciente» (art. 28) y que «el farmacéutico podrá comunicar al

Colegio de Farmacéuticos su condición de objetor de conciencia a los efectos que considere procedentes. El Colegio le prestará el asesoramiento y la ayuda necesaria» (art. 33).

Este reconocimiento por los estatutos colegiales del derecho a la objeción de conciencia de los farmacéuticos no carece de relevancia pues, según reza el apartado 1 del art. 22 de la Ley andaluza 10/2003, de 6 de noviembre, reguladora de los colegios profesionales de Andalucía «aprobados los estatutos por el colegio profesional y previo informe del consejo andaluz de colegios de la profesión respectiva, si estuviere creado, se remitirán a la Consejería con competencia en materia de régimen jurídico de colegios profesionales, para su aprobación definitiva mediante orden de su titular, previa calificación de su legalidad»; y el apartado 2 del mismo art. 22 establece que «Si los estatutos no se ajustaran a la legalidad vigente, o presentaran defectos formales, se ordenará su devolución a la corporación profesional para la correspondiente subsanación, de acuerdo con el procedimiento que se establezca reglamentariamente». A la vista de lo expuesto, hemos de afirmar que el demandante actuó bajo la legítima confianza de ejercitar un derecho, cuyo reconocimiento estatutario no fue objetado por la Administración.

En suma, a la vista de la ponderación efectuada sobre los derechos e intereses en conflicto y de las restantes consideraciones expuestas, hemos de proclamar que la sanción impuesta por carecer de las existencias mínimas de la conocida como «píldora del día después» vulnera el derecho demandante a la libertad ideológica garantizado por el art. 16.1 CE, en atención la concurrencia de especiales circunstancias reflejadas en el fundamento jurídico 4 de esta resolución.

6. El demandante también fue sancionado por no disponer (y, en consecuencia, no dispensar) de preservativos en la oficina de farmacia que regenta. Vistas las razones que nos han conducido a considerar que la falta de existencias, en el establecimiento citado, del principio activo levonorgestrel 0,750 mg queda amparada por el art. 16.1 CE, es patente que el incumplimiento de la obligación relativa a las existencias de preservativos queda extramuros de la protección que brinda el precepto constitucional indicado. La renuncia del demandante a disponer de profilácticos en su oficina de farmacia no queda amparada por la dimensión constitucional de la objeción de conciencia que dimana de la liber-

tad de creencias reconocida en el art. 16.1 CE. Ningún conflicto de conciencia con relevancia constitucional puede darse en este supuesto.

En consecuencia, el otorgamiento del amparo al demandante por vulneración de su derecho a la objeción de conciencia, vinculado al derecho a la libertad ideológica (art. 16.1 CE), debe comportar (art. 55.1 LOTC) el reconocimiento del derecho fundamental vulnerado, exclusivamente en lo que concierne a la falta de existencias mínimas del medicamento con el principio activo levonorgestrel 0,750 mg. Asimismo, procede declarar la nulidad de las resoluciones (administrativas y judicial) impugnadas, con retroacción de actuaciones al momento inmediatamente anterior a dictarse la resolución por la Junta de Andalucía en el expediente sancionador incoado al demandante; ello a efectos de que la Junta resuelva, conforme a lo previsto en la legislación de farmacia que resulte aplicable, sobre la concreta sanción que corresponda imponer al demandante en lo que se refiere a la infracción grave que se le imputa por negarse a disponer de (y por ello a dispensar) preservativos en la oficina de farmacia de la que es cotitular.

FALLO

En atención a todo lo expuesto, el Tribunal Constitucional, POR LA AUTORIDAD QUE LE CONFIERE LA CONSTITUCIÓN DE LA NACIÓN ESPAÑOLA,

Ha decidido

Estimar el recurso de amparo interpuesto por don Joaquín Herrera Dávila y, en su virtud:

1.º Declarar que ha sido vulnerado su derecho a la objeción de conciencia, vinculado al derecho fundamental a la libertad ideológica (art. 16.1 CE).

2.º Restablecerle en su derecho y, en consecuencia, anular la resolución de 15 de octubre de 2008 del Delegado Provincial de Salud en Sevilla de la Junta de Andalucía dictada en el expediente 78-2008, así como la resolución de 16 de julio de 2010 de la Dirección General de

Planificación e Innovación Sanitaria de la Junta de Andalucía, que desestima el recurso de alzada interpuesto contra la anterior. Anular asimismo la Sentencia del Juzgado de lo Contencioso-Administrativo núm. 13 de Sevilla de 2 de noviembre de 2011, dictada en el procedimiento abreviado núm. 736-2010 y la providencia del mismo Juzgado de 22 de diciembre de 2011, que inadmite el incidente de nulidad promovido contra la anterior Sentencia.

3.º Retrotraer las actuaciones al momento inmediatamente anterior a la resolución de 15 de octubre de 2008 del Delegado Provincial de Salud en Sevilla de la Junta de Andalucía, en los términos que se precisan en el fundamento jurídico 6.

Publíquese esta Sentencia en el «Boletín Oficial del Estado».

Dada en Madrid, a veinticinco de junio de dos mil quince.–Francisco Pérez de los Cobos Orihuel.–Adela Asua Batarrita.–Encarnación Roca Trías.–Andrés Ollero Tassara.–Fernando Valdés Dal-Ré.–Juan José González Rivas.–Santiago Martínez-Vares García.–Juan Antonio Xiol Ríos.–Pedro José González-Trevijano Sánchez.–Ricardo Enríquez Sancho.–Antonio Narváez Rodríguez.–Firmado y rubricado.

*Voto particular que formula la Magistrada doña Adela Asua Batarrita a la Sentencia dictada en el recurso de amparo avocado por el Pleno núm. 412-2012*

En ejercicio de la facultad que me confiere el art. 90.2 de la Ley Orgánica del Tribunal Constitucional y con pleno respeto a la opinión de la mayoría del Pleno, expreso mi discrepancia con la fundamentación jurídica de la Sentencia y, en consecuencia, con el fallo.

Debo manifestar, como expresé en el debate en el Pleno, mi preocupación y consternación por la aprobación de este Sentencia cuya factura técnica se separa de la exigencia de motivación congruente conforme a las reglas básicas del método jurídico-constitucional. En lugar de afrontar la problemática a examen desde la perspectiva estrictamente jurídica propia de la jurisdicción constitucional, parece responder a un posicionamiento previo que no logra ocultar la sombra ideológica que le guía.

A continuación, expongo las razones de mi profunda discrepancia.

1. La Sentencia parte de una discutible premisa: que la objeción de conciencia forma parte del contenido del derecho fundamental a la libertad ideológica del art. 16.1 CE, con un alcance tal que puede conducir a relativizar muy diversos mandatos constitucionales y deberes legales que garantizan el ejercicio de derechos fundamentales de otras personas.

La premisa es, a mi juicio, errónea porque se sustenta como único argumento en la afirmación contenida en un *obiter dictum* de la STC 53/1985, de 11 de abril, FJ 14, referida a la constitucionalidad de la Ley que introdujo el sistema de plazos en la despenalización parcial en la interrupción del embarazo, en el que se afirmaba escuetamente que «[l]a objeción de conciencia forma parte del contenido del derecho fundamental a la libertad ideológica y religiosa reconocido en el art. 16.1 de la Constitución y, como ha indicado este Tribunal en diversas ocasiones, la Constitución es directamente aplicable, especialmente en materia de derechos fundamentales». Tal pronunciamiento se vierte tras señalar expresamente que la cuestión de la objeción de conciencia, al igual que otras cuestiones, era ajena al objeto de enjuiciamiento. Por ello, resulta poco consistente extraer de tal escueta y retórica referencia la conclusión de que el derecho a la objeción de conciencia forme parte del contenido del derecho fundamental reseñado, pues, como se desprende de Sentencias posteriores a las que me referiré más adelante, para ello es preciso un reconocimiento a nivel constitucional –como es el caso del art. 30.2 CE– o, en su caso, un reconocimiento legal que lo conecte a un derecho fundamental, lo que no ha tenido lugar.

En efecto, la STC 160/1987, de 27 de octubre, FJ 3 (que en la Sentencia se ignora, al igual que cualesquiera otras que puedan contradecir la postura que defiende), señaló que la objeción de conciencia es «un derecho constitucional reconocido por la Norma suprema en su art. 30.2, protegido, sí, por el recurso de amparo (art. 53.2), pero cuya relación con el art. 16 (libertad ideológica) no autoriza ni permite calificarlo de fundamental. A ello obsta la consideración de que su núcleo o contenido esencial –aquí su finalidad concreta– consiste en constituir un derecho a ser declarado exento del deber general de prestar el servicio militar (no simplemente a no prestarlo), sustituyéndolo, en su caso, por una prestación social sustitutoria. Constituye, en ese sentido, una excepción al cumplimiento de un deber general, solamente permitida por el art. 30.2, en cuanto que sin ese reconocimiento constitucional no podría ejercerse el derecho, ni siquiera al amparo del de libertad ideológica o de conciencia (art. 16 C.E.) que, por sí mismo, no sería suficiente para liberar a los ciudadanos de deberes constitucionales o subconstitucionales por motivos de conciencia, con el riesgo anejo de relativizar los mandatos jurídicos. Es justamente su naturaleza excepcional ... lo que le caracteriza como derecho constitucional autónomo, pero no fundamental, y lo que legitima al legislador para regularlo por Ley ordinaria con las debidas garantías, que, si por un lado son debidas al objetor, vienen asimismo determinadas por las exigencias defensivas de la Comunidad como bien constitucional».

En suma, nuestra doctrina constitucional desmiente la premisa de la que parte la Sentencia, pues el derecho a la objeción de conciencia al servicio militar es un derecho autónomo no fundamental y de naturaleza excepcional, reconocido en el art. 30.2 CE y no en el art. 16 CE. Mientras que el derecho a la libertad ideológica o de conciencia (art. 16 CE) no es por sí «suficiente para liberar a los ciudadanos de deberes constitucionales o 'subconstitucionales' por motivos de conciencia, con el riesgo anejo de relativizar los mandatos jurídicos».

2. Por otra parte, al final del fundamento jurídico 4 la Sentencia desliza sibilinamente una comparación entre el supuesto objeto del presente recurso de amparo y el abordado por la STC 53/1985, al anudar al conflicto que late en ambos casos la «misma finalidad», de manera que concurrirían –siempre a su juicio– los aspectos determinantes del pretendido reconocimiento de la objeción de conciencia fijados en la STC 53/1985. Ciertamente la Sentencia se cuida mucho de atribuir abiertamente efectos abortivos a la «píldora del día después», pero pretende equiparar ambas situaciones amparándose en el subterfugio de la «falta de unanimidad científica» y de la «duda razonable». Así, afirma que «este Tribunal no desconoce la falta de unanimidad científica respecto a los posibles efectos abortivos» y que «la presencia en ese debate de posiciones científicas que avalan tal planteamiento nos lleva a partir en nuestro enjuiciamiento de la existencia de una duda razonable sobre la producción de dichos efectos, presupuesto este que, a su vez, dota al

conflicto de conciencia alegado por el recurrente de suficiente consistencia y relevancia constitucional».

Esa pretendida «falta de unanimidad» constituye una apreciación científica enteramente libre y subjetiva de la Sentencia, no basada en prueba pericial alguna, y que resulta desmentida por la consideración de «medicamento anticonceptivo de emergencia» que la Agencia Española del Medicamento le ha asignado. La «píldora del día después» tiene la finalidad de evitar un posible embarazo mediante su administración inmediata tras la práctica de relaciones sexuales, pero no terminar con un embarazo ya comenzado. Y, una vez más, la Sentencia de la que discrepo ni siquiera tiene en cuenta a este respecto nuestra STC 116/1999, de 17 de junio, en cuyo fundamento jurídico 9 se trata la cuestión relativa a los preembriones no viables (que no pueden siquiera ser considerados *nascituri*), como sería el caso, en la hipótesis más generosa, después de la administración de la «píldora del día después».

Más tarde, en el fundamento jurídico 6, la Sentencia dará, sorprendentemente, un giro de ciento ochenta grados y señalará, sin que se explicite el porqué de tal brusco cambio de criterio, que «es patente que el incumplimiento de la obligación relativa a las existencias de preservativos queda extramuros de la protección que brinda el precepto constitucional indicado», ya que no queda amparada por la dimensión constitucional de la objeción de conciencia que dimana de la libertad de creencia reconocida en el art, 16.1 CE, para concluir que «ningún conflicto de relevancia constitucional puede darse en este supuesto». Siendo igualmente métodos anticonceptivos, no se entiende por qué la negativa a dispensar la píldora entra en «colisión con la concepción que profesa el demandante sobre el derecho a la vida» y no, en cambio, la negativa a dispensar preservativos.

3. Debe subrayarse que la objeción de conciencia tampoco ha sido reconocida, con el alcance que pretende la Sentencia, en el ámbito internacional. De nuevo es significativa la absoluta ausencia, en la Sentencia de la que discrepo, de referencias al nivel de protección que en esta materia pudiera provenir del Derecho internacional de los derechos humanos y, en su caso, del Derecho de la Unión Europea (DTC 1/2004, de 13 de diciembre, FJ 6), toda vez que el art. 10.2 CE nos obliga a acudir a tales auxilios interpretativos.

Así, el art. 10.2 de la Carta de los Derechos Fundamentales de la Unión Europea, que reconoce el derecho a la objeción de conciencia, añade, sin embargo, una muy significativa precisión, pues ese derecho se reconoce «de acuerdo con las leyes nacionales que regulen su ejercicio». Si se examinan las explicaciones elaboradas para guiar la interpretación de la Carta y que resultan hermenéuticamente relevantes de acuerdo con el art. 52.7 de la Carta, se comprueba que el de objeción de conciencia es el único derecho de la Carta respecto al cual las explicaciones no aluden a una fuente adicional de reconocimiento, como, por ejemplo, el Convenio Europeo (a continuación, aludiré a las razones de fondo de ese significativo silencio). Lo que evidencia el reenvío a «las leyes nacionales» que contiene el art. 10.2 de la Carta es, en primer lugar, la inexistencia de una «tradición constitucional común» a la que las instituciones de la Unión pudieran acudir sin más y, en segundo lugar, la necesidad de que haya un reconocimiento del correspondiente legislador nacional acerca de la posibilidad de objetar por razones de conciencia en los distintos ámbitos de la actividad que afecten a los derechos de los ciudadanos. En otras palabras, fuera de la Constitución y de la Ley, ningún ciudadano puede elevar su conciencia a norma suprema y objetar cuándo y cómo le dé la gana.

Por lo que se refiere al sistema del Convenio Europeo de Derechos Humanos, resulta llamativo –de nuevo– que la Sentencia omita la consideración de la muy relevante decisión de 2 de octubre de 2001 del Tribunal Europeo de Derechos Humanos en el caso *Pichon y Sajous c. Francia*, que inadmite a trámite el recurso interpuesto sobre la base del art. 9 del Convenio europeo para la protección de los derechos humanos y de las libertades fundamentales (CEDH), libertad de pensamiento, de conciencia y de religión, por dos farmacéuticos franceses sancionados por negarse a dispensar en sus oficinas de farmacia píldoras anticonceptivas, y eso que la mencionada decisión había sido invocada tanto por el Ministerio Fiscal como por el Letrado de la Junta de Andalucía. En dicha decisión, el Tribunal Europeo recuerda que el art. 9 CEDH no garantiza en todo caso el derecho a comportarse en el ámbito público de la manera que dicten las convicciones personales, y con relación al caso concreto estima que, en cuanto que la venta de las píldoras anticonceptivas es legal y se realiza única y obligatoriamente en las oficinas de

farmacia, los recurrente no pueden hacer prevaler e imponer a un tercero sus convicciones religiosas para justificar la denegación de la venta
de este producto: en consecuencia, concluyó que la sanción de los recurrentes por negarse a su venta no interfirió en el ejercicio de los derechos garantizados por el art. 9 del Convenio.

Ciertamente, el Convenio Europeo para la protección de los derechos humanos y de las libertades fundamentales es un instrumento vivo
y debe interpretarse a la luz de las condiciones actuales. Así, el Tribunal
Europeo, en formación de Gran Sala, revisando la doctrina previa de los
órganos de supervisión del Convenio, ha incluido recientemente la objeción de conciencia al servicio militar en el ámbito del derecho contemplado por el art. 9 CEDH, al considerar que la oposición al servicio
militar motivada por un serio e insuperable conflicto entre la obligación
de servir en el ejército y la conciencia de una persona o sus convicciones profundas y genuinas religiosas o de otro tipo, constituye una convicción o una creencia de suficiente solidez, seriedad e importancia
como para atraer las garantías del art. 9 CEDH (STEDH de 7 de julio de
2011, *Bayatyan c. Armenia*, § 110). Ese ámbito de protección se aloja
en nuestra Constitución, según quedó dicho, en el art. 30.2 y no el
art. 16. Del citado pronunciamiento del Tribunal Europeo, por tanto, no
puede deducirse que, fuera del supuesto específico del servicio militar,
el art. 9 CEDH garantice un pretendido derecho de objeción de conciencia de contenidos difusos y de ejercicio incondicionado frente a
cualesquiera deberes legales. En definitiva, no hay necesidad alguna de
modificar nuestra interpretación del ámbito de protección contemplado
por el art. 16 CE.

4. La Sentencia asume una segunda premisa que, a mi juicio, resulta
también errónea: que la libertad consagrada en el art. 16.1 CE permite
objetar por motivos de conciencia sin necesidad de una previa regulación por parte del legislador del ejercicio de ese pretendido derecho a la
objeción de conciencia. Tal entendimiento conduciría directamente a
santificar cualquier tipo de objeción de conciencia, como si la conciencia de cada uno pudiera imperar legítimamente frente a la colectividad
y frente al Estado Constitucional de Derecho, del que la Ley es precisamente su expresión más acendrada. La referida construcción prescinde
totalmente de cualquier referencia a las consideraciones de la doctrina

de este Tribunal de las últimas décadas, doctrina que ha negado de manera expresa la posibilidad de oponer libremente la objeción de conciencia en diversos pronunciamientos y ha sujetado su reconocimiento a la *interpositio legislatoris*.

Así, en cuanto al primer aspecto, en la STC 321/1994, de 28 de noviembre, FJ 4, se dijo que «el derecho a la libertad ideológica reconocido en el art. 16 C.E. no resulta suficiente para eximir a los ciudadanos por motivos de conciencia del cumplimiento de deberes legalmente establecidos, con el riesgo aparejado de relativizar los mandatos legales», y que no se puede justificar la negativa al cumplimiento de alguno de esos mandatos (en aquel caso se trataba de la prestación social sustitutoria) «ni apelando a la libertad ideológica, ni mediante el ejercicio de la objeción de conciencia, derecho que la Constitución refiere única y exclusivamente al servicio militar». En esta misma línea, la STC 55/1996, de 28 de marzo, FJ 5, señaló, en cuanto a los objetores de conciencia al servicio militar, que tienen reconocido el derecho a que se les exima del deber de prestar ese servicio, pero precisó que «la Constitución no les reconoce ningún derecho a negarse a realizar la prestación social sustitutoria como medio para imponer sus particulares opciones políticas acerca de la organización de las Fuerzas Armadas o de su radical supresión», para concluir que «salvo que se pretenda diluir la eficacia de las normas y menoscabar el orden jurídico y social que conforman legítimamente, no puede negarse la punibilidad de un comportamiento por el mero hecho de su coherencia con las convicciones de su autor».

Más rotunda aún es la STC 161/1987, de 27 de octubre, al afirmar en su fundamento jurídico 3 que, a pesar de la relación de la objeción de conciencia con la libertad ideológica reconocida en el art. 16 CE, «de ello no puede deducirse que nos encontremos ante una pura y simple aplicación de dicha libertad. La objeción de conciencia con carácter general, es decir, el derecho a ser eximido del cumplimiento de los deberes constitucionales o legales por resultar ese cumplimiento contrario a las propias convicciones, no está reconocido ni cabe imaginar que lo estuviera en nuestro Derecho o en Derecho alguno, pues significaría la negación misma de la idea del Estado».

Y en cuanto al otro aspecto, esto es, la necesidad de reconocimiento y regulación del derecho por la Ley, la STC 15/1982, de 23 de abril, FJ 7, ya precisó en su día que «el criterio de la conformidad a los dictados de la conciencia es extremadamente genérico y no sirve para delimitar de modo satisfactorio el contenido del derecho en cuestión y resolver los potenciales conflictos originados por la existencia de otros bienes igualmente constitucionales. Por todo ello, la objeción de conciencia exige para su realización la delimitación de su contenido y la existencia de un procedimiento regulado por el legislador … "con las debidas garantías", ya que sólo si existe tal regulación puede producirse la declaración en la que el derecho a la objeción de conciencia encuentra su plenitud». Y es que la comunidad no puede quedar satisfecha con la simple alegación de una convicción personal, que, por excepcional, ha de ser contrastada para la satisfacción del interés común (STC 160/1987, FJ 4).

5. Tampoco resulta admisible el banal ejercicio de ponderación de los intereses en presencia que dice realizar la Sentencia.

La Sentencia señala correctamente en su fundamento jurídico 5 que la sanción administrativa no se impuso a un farmacéutico determinado por su negativa a dispensar el medicamento a un tercero, sino a los dos cotitulares de la oficina de farmacia por el incumplimiento del deber de contar con el mínimo de existencias establecido normativamente. Pero no extrae la consecuencia obligada: la ausencia de la pretendida «base conflictual» entre la obligación legal de disponer las existencias mínimas de medicamentos, por un lado, y el derecho a la objeción de conciencia del farmacéutico que ha recurrido en amparo, por otro lado. En efecto, no se concibe –y no explica la Sentencia– cómo la obligación de la oficina de farmacia de disponer existencias mínimas de un medicamento puede entrar en «colisión con la concepción que profesa el demandante sobre el derecho a la vida». Ello debía haber conducido inmediatamente a la desestimación del recurso de amparo.

Sin embargo, la Sentencia de la que discrepo analiza el conflicto desde la hipótesis de un eventual acceso a la dispensación (supuesto que no se ha planteado en ningún momento en el caso concreto) y, desde esa perspectiva, reduce todo su ejercicio de ponderación a señalar que «en las actuaciones no figura dato alguno a través del cual se infiera el riesgo de que la dispensación "de la píldora del día después se viera obstaculizada, pues amén de que la farmacia regentada por el demandante se ubica en el centro urbano de la ciudad de Sevilla, dato éste del que se deduce la disponibilidad de otras oficinas de farmacia relativamente cercanas, ninguna otra circunstancia permite colegir que el derecho de la mujer a acceder a los medicamentos anticonceptivos y contraceptivos autorizados por el ordenamiento jurídico vigente fuera puesto en peligro».

Argumentos que resultan irrelevantes para lograr que prevalezca el pretendido derecho a la objeción de conciencia del recurrente sobre el deber legal del profesional farmacéutico de disponer las existencias mínimas de medicamentos establecidas por las Administraciones competentes. En primer lugar, el hecho de no contar con existencias del medicamento por razones de conciencia supone ya en sí mismo una negativa incondicional y absoluta a dispensarlo a cualquier persona que pudiera solicitarlo, en cualquier circunstancia; además, supone la creación de un impedimento para que el otro cotitular de la oficina de farmacia y sus empleados puedan dispensar tales medicamentos. Con tal actitud se impide de raíz cualquier forma de conciliación con los intereses constitucionalmente protegidos de terceros. Y, en segundo lugar, el argumento de la pretendida disponibilidad de otras farmacias en la misma zona no puede suspender la vigencia territorial de los derechos fundamentales a la vida, a la integridad física y psíquica y a la salud de la mujer que solicite el medicamento (arts. 15 y 43 CE). La Sentencia realiza tales afirmaciones sin ofrecer dato objetivo alguno acerca de cuáles y cuántas farmacias se encuentran en la proximidad del establecimiento del actor, y a qué distancia, conformándose con la presunción de que, al encontrarse la farmacia en pleno centro urbano de Sevilla, es lógico que existan muchas otras en las proximidades.

Al realizar la ponderación, la Sentencia de la que disiento minimiza la debida consideración acerca de los derechos a la vida y a la integridad física y moral y a la salud de las personas que puedan requerir la utilización del medicamento en cuestión, acerca de la naturaleza jurídica de las oficinas de farmacia en nuestro ordenamiento y acerca de la regulación legal sobre la dispensación de medicamentos establecida como exigencia para la debida atención a las necesidades de la comunidad; cuestiones todas ellas que han sido profusamente glosadas y analizadas por este Tribunal. De esta forma se ignoran los intereses generales y privados afectados por la negativa a disponer del medicamento.

Este Tribunal ha recordado recientemente que «la oficina de farmacia es un agente imprescindible en la realización de la asistencia farmacéutica que sirve a la garantía de la protección de la salud pública (arts. 43.2 y 51.1, ambos de la Constitución), considerándose como un establecimiento sanitario privado de interés público que participa de la planificación sanitaria (arts. 103.2 de la Ley 14/1986, de 25 de abril, general de sanidad, y 84.6 de la Ley 29/2006, de 26 de julio, de garantías y uso racional de los medicamentos y productos sanitarios)» (STC 83/2014, de 29 de mayo, FJ 3). Todo ello implica, como se detalla en la misma Sentencia y fundamento jurídico, un amplísimo abanico de obligaciones y limitaciones de las oficinas de farmacia y de sus titulares en el ejercicio de su actividad.

Así pues, no podemos olvidar que la obligación de dispensar medicamentos en las oficinas de farmacia responde a las previsiones del art. 43 CE, que reconoce el derecho a la protección de la salud, correspondiendo a los poderes públicos organizar y tutelar la salud pública a través de las medidas preventivas y de las prestaciones y servicios necesarios, siendo la ley la que establezca los derechos y deberes de todos al respecto.

En el ámbito de la prestación farmacéutica, la mencionada previsión constitucional se ha plasmado, entre otras normas, en la Ley 29/2006, de 26 de julio, de garantías y uso racional de los medicamentos y productos sanitarios, que regula, entre otros aspectos, la actuación de las personas físicas o jurídicas en cuanto intervienen en la circulación industrial o comercial y en la prescripción o dispensación de los medicamentos y productos sanitarios (art. 1.2). Dicha Ley establece expresamente la obligación de los farmacéuticos, entre otros profesionales, de dispensar los medicamentos y productos sanitarios que se les soliciten en las condiciones legal y reglamentariamente establecidas, con respeto del principio de continuidad en la prestación del servicio a la comunidad (art. 2.1 y 2). Más específicamente, el art. 84 prevé que las Administraciones sanitarias realizarán la ordenación de las oficinas de farmacia, teniendo en cuenta, entre otros aspectos, las exigencias mínimas materiales, técnicas y de medios que establezca el Gobierno con carácter básico para asegurar la prestación de una correcta asistencia sanitaria, sin perjuicio de las competencias de las Comunidades Autónomas en la materia [apartado 2 c)], mientras que su apartado 3 establece terminantemente que «[l]as oficinas de farmacia vienen obligadas a dispensar los medicamentos que se les demanden tanto por los particulares como por el Sistema Nacional de Salud en las condiciones reglamentarias establecidas», sin contemplar excepciones a estas obligaciones por objeción de conciencia.

En cuanto a este deber básico, anteriormente establecido en idénticos términos en el art. 88.1 d) de la Ley 25/1990, afirmó este Tribunal en la STC 137/2013, de 6 de junio, FJ 5, que la normativa de desarrollo del mismo «deviene así imprescindible para colmar la garantía de la asistencia farmacéutica que deriva del derecho de todos a obtener medicamentos en condiciones de igualdad efectiva en todo el territorio nacional y, en última instancia, del derecho a la protección de la salud que, como principio rector, reconoce el art. 43.1 CE, que obliga a los poderes públicos 'no sólo al despliegue de la correspondiente acción administrativa prestacional, sino además a desarrollar la acción normativa que resulte necesaria para asegurar el cumplimiento de esos mandatos constitucionales' (STC 113/1989, de 22 de junio, FJ 3). En este sentido, es necesario resaltar que el art. 43.2 CE llama a los poderes públicos a organizar y tutelar la salud pública a través de medidas preventivas y de las prestaciones y servicios necesarios, debiendo ser la ley la que establezca los derechos y deberes de todos al respecto. Incumbe por tanto a los poderes públicos, en el ámbito de sus respectivas competencias, adoptar las medidas necesarias para que no se produzca un déficit normativo que deje reducido el deber de dispensación del art. 88.1 d) de la Ley 25/1990 a una proclamación legal vacía de contenido efectivo». Por esta razón, en dicha Sentencia se declaró inconstitucional la previsión de una norma foral que dejaba el deber legal de dispensación al arbitrio de la libre y voluntaria decisión de los propietarios-titulares de las oficinas de farmacia, en abierta contradicción con lo previsto en el citado art. 88.1 d) de la Ley 25/1990.

En suma, la conclusión que se puede alcanzar es que el legislador, a la luz de las exigencias del art. 43.2 CE, no ha previsto que la obligación de dispensar medicamentos que recae sobre los titulares de las oficinas de farmacia pueda verse exceptuada en ningún supuesto, ni siquiera por cuestiones ideológicas, en la medida en que ello supondría una quiebra en la continuidad del servicio que afecta negativamente al conjunto de la comunidad, con independencia de la situación y del número de farmacias que haya en la localidad de que se trate. De manera que una oposición a las exigencias de la Ley, aunque sea por motivos ideológicos, que lleve a incumplir la obligación de dispensación, no es admisible y merece ser sancionada, como de hecho lo fue en el caso del que trae causa el presente recurso de amparo.

6. El argumento de mayor intensidad que la Sentencia aduce para justificar la objeción de conciencia del actor reside en su inscripción como objetor de conciencia en su colegio profesional y en las previsiones que al respecto se contienen en los estatutos del Colegio de Farmacéuticos de Sevilla y en el código de ética farmacéutica y deontología de la profesión farmacéutica, que se elevan poco menos que al rango de normas constitucionales, pues se afirma que el dato de la inscripción como objetor «no resulta ocioso» y el reconocimiento por los estatutos colegiales del derecho a la objeción de conciencia «no carece de relevancia», habida cuenta de su posterior aprobación por la Administración. Todo lo cual es utilizado por la Sentencia para extraer inmediatamente la conclusión, en una especie de salto acrobático carente de toda lógica argumentativa, de que la sanción impuesta vulnera el derecho del demandante a la libertad ideológica garantizado por el art. 16.1 CE.

Resulta penoso, por elemental, tener que recordar que unos estatutos colegiales no pueden crear *ex novo* derechos fundamentales ni regular su ejercicio al margen de la Ley. Las previsiones de los estatutos colegiales se deben desarrollar en los términos que establezcan la Constitución, las leyes que se dicten en la materia y el resto del ordenamiento jurídico, y lo cierto es que ni la Constitución reconoce ese derecho –como ya se ha dejado razonado– ni existe Ley estatal o Ley de la Comunidad Autónoma de Andalucía que reconozca el pretendido derecho a la objeción de conciencia de los farmacéuticos o que regule de algún modo su ejercicio ante la colisión con el cumplimiento de deberes jurídicamente exigibles. El Decreto andaluz 104/2001, de 30 de abril, es la única normativa a la que podemos acudir en tanto que regula la obligación de las existencias mínimas de medicamentos y productos sanitarios en las oficinas de farmacia y almacenes farmacéuticos de distribución en Andalucía, existencias entre las que se encuentra la «píldora del día después». Decreto que no contempla excepción alguna por razones de conciencia a la referida obligación.

El hecho mismo de que la Sentencia tenga que apoyarse especialmente en las mencionadas previsiones de los Estatutos colegiales, a las que otorga «especial relevancia», o que aluda a que el demandante actuó «bajo la legítima confianza de ejercitar un derecho, cuyo reconocimiento estatutario no fue objetado por la Administración», evidencia la carencia de fundamento constitucional de la argumentación que desarrolla. Pone de relieve, en suma, que no existe un asidero válido e inequívoco en el art. 16.1 CE o en Ley alguna aplicable en el ámbito de la Comunidad Autónoma de Andalucía que permita justificar la conducta del actor y descalificar la sanción administrativa que le fue impuesta como consecuencia de la misma.

7. En efecto, no está de más recordar que la norma cuyo incumplimiento se achaca al actor se aprueba en el ámbito de las competencias de la Comunidad Autónoma y de acuerdo con las previsiones de la legislación básica estatal. En efecto, el art. 55.1 del Estatuto de Autonomía para Andalucía le otorga a esa Comunidad Autónoma la competencia exclusiva en materia de ordenación farmacéutica, en el marco del art. 149.1.16 CE. En ejercicio de esa competencia se dictó la Ley 22/2007, de 18 de diciembre, de farmacia de Andalucía, dentro de cuya regulación destaca, en primer lugar, el art. 14.5, que reitera la norma básica estatal, en el sentido de que «las oficinas de farmacia están obligadas a la dispensación de los medicamentos siempre que les sean solicitados en las condiciones legales y reglamentariamente establecidas». Y en cuanto a los derechos y deberes de los farmacéuticos, dispone la Ley que sólo pueden negarse a dispensar medicamentos cuando no sean solicitados de acuerdo con las normas vigentes o cuando sea evidente una finalidad extraterapéutica de los mismos [art. 22.1 b)], mientras que tienen la obligación de «tener los medicamentos y productos sanitarios de existencia mínima obligatoria, de acuerdo con lo previsto en la normativa vigente» [art. 22.2 d)]. La precisión de este último aspecto se encuentra, como ya se dijo, en el Decreto 104/2001, de 30 de abril, por

el que se regulan las existencias mínimas de medicamentos y productos sanitarios en las oficinas de farmacia y almacenes farmacéuticos de distribución. Pues bien, el actor incumplió por su propia y exclusiva voluntad esa prescripción de existencias mínimas. En lugar de optar unilateralmente por la desobediencia a una norma que está adoptada por la Administración competente de conformidad con la legislación básica estatal, el demandante debió haber manifestado su discrepancia por la vía legal correspondiente, que no era otra que la impugnación de aquella disposición ante la jurisdicción contencioso-administrativa.

8. Una vez expuestas las anteriores razones, se entenderá el estupor que me causa la limitada argumentación de la Sentencia de la mayoría, construida sobre apriorismos, sonoros silencios y omisiones, junto con sorprendentes saltos de la lógica argumentativa. Difícilmente puede asumirse la omisión de referencias a numerosos y muy relevantes pronunciamientos de nuestra doctrina constitucional, así como de resoluciones del Tribunal Europeo de Derechos Humanos, que no solo fueron alegados por quienes han comparecido en este proceso constitucional, sino que también fueron utilizados en las deliberaciones previas a la aprobación de esta resolución, por varios componentes del Pleno entre los que me incluyo. Omisión, por lo tanto, consciente para los Magistrados de la mayoría que han dado su apoyo a esta Sentencia. En ella se lleva a cabo, de forma encubierta, un drástico *overruling* de la doctrina constitucional pergeñada durante décadas en plena sintonía con los instrumentos internacionales de protección de los derechos humanos. Este drástico cambio doctrinal puede tener consecuencias aciagas para nuestro Estado Constitucional de Derecho y, en definitiva, para el equilibrio de nuestra convivencia. Hoy es la dispensación de la píldora anticonceptiva, mañana podrán ser la vacunación obligatoria, o la obligación tributaria, o un largo etcétera, los supuestos afectados por la negativa a cumplir el correspondiente deber jurídico apelando al derecho a la objeción de conciencia, conformado a voluntad de quien esgrime la objeción, sin necesidad de una previsión legal al respecto.

Madrid, a veinticinco de junio de dos mil quince. –Adela Asua Batarrita. –Firmado y rubricado.

*Voto particular concurrente que formula el Magistrado don Andrés Ollero Tassara en relación con la Sentencia del Pleno de 25 de junio de 2015 dictada en el recurso de amparo avocado núm. 412-2012*

Ha sido para mí un honor expresar, como Ponente, el parecer del Tribunal. No obstante, con el máximo respeto a la posición de los restantes Magistrados, y en ejercicio de la facultad conferida por el art. 90.2 de la Ley Orgánica del Tribunal Constitucional, formulo Voto concurrente respecto de la Sentencia citada en el encabezamiento. Suscribiendo el amparo otorgado, no comparto –como expresaré a continuación– ni la totalidad del fallo ni buena parte de su fundamentación.

1. Nos encontramos ante un recurso de amparo que, tras someterse –como es habitual– al parecer de una Sala, fue luego avocado al Pleno. Sin duda ha influido en ello el reconocimiento de la conveniencia de «perfilar y aclarar algunos aspectos de la doctrina constitucional en relación con la naturaleza del derecho a la objeción de conciencia» (FJ 3 *in fine*). Desgraciadamente tal intención se ha visto, a mi modo de ver, frustrada.

El tratamiento del derecho a la objeción de conciencia surge tempranamente en las resoluciones del Tribunal. Ya la STC 15/1982, de 23 de abril, estableció en su FJ 6 que «la libertad de conciencia es una concreción de la libertad ideológica, que nuestra Constitución reconoce en el art. 16», por lo que «puede afirmarse que la objeción de conciencia es un derecho reconocido explícita e implícitamente en el ordenamiento constitucional español, sin que contra la argumentación expuesta tenga valor alguno el hecho de que el art. 30.2 emplee la expresión 'la Ley regulará', la cual no significa otra cosa que la necesidad de la *interpositio legislatoris* no para reconocer, sino, como las propias palabras indican, para 'regular' el derecho en términos que permitan su plena aplicabilidad y eficacia».

En esa misma línea precisó, en el fundamento jurídico 8, que de ello «no se deriva, sin embargo, que el derecho del objetor esté por entero subordinado a la actuación del legislador. El que la objeción de conciencia sea un derecho que para su desarrollo y plena eficacia requiera la *interpositio legislatoris* no significa que sea exigible tan sólo cuando el legislador lo haya desarrollado, de modo que su reconocimiento constitucional no tendría otra consecuencia que la de establecer un mandato dirigido al legislador sin virtualidad para amparar por sí mismo pretensiones individuales. Como ha señalado reiteradamente este Tribunal, los principios constitucionales y los derechos y libertades fundamentales vinculan a todos los poderes públicos (arts. 9.1 y 53.1 de la Constitución) y son origen inmediato de derechos y obligaciones y no meros principios programáticos; el hecho mismo de que nuestra norma fundamental en su art. 53.2 prevea un sistema especial de tutela a través del recurso de amparo, que se extiende a la objeción de conciencia, no es sino una confirmación del principio de su aplicabilidad inmediata».

«Este principio general» –se añadía– «no tendrá más excepciones que aquellos casos en que así lo imponga la propia Constitución o en que la naturaleza misma de la norma impida considerarla inmediatamente aplicable; supuestos que no se dan en el derecho a la objeción de conciencia».

«Es cierto que cuando se opera con esa reserva de configuración legal el mandato constitucional puede no tener, hasta que la regulación se produzca, más que un mínimo contenido … pero ese mínimo contenido ha de ser protegido, ya que de otro modo el amparo previsto en el art. 53.2 de la Constitución carecería de efectividad y se produciría la negación radical de un derecho que goza de la máxima protección constitucional en nuestro ordenamiento jurídico. La dilación en el cumplimiento del deber que la Constitución impone al legislador no puede lesionar el derecho reconocido en ella».

Cinco años después, sin embargo, la STC 160/1987, de 27 de octubre, generará una notable confusión; no porque se aparte de las anteriores, sino por ser en sí misma contradictoria. En efecto, en su fundamento jurídico 3 reitera, con cita expresa, lo establecido por la STC 15/1982, aun considerando –con matices no irrelevantes– que la objeción de conciencia «es un derecho constitucionalmente reconocido», al que se «otorga la protección del recurso de amparo, lo que le equipara, a los solos efectos de dicho recurso en su tratamiento jurídico constitucional, con ese núcleo especialmente protegido que son los derechos fundamentales y libertades públicas, y es la Constitución, pues, la que reconoce el derecho de manera implícita y explícita, no significando otra cosa la expresión 'la Ley regulará' del art. 30.2 que la necesidad de la *interpositio legislatoris*, no para reconocer, sino, como las propias palabras indican, para "regular" el derecho en términos que permitan su plena aplicabilidad y eficacia». Plantea pues la curiosa figura de un derecho «constitucional» que solo tendría de «fundamental» su protección por recurso de amparo…

Eso no es nada, si se tiene en cuenta que –sin salir del fundamento jurídico 3– pasamos a encontrarnos ante «un derecho a ser declarado exento del deber general de prestar el servicio militar». Se trataría pues de una excepción al cumplimiento de un deber «solamente permitida por el art. 30.2, en cuanto que sin ese reconocimiento constitucional no podría ejercerse el derecho, ni siquiera al amparo del de libertad ideológica o de conciencia (art. 16 C.E.) que, por sí mismo, no sería suficiente para liberar a los ciudadanos de deberes constitucionales o 'subconstitucionales' por motivos de conciencia, con el riesgo anejo de relativizar los mandatos jurídicos. Es justamente su naturaleza excepcional –derecho a una exención de norma general, a un deber constitucional, como es de la defensa de España–, lo que le caracteriza como derecho constitucional autónomo, pero no fundamental».

El problema se complica cuando la STC 321/1994, de 28 de noviembre, en su fundamento jurídico 4, al pretender enlazar con las anteriores –incluyendo a la STC 15/1982 que, como hemos visto, dice todo lo contrario– afirma que «el derecho a la libertad ideológica reconocido en el art. 16 C.E. no resulta suficiente para eximir a los ciudadanos por motivos de conciencia del cumplimiento de deberes legalmente establecidos, con el riesgo aparejado de relativizar los mandatos legales». La realidad es que solo cuando existen deberes legales puede entrar en juego el derecho a la objeción, que de lo contrario carecería de objeto.

Añadirá que «el derecho a ser declarado exento del servicio militar no deviene directamente del ejercicio de la libertad ideológica, por más que se encuentre conectado con el mismo, sino tan sólo de que la Constitución en su art. 30.2 expresamente ha reconocido el derecho a la objeción de conciencia, referido únicamente al servicio militar y cuyo ejercicio supone el nacimiento del deber de cumplir la prestación social sustitutoria, sistema que permite al objetor cumplir los objetivos de la norma de servir a la comunidad salvaguardando sus íntimas convicciones (STC 160/1987). No puede, por lo tanto, el recurrente justificar su negativa al cumplimiento de la prestación social sustitutoria ni apelando a la libertad ideológica, ni mediante el ejercicio de la objeción de conciencia, derecho que la Constitución refiere única y exclusivamente al servicio militar».

Ciertamente, aun siendo la objeción de conciencia un derecho fundamental, no lo es con un alcance ilimitado. Es preciso ponderarlo con otros bienes o derechos constitucionalmente protegidos. Será el legislador en principio el encargado de hacerlo, sin perjuicio de que tal labor la lleve en caso contrario a cabo el órgano judicial competente. Lo que se sale de lo ordinario es que –como ocurre en el citado art, 30 CE– sea la propia Constitución la que asuma esa tarea, estableciendo como resultado la aceptación de la objeción al servicio militar, pero contrapesada con el cumplimiento de una prestación social sustitutoria. El contexto peculiar del trabajo constituyente, con unas fuerzas armadas muy sensibilizadas ante el creciente número de objetores, explica esa anomalía; al igual que las vicisitudes del pacto en la ponencia constitucional llevaron a ignorar enmiendas relativas a los derechos fundamentales en la segunda lectura, encomendada al Senado. Esto explica que no prosperaran enmiendas que proponían añadir al art. 16 CE un epígrafe 4 destinado a la objeción de conciencia. La posterior supresión del servicio militar obligatorio acabó convirtiendo en fantasmal su única presencia explícita en el art. 30 CE.

Es lógico pues que, ante situación tan contradictoria, se avocara al Pleno el recurso de amparo. Ello brindaba la oportunidad de aclarar la confusión entre objeción de conciencia y desobediencia civil que latía en las SSTC 160/1987 y 321/1994. El objetor de conciencia no pretende cuestionar la norma sino que plantea una excepción (que confirma la regla), al entrar en conflicto la conducta impuesta por ella con sus convicciones personales. Surge, sin embargo, una figura bien distinta: el *insumiso*, al que ya se había satisfecho su derecho a la objeción, pero optaba por una inconstitucional desobediencia civil negándose a cumplir la prestación sustitutoria. Como consecuencia, pronunciamientos de este Tribunal referidos a esta nueva situación han llegado a malinterpretarse, como si afectaran al derecho constitucional a la objeción de conciencia. Los *insumisos*, recurrentes en estas dos últimas sentencias, ya habían visto satisfecha su condición de objetores al servicio militar.

Pasan sin embargo a ejercer una actitud de desobediencia civil, impensable como derecho, porque no pretendían una mera excepción. Cuestionaban la norma con carácter general y aspiraban a que la sanción por su conducta (y su impacto mediático) removieran la conciencia social socavando la legitimidad del precepto. Al ignorarse en las citadas sentencias esta distinción entre objeción y desobediencia civil, el propio Tribunal se creía así obligado a trasladar a la objeción el reproche que la desobediencia civil merece. Distinguiendo adecuadamente entre objeción de conciencia y la desobediencia civil que la insumisión implica, desaparece por el contrario todo indicio de incoherencia en las sentencias citadas.

Todo ello ha quedado pues sin aclarar. Al afirmarse, como hemos visto, en la STC 160/1987, que el derecho a la «libertad ideológica reconocido en el art. 16 C.E. no resulta suficiente para eximir a los ciudadanos por motivos de conciencia del cumplimiento de deberes legalmente establecidos», la objeción pasa de ser un curioso derecho constitucional no fundamental a verse reducida a la mínima expresión: se la conceptúa más bien como eventual objeto de una benévola tolerancia, ajena a imperativos de justicia.

La significativa alusión al «riesgo aparejado de relativizar los mandatos legales» parece traslucir otra de las confusiones que dificultan un normal reconocimiento del derecho a objetar. Deriva de la tendencia a identificar conciencia con moral, con lo que la objeción expresaría un conflicto entre moral y derecho que se pretendería fallar en beneficio de la primera. En realidad, el conflicto se da entre la delimitación legal del mínimo ético característico del derecho, fruto de un respaldo mayoritario, y la discrepante concepción de ese mínimo ético jurídico suscrita por un ciudadano en minoría. No nos encontramos pues ante un conflicto entre el mínimo ético que da sentido a lo jurídico y maximalismos morales que puedan repercutir sobre la conciencia individual. Pretender que la obediencia al derecho pueda depender del código moral de cada cual es una torpe caricatura del derecho a la objeción de conciencia. Este refleja en realidad un conflicto jurídico y no el imaginado entre derecho y moral. Se trata del derecho de la minoría a poder acogerse excepcionalmente a su visión del mínimo ético que el derecho ha de avalar, en relación al impuesto mayoritariamente por cauces democráticos. Todo un síntoma elocuente del respeto del Estado a los derechos de los ciudadanos; de modo especial a su libertad ideológica, no ajena en ocasiones a referencias religiosas.

Una democracia avanzada aspira a evitar dictaduras mayoritarias, dando espacio –siempre que resulte viable– a excepciones que salvaguarden convicciones jurídicas discrepantes. Cuando se olvida que el ciudadano tiene conciencia jurídica, sin perjuicio de tenerla también moral ni de las previsibles conexiones entre ambas, el falso panorama de una subordinación de la obediencia a la norma a los postulados morales de cada cual genera un explicable vértigo.

2. Se ha optado en la Sentencia, sin embargo, por declinar la posibilidad (por no decir deber) de resolver esta confusa situación. Dado que el recurrente centra su argumentación en los eventuales efectos abortivos de la conocida como *píldora del día después*, se ha preferido abordar el problema como una mera continuación de la STC 53/1985, de 11 de abril, relativa al recurso previo sobre la entonces recién aprobada primera despenalización del aborto en determinados supuestos. En su fundamento jurídico 14, se descarta que el legislador haya vulnerado la Constitución al no regular la objeción de conciencia del personal sanitario. Recordó el Tribunal al respecto que el derecho a la objeción de conciencia «existe y puede ser ejercido con independencia de que se haya dictado o no tal regulación. La objeción de conciencia forma parte del contenido del derecho fundamental a la libertad ideológica y religiosa reconocido en el art. 16.1 de la Constitución y, como ha indicado este Tribunal en diversas ocasiones, la Constitución es directamente aplicable, especialmente en materia de derechos fundamentales». Con esa remisión se actualiza ahora la doctrina, a veces ignorada, que descarta que la objeción de conciencia precise de una específica *interpositio legislatoris* para ser ejercida. Se actualiza igualmente la consideración de la objeción de conciencia como derecho fundamental, reforzada por lo demás por su explícita inclusión en la posterior Carta Europea de Derechos Fundamentales.

Se mantiene, sin embargo, abierta la confusión generada por la STC 160/1987; perdura como posible fundamento alternativo tanto para quienes afirman como para los que niegan el derecho a la objeción, al ofrecerle dos párrafos consecutivos del mismo fundamento que afirman una cosa y su contraria. Queda pues como aspecto positivo la actualización del alcance limitado de la *interpositio legislatoris*, vinculado a la eficacia del derecho y no a su fundamento, así como al carácter de derecho fundamental de la objeción.

3. La distinción, en el fundamento jurídico 5, entre la conducta sancionada por la Administración (no disponer de determinados medicamentos o productos sanitarios en la oficina de farmacia) y la negativa del farmacéutico a dispensarlos, puede llevar a debates bizantinos, si no se profundiza en el sentido de la norma. La presencia de determinados productos en la trastienda de las oficinas de farmacia no contribuye a mejora alguna de la salud. Si la Junta de Andalucía ha preferido tipificar como sancionable su no disposición en vez de su no dispensación es, obviamente, para evitar que el farmacéutico desatienda la solicitud del ciudadano argumentando que ha agotado las existencias de determinados productos; tendrá pues que disponer siempre de ellos, aunque ningún ciudadano se los reclame.

4. La sanción impuesta al farmacéutico es consecuencia de una conducta tipificada: no disponer de los medicamentos y productos incluidos en la relación legalmente establecida; sin perjuicio de que se trate de uno solo o de varios. Aun tratándose en este caso de dos (píldora del día después y preservativos) han generado solo una sanción, inescindible, sobre la que recaería el dictamen de nulidad incluido en el fallo. Sorprendentemente, sin embargo, se ha optado en el fallo por hacer compatible la anulación de la sanción, en lo relativo a la píldora, con una retroacción tras casi siete años para que la Administración vuelva a dictaminar las consecuencias de la no disposición de preservativos. Al margen de los problemas de prescripción que ello pueda suscitar, resulta problemático que la Administración llegue a cumplir los imperativos de proporcionalidad propios de una medida sancionadora. Respecto a la píldora se señala (en el FJ 5) que la acumulación de oficinas de farmacia en pleno centro urbano de una ciudad lleva a descartar una eventual imposibilidad de acceso a los medicamentos por el ciudadano. En el caso de los preservativos habría que añadir que, al no tratarse de un medicamento sino de un producto higiénico, suele hallarse disponible en máquinas tragaperras instaladas en lugares públicos, sin obligada intervención de farmacéutico alguno. Sugerir que ello pueda dar paso a

una sanción grave al mismo farmacéutico cuyo derecho a la objeción se ha visto reconocido por el Tribunal cobra visos de argumento *ad absurdum*.

En todo caso, lo que dista de resultar irrelevante es la presunta fundamentación (FJ 6) de este llamativo dictamen. En modo alguno puedo compartir la afirmación de que «es patente que el incumplimiento de la obligación relativa a las existencias de preservativos queda extramuros de la protección que brinda el precepto constitucional indicado. La renuencia del demandante a disponer de profilácticos en su oficina de farmacia no queda amparada por la dimensión constitucional de la objeción de conciencia que dimana de la libertad de creencias reconocida en el art. 16.1 CE». Todo parece indicar que se está incurriendo en la ya criticada identificación de conciencia con moralidad, o incluso con «creencias». Dejando aparte la dimensión de «laicidad positiva» que aquí no entra en juego, las exigencias del artículo 16 CE giran en torno a la neutralidad de los poderes públicos y su no injerencia en la conciencia –jurídica o moral– del ciudadano. No parece compatible con ello que los Magistrados del Tribunal puedan considerarse llamados a erigirse en directores espirituales de los ciudadanos, aleccionándolos sobre qué exigencias de su conciencia gozan de la protección de un derecho fundamental y cuáles han de verse descartadas por tratarse de retorcidos escrúpulos. No se me ocurre ningún argumento, ni la Sentencia los ofrece, para poder afirmar sobre la disposición de preservativos que ningún «conflicto de conciencia con relevancia constitucional puede darse en este supuesto». Tampoco los ofrece el recurrente, que solo alude a los preservativos para hacer notar que el incidente de nulidad de actuaciones que suscita no era improcedente, al no coincidir con el contenido de la resolución del Tribunal Europeo de Derechos Humanos en el caso *Pichon y Sajous*.

No es inusual que cuando se suscitan problemas de objeción de conciencia el que ha de juzgarlo tienda a ponerse en el lugar del objetor para dictaminar si merece o no protección. Es obvio que, de tratarse de instancias públicas, la neutralidad y no injerencia solo permite calibrar la «seriedad» de la actitud del objetor (avalada en este caso por el fundamento jurídico 5, sin distinción alguna entre los productos afectados por ella), su coherencia de conducta y la inexistencia de circunstancias que pudieran llevar a detectar intención alguna de obtener algún beneficio personal más propio de la picaresca. De lo contrario, surgiría el riesgo adicional de que la tolerancia sustituya a la justicia. Así, cuando se trata de exigencias vinculadas a doctrinas minoritarias (rechazo de trasfusiones de sangre, negativa a incinerar cadáveres...) se tendería tolerantemente a conceder la excepción; cuando se trata, por el contrario, de planteamientos doctrinales más extendidos cualquiera podría considerarse llamado a distinguir entre libertad de espíritu y exceso fundamentalista. Me temo que así ha ocurrido en la Sentencia. El problema es que la conciencia relevante a la hora de reconocer el derecho a la objeción es la del objetor; no la de quien emite el veredicto. Su contrapeso en la ponderación no ha de ser nunca la conciencia de este sino la repercusión sobre derechos de terceros.

Por todo ello emito mi Voto particular concurrente.

Madrid, a veinticinco de junio de dos mil quince. –Andrés Ollero Tassara. –Firmado y rubricado.

*Voto particular que formula el Magistrado don Fernando Valdés Dal-Ré a la Sentencia dictada en el recurso de amparo avocado núm. 412-2012, y al que se adhiere el Magistrado don Juan Antonio Xiol Ríos*

1. Como tuve oportunidad de manifestar a lo largo de las deliberaciones del presente proceso constitucional, disiento de la decisión mayoritariamente adoptada por el Pleno de este Tribunal. Antes de enunciar mi acusado e intenso disentimiento ante el presente pronunciamiento, quiero empezar por manifestar mi respeto a la decisión de la mayoría, alcanzada tras largas sesiones de debate en el plenario. Podré así, desde esa convicción y afirmación institucional, sin ofender su legitimidad y sin abandonar la cortesía, subrayar mi inquietud al asistir a un pronunciamiento de tendencia ideológica marcada, pero que termina banalizando la solución del conflicto que sustancia; en otras palabras, mi preocupación ante un buen ejemplo de cómo una decisión de este Tribunal no habría de razonar y de lo que no debería nunca erigirse en jurisprudencia constitucional. Tengo para mí que con resoluciones

como la presente nuestro modelo de tutela mediante la vía del amparo se enfrenta a una regresión creciente y manifiesta, poniendo entre paréntesis el equilibrio necesario que sustenta la respetada reputación institucional de este órgano constitucional.

Por las razones que de inmediato se expondrán, entiendo que el fallo debió de desestimar la pretensión de amparo por no existir conflicto constitucional alguno que pueda vincular el derecho fundamental invocado con la sanción impuesta al recurrente. Y es que la Sentencia de la que me aparto, en lugar de afrontar el asunto desde la aplicación de las premisas invariables y constantes de nuestra doctrina constitucional sobre el objeto posible de un recurso de amparo, ha optado de manera bien poco razonable por elevar a categoría constitucional una posición ideológica de acusada tendencia, prescindiendo de elaborar un discurso dotado del obligado fundamento de constitucionalidad. Lamentablemente, esta Sentencia es eso; poco más que eso. La debilidad de sus argumentos, como muestra la exánime ponderación que efectúa, llamará la atención y activará las alarmas de los estudiosos de una doctrina, como la construida por este Tribunal en materia de derechos fundamentales, que goza de un tan reconocido como merecido prestigio.

2. Una más exacta comprensión de las razones de mi abierta discrepancia con la Sentencia de la mayoría hace aconsejable comenzar por resumir los hechos que concurren en el presente proceso constitucional.

El demandante de amparo, cotitular de una oficina de farmacia en la ciudad de Sevilla, fue sancionado con multa de 3.300 euros como consecuencia de que el establecimiento *carecía de existencias* de preservativos y del medicamento con el principio activo levonorgestrel 0'750 mg (coloquialmente conocido como «píldora del día después»). Tales datos resultan del acta levantada por la Inspección Provincial de Servicios Sanitarios de la Junta de Andalucía a raíz de la denuncia presentada por el ciudadano que pretendió adquirir, sin éxito, un paquete de preservativos. Esta denuncia, por tanto y se trata de un hecho relevante, no tuvo origen en una previa denegación del recurrente a dispensar la píldora, sino en la negativa a la venta de preservativos en dicha farmacia. El expediente sancionador no trajo causa, ni directa ni indirecta, en una resistencia a la dispensación de la píldora reseñada; o, lo que es igual, la sanción no derivó de un rechazo a expender medicamentos de esta naturaleza, sino de la falta de disposición de las existencias de aquellos productos que la normativa aplicable exige, según acreditó la inspección derivada de la denuncia descrita. Prueba definitiva de ello radica en que fueran sancionados los dos farmacéuticos titulares de la farmacia, pese a que sólo consta que uno de ellos, el recurrente en amparo, manifestase no disponer de dichos productos y medicamentos por razones de conciencia. Tampoco consta que hayan invocado objeción de conciencia ni el cotitular de la farmacia ni alguno de sus empleados; que los había, pues uno de ellos, según deja acreditado la resolución administrativa, fue el que se relacionó con el ciudadano que pretendía adquirir preservativos y formuló la denuncia. En suma, no hubo omisión de dispensación ni sanción por una resistencia activa y singular a dispensar la «píldora del día después». Ni tan siquiera hubo participación directa y personal del recurrente de amparo en los hechos denunciados que dieron lugar a la apertura del expediente sancionador.

En resumen, si no hubo negativa a la dispensación de la conocida como «píldora del día después», ni sanción por esa causa, no pudo haber lugar al conflicto personal que trata de ampararse en la objeción de conciencia. Los hechos lo demuestran con toda claridad: lo reconoce la misma Sentencia en sus antecedentes y se verifica en las actuaciones.

3. El análisis de los datos del presente recurso de amparo evidencia que el debate constitucional sobre la cuestión planteada resultaba de todo punto artificial ya que no aparecía la obligada premisa para su activación; esto es, la concurrencia de un conflicto constitucional. Pese a que, como se razonó con reiteración en los debates del Pleno, tal circunstancia inhabilitaba por completo el conocer y resolver sobre el derecho alegado como violado, el pronunciamiento mayoritario no se molesta en dedicar reflexión alguna a tan decisiva carencia. Desde luego, la mayoría de nuestro Tribunal puede defender y plasmar las tesis constitucionales que estime pertinentes en cada pronunciamiento; pero no es dable que soslaye las reglas más canónicas y ortodoxas de la interpretación constitucional o que las aplique de manera selectiva, como en mi opinión sucede en el presente caso.

Por esa razón me veo obligado a recordar que no existe el amparo cautelar y, por consiguiente, cuando no existe lesión a derecho constitucional alguno, no hay posibilidad de su reparación. En relación con tan elemental pero crucial tema radica mi preocupación mayor: en que se da de lado la idea que sustenta la jurisdicción de amparo. Esta, en efecto, no ha sido reconocida y regulada para reparar infracciones de preceptos sino vulneraciones de derechos, de modo que no resulta viable constitucionalmente la tutela en abstracto de supuestas lesiones no causadas, ya que en esta vía, en la del recurso de amparo, ni cabe un enjuiciamiento sobre si se acomodaría o no a un derecho fundamental un acto de un poder público que no se ha llegado a producir, ni tal proceso es un medio de depuración abstracta de disposiciones normativas. Y en el caso enjuiciado, insisto de nuevo, no hay ni norma aplicada ni acto sancionador vinculado a la objeción de conciencia que se invoca en el recurso, ya que no llegó a existir conflicto alguno en el supuesto de hecho. El conflicto que está en la base de la objeción de conciencia sólo hubiera podido materializarse en el momento de la dispensación, porque sólo poniendo en manos de un cliente ese medicamento hubiera nacido el pretendido riesgo «abortivo» que el objetor aprecia y quiere evitar. Mientras ese acto no hubiera acaecido –y no ha llegado a acaecer–, y la sanción no hubiera respondido a ello –y no ha sido de ello consecuencia–, no puede estar concernida, ni siquiera potencialmente, la objeción de conciencia, más allá de lo que quepa decir sobre ella, sus contenidos y su encuadramiento constitucional.

En este contexto, a nadie extrañará que de inmediato me formule en términos dialécticos una serie de preguntas, todas ellas dotadas del obligado anclaje constitucional, tales como dónde está el debate sobre el conflicto entre derechos, dónde la lesión causada a derechos del demandante o, en fin, cómo pueden vincularse los hechos acaecidos con la libertad ideológica (art. 16 CE) y la objeción de conciencia, nacida ésta, por enunciar la idea con el lenguaje utilizado por la Sentencia de la mayoría, de la colisión entre la concepción que profesa el demandante sobre el derecho a la vida y la duda razonable existente sobre la producción de efectos abortivos por el referido principio activo levonorgestrel 0,750 mg, como probaría la falta de unanimidad científica al respecto.

Para eludir la anterior, obligada e ineludible comprensión del recurso de amparo, no resulta en modo alguno razonable alegar que la tenencia de las existencias de medicamentos legalmente exigidas tiene una dimensión o vertiente finalista: «disposición para dispensar». Y no cabe ese argumento, digo, entre otras variadas razones y sin entrar en los márgenes del derecho que se invoca, porque olvida que la objeción de conciencia pretendida no puede extenderse sobre el establecimiento farmacéutico, en su conjunto, como si se tratara de una unidad personal. Así lo pide la propia configuración de la libertad ideológica y de la objeción de conciencia como derechos personales e intransferibles. Y en el presente caso, vuelvo a reiterarlo, ni quedó acreditado el conflicto de conciencia, ni tampoco que, de haber existido el mismo por intervención directa y personal del recurrente en una omisión de dispensación, el cumplimiento normativo no pudiera haberse llevado a cabo por quienes nunca opusieron razones de conciencia (el cotitular de la farmacia o un empleado).

Esa circunstancia ya excluía toda dimensión constitucional del caso sometido a nuestro enjuiciamiento, por más que se haya insistido en soslayarla a fin de elevar a categoría constitucional una línea de pensamiento, con una finalidad profundamente ideológica que se revela en el *iter* argumental que desemboca en la conclusión alcanzada. Me parece manifiestamente contrario a nuestra doctrina reiterada, invariable y constante sobre el proceso constitucional de amparo, que se sienten ciertas conclusiones y se tome postura en un conflicto ideológico que no se ha producido *ad casum*.

4. El ficticio conflicto ideológico, de haber existido, hubiera requerido un debate jurídico complejo que, desde luego, no plasma el texto aprobado. No puedo dialogar en divergencia con una construcción doctrinal omitida, pero tampoco puedo dejar de aspirar a que ese debate se celebre, en su momento, bajo premisas de naturaleza rigurosamente jurídico-constitucional. A pesar de ello, y a efectos puramente dialécticos, no me resisto a dejar constancia de mi abierto disentimiento con el juicio de ponderación que realiza la presente Sentencia sobre los intereses en presencia.

La resolución mayoritaria, en efecto, señala en primer lugar que en «en las actuaciones no figura dato alguno a través del cual se infiera el riesgo de que la dispensación 'de la píldora del día después' se viera obstaculizada, pues amén de que la farmacia regentada por el demandante se ubica en el centro urbano de la ciudad de Sevilla, dato éste del que se deduce la disponibilidad de otras oficinas de farmacia relativamente cercanas, ninguna otra circunstancia permite colegir que el derecho de la mujer a acceder a los medicamentos anticonceptivos autorizados por el ordenamiento jurídico vigente fuera puesto en peligro». Al margen de que tal situación, como se ha razonado, no llegó a producirse en lo que atañe al menos al expediente sancionatorio de origen, y con independencia del efecto discriminatorio que late en el peregrinaje que se deriva de esa lógica y de la minusvaloración del derecho a la vida, a la integridad física y psíquica y a la salud de la mujer que lleva aparejada (arts. 14, 15 y 43 CE), la Sentencia de mi divergencia ni siquiera se toma la molestia de verificar el argumento que emplea mediante el expediente de ofrecer datos objetivos sobre el particular en el que intenta sustentarse. Siguiendo su quebradiza lógica, para que el argumento pudiera poseer una mínima solvencia, tendría que haber efectuado una valoración sobre otras hipótesis –por cierto, tan carentes de verificación como la que se enuncia–, señaladamente la existencia de una cadena o suma de resistencias a la dispensación. Si se construye la constitucionalidad desde meras hipótesis, se deberían contemplar todas las posibles, incluso la negativa generalizada a la dispensación, pues de otro modo se arriesga a que el razonamiento pierda no sólo su precario soporte jurídico sino incluso otro previo de carácter fáctico.

Por otra parte, me importa también destacar que, al realizar la labor de ponderación, la Sentencia de la mayoría prescinde abiertamente de toda consideración acerca de la regulación legal sobre la dispensación de medicamentos, como exigencia para la debida atención a las necesidades de la comunidad; es éste un factor que simplemente se ignora. Pero no cabe olvidar que la obligación de dispensar medicamentos en las oficinas de farmacia responde a las previsiones del art. 43 CE, que reconoce el derecho a la protección de la salud, correspondiendo a los poderes públicos organizar y tutelar la salud pública a través de las medidas preventivas y de las prestaciones y servicios necesarios, siendo la ley la que establece los derechos y deberes de todos al respecto. Una previsión constitucional, la del art. 43 CE, que en no pocas ocasiones hemos vinculado al derecho fundamental consagrado en el art. 15 CE.

El argumento final de la Sentencia para justificar la objeción de conciencia del actor reside en las previsiones que al respecto contienen los estatutos del Colegio de Farmacéuticos de Sevilla y el código de ética farmacéutica y deontología de la profesión farmacéutica, que se elevan poco menos que al rango de normas constitucionales. A pesar de ser consciente de la banalidad jurídica que enuncio de seguido, debo recordar que esos estatutos y códigos podrán establecer lo que las respectivas corporaciones tengan por conveniente, pero que sus previsiones se habrán de desarrollar de conformidad con lo que establezcan la Constitución, las leyes que se dicten en la materia y el resto del ordenamiento jurídico. Pero la única norma aquí invocable, digna de atención, es un decreto del gobierno de Andalucía que regula las existencias mínimas con las que deben contar en Andalucía las oficinas de farmacia, entre las que se encuentra la «píldora del día después», y que el actor incumplió por su propia y exclusiva voluntad.

Y en este sentido emito mi Voto particular.

Madrid, a veinticinco de junio de dos mil quince. –Fernando Valdés Dal-Ré. –Juan Antonio Xiol Ríos. –Firmado y rubricado.

ANEXO 2 (STC 53/1985)

OBJECIÓN DE CONCIENCIA DEL MÉDICO

TRIBUNAL CONSTITUCIONAL

Pleno, Sentencia 53/1985, de 11 de abril
Recurso de inconstitucionalidad 800-1983
(BOE núm. 119, de 18 de mayo de 1985)

Sección del Tribunal Constitucional

TRIBUNAL CONSTITUCIONAL

El Pleno del Tribunal Constitucional, compuesto por don Manuel García-Pelayo y Alonso, Presidente; don Jerónimo Arozamena Sierra, don Ángel Latorre Segura, don Manuel Díez de Velasco Vallejo, don Francisco Rubio Llorente, doña Gloria Begué Cantón, don Luis Díez Picazo, don Francisco Tomás y Valiente, don Rafael Gómez-Ferrer Morant, don Ángel Escudero del Corral, don Antonio Truyol Serra y don Francisco Pera Verdaguer, Magistrados, ha pronunciado

EN NOMBRE DEL REY

la siguiente

SENTENCIA

En el recurso previo de inconstitucionalidad núm. 800/1983, interpuesto por don José María Ruiz Gallardón, comisionado por 54 Diputados de las Cortes Generales, contra el texto definitivo del Proyecto de Ley Orgánica de reforma del art. 417 bis del Código Penal. Ha comparecido el Abogado del Estado, en representación del Gobierno de la Nación, y han sido ponentes para este acto los Magistrados doña Gloria Begué Cantón y don Rafael Gómez-Ferrer Morant, quienes expresan el parecer del Tribunal.

## I. ANTECEDENTES

1. Con fecha 2 de diciembre de 1983, don José María Ruiz Gallardón, Abogado, comisionado a los fines de interposición del presente recurso por 54 Diputados que se indican en el escrito, interpone ante este Tribunal Constitucional recurso previo de inconstitucionalidad contra el «Proyecto de Ley Orgánica de Reforma del art. 417 bis del Código Penal», según el texto definitivo aprobado por el Senado en la sesión plenaria celebrada el día 30 de noviembre de 1983, por infracción de los arts. 1.1.9.3, 10.2, 15, 39.2 y 4, 49 y 53.1 y 3 de la Constitución. Los recurrentes solicitan se declare la inconstitucionalidad del referido proyecto en su totalidad y, con carácter subsidiario, la inconstitucionalidad parcial de las circunstancias b) y c) del artículo en cuestión y, en todo caso, se dicte una sentencia interpretativa y aclaratoria de las ambigüedades constitucionales denunciadas.

El recurso se basa en los siguientes motivos:
A) El primer motivo se centra en la interpretación del art. 15 de la Constitución, el cual declara que «todos tienen derecho a la vida y a la integridad física y moral».
El Proyecto impugnado –declaran los recurrentes– viene a eliminar normas penales que sirven de protección al derecho a la vida, lo que plantea el problema de si son o no necesarias normas penales para proteger dicho derecho. Es ésta una cuestión que entienden debe resolverse afirmativamente: el respeto a la vida humana precisa de normas penales, debiendo tipificarse las conductas que atenten contra ella.
A juicio de los recurrentes, el reconocimiento del derecho de «todos» a la vida se extiende también a los concebidos y no nacidos, con-

clusión a la que llegan a través de una interpretación literal y sistemática del mencionado precepto.

En tal sentido, invocan la sentencia del Tribunal Constitucional alemán de 25 de febrero de 1975, la cual, en su opinión, dejó bien en claro que, según los conocimientos biológicos y fisiológicos actuales, existe vida humana, en el sentido de existencia histórica de un individuo humano, desde los catorce días después de la concepción; por ello, la protección no puede limitarse al hombre ya nacido, ni al *nasciturus* susceptible de vida independiente. El derecho a la vida está garantizado a todo el que vive; entre las diferentes etapas de la vida previa al nacimiento, y entre nacidos y no nacidos, no puede establecerse diferencia alguna en este contexto. «Todos» significa «toda vida», o bien «todo individuo humano que posea vida»; por consiguiente, comprende también al ser humano que todavía no ha nacido.

Por otra parte, a juicio, de los recurrentes, el hecho de que el término «todos» aparezca como sujeto de otros derechos en la Constitución que sólo son predicables de la persona ya nacida, no puede aducirse para negar por ello que dicho término en el contexto del art. 15 deba entenderse en idéntico sentido. Que el concebido no tenga los derechos que se proclaman en otros preceptos, pensados para el nacido, no implica que no tenga derecho a vivir, y, por supuesto, si se le priva de la vida nunca podrá tener tales derechos; pero, además, el argumento no resulta válido si se considera que tampoco todos, absolutamente todos los nacidos, tienen la totalidad de los derechos mencionados. En definitiva, concluyen que de la interpretación sistemática del art. 15 de la Constitución en relación con otros preceptos de la misma, «se deduce un espíritu que pone en la dignidad humana el acento fundamental, y viola dicho espíritu el considerar que todo el sistema de protección y reconocimiento al articulado no alcanza al ser vivo aún no nacido».

Una vez analizado el art. 15 de la Constitución, partiendo «del sentido propio de las palabras» y de una interpretación sistemática, pasan los recurrentes a considerar los antecedentes históricos, de los que, en su opinión, se desprende que la protección a la vida abarca desde el momento mismo de la concepción. Sostienen, en efecto, que la tradición legislativa española, con la única excepción de la Ley Catalana de Aborto en la Segunda República, ha estimado que todos tienen derecho a la vida desde el momento de la concepción, penalizándose el aborto en todos los Códigos Penales. Y ello –añaden– se manifiesta especialmente en el campo del Derecho Civil, en el que la tradición jurídica ha articulado un sistema de protección al *nasciturus*.

A continuación, examinan los recurrentes el proceso de elaboración del art. 15 en el Parlamento. A su entender, de las enmiendas presentadas en su día, del informe de la Ponencia y de la discusión parlamentaria se deduce claramente lo siguiente: 1.° Que la finalidad perseguida por la enmienda consistente en sustituir el término «personas» por el de «todos» era evitar la interpretación de que, con el primero, se pudiera considerar por el legislador que sólo son personas quienes reúnan los requisitos del art. 30 del Código Civil y, en consecuencia, entender que los no nacidos no son personas, por lo que el aborto voluntario no quedaría impedido por la Constitución. 2.° Que el objetivo específico que se proponía la enmienda solicitando la introducción del término «todos» era que con él se entendieran incluidos los no nacidos, quedando así protegidos por el derecho fundamental a la vida y quedando vedada al legislador ordinario la posibilidad de despenalizar el aborto voluntario. 3.° Que los Grupos Parlamentarios que apoyaron la enmienda y votaron a su favor lo hicieron conscientes de la finalidad y objetivo que se pretendía, y ratificaron que el apoyo por ellos prestado a la misma se debía a que entendían que con la redacción propuesta quedaba más claro que el derecho a la vida se refería también a los no nacidos. 4.° Que la enmienda fue sometida a votación y aprobada por mayoría, lo que supone que el significado incorporado al precepto fue el pretendido por el enmendante, sin que el hecho de que no hubiera existido consenso en todas las fuerzas políticas reste valor alguno a aquel significado.

Finalmente, los recurrentes apelan, para la interpretación del art. 15 en cuestión, a la realidad social del momento en que ha de ser aplicado dicho precepto, realidad que, a su parecer, resulta de una serie de documentos que aportan o dicen aportarán en un momento ulterior al recurso.

B) El segundo motivo del recurso se apoya en la presunta vulneración del art. 1.° de la Constitución. Después de examinar los variados aspectos que según la doctrina integran el concepto de Estado Social, consagrado en el mencionado artículo, manifiestan los recurrentes que tal Estado no se compagina con actuaciones negadoras y supresoras de la vida de los no nacidos, pues, frente a la preocupación que demuestra por la defensa de los demás derechos fundamentales, niega la protección al más primario y fundamental de todos, que es el derecho a la vida de los todavía no nacidos.

C) Como tercer motivo de inconstitucionalidad, alegan los recurrentes la violación del art. 10.2 de la Constitución, el cual, en relación con el 96.1, prescribe que las normas relativas a los derechos fundamentales han de interpretarse de conformidad con la Declaración Universal de Derechos Humanos y los acuerdos y tratados internacionales sobre esas materias ratificados por España. A tal respecto citan, en primer lugar, el art. 3. ° de la Declaración Universal de los Derechos Humanos de 10 de diciembre de 1948, el art. 2. ° del Convenio Europeo para la protección de los Derechos Humanos y Libertades Fundamentales de 4 de noviembre de 1950, y el art. 6.1 del Pacto Internacional de Derechos Civiles y Políticos de 19 de diciembre de 1966.

Manifiestan los recurrentes que estos tres textos reconocen el derecho de «todos» a la vida en términos muy similares al texto constitucional español, pero que, si se tiene en cuenta que cuando se aprobaron los dos primeros el aborto no se hallaba legalizado «en ninguno de los bloques políticos», puede suponerse que el derecho a la vida se entendió aplicable al ser humano desde el momento de la concepción. Bien es cierto –reconocen– que ha habido Tribunales constitucionales europeos que han interpretado el art. 2. ° del Convenio Europeo en sentido negativo a la protección de la vida del *nasciturus,* como el Tribunal Constitucional austríaco en su sentencia de 11 de octubre de 1974. Pero en sentido contrario puede citarse la Sentencia del Tribunal Constitucional Federal Alemán de 25 de febrero de 1975, en el cual se admite que el derecho a la vida proclamado en el art. 2. ° de la Ley Fundamental de Bonn se extiende a la vida del embrión, en tanto que «interés jurídico independiente», añadiéndose que, según los conocimientos biológicos y fisiológicos establecidos, la vida humana existe al menos desde el decimocuarto día siguiente a la concepción, y que el desarrollo que se opera después es continuo, sin que se pueda establecer ni división precisa, ni distinción exacta. Por lo que se refiere al Pacto Internacional de Derechos Civiles y Políticos de 1966, estiman los recurrentes que permite llegar por otras vías a la conclusión de que el feto debe ser considerado como bien jurídico protegible, como se infiere de su art. 6.5 en el que, a propósito de la pena de muerte, se prohíbe su ejecución sobre la mujer embarazada.

Citan además los recurrentes el Acta Final de Helsinki de 1 de agosto de 1975, que prescribe el respeto de los derechos humanos y las libertades fundamentales «de todos»; la Carta de San José de Costa Rica (aunque no ha sido ratificada por España), en cuyo artículo 4.° se declara que el derecho a la vida existe a partir de la concepción; y la Declaración Internacional de Derechos del Niño de 20 de noviembre de 1959, en cuyo preámbulo se reconoce la protección jurídica del niño antes y después de su nacimiento.

De todo ello concluyen que hay que interpretar el derecho a la vida reconocido en la Constitución española como abarcando a los concebidos y no nacidos, con lo que el Proyecto impugnado vulneraría el art. 10.2 de. la Constitución.

D) El cuarto motivo del recurso se basa en que, a juicio de los recurrentes, el Proyecto impugnado viola el art. 39 de la Constitución en sus apartados 2 y 4. El apartado 2, que impone a los poderes públicos el deber de asegurar «la protección integral de los hijos iguales ante la Ley, con independencia de su filiación», quedaría vulnerado al impedirse en el Proyecto la intervención del padre para otorgar el consentimiento del aborto. Y ello por tres razones: Porque la falta del consentimiento del padre impide al hijo no nacido ser integralmente protegido, frente a la protección paterna acordada por el Código Civil a los ya nacidos; porque ello supone la creación de una desigualdad entre hijos nacidos y no nacidos; y porque la ausencia de exigencia de consentimiento rompe inconstitucionalmente todo el sistema de derecho civil basado en la igualdad de los cónyuges. También consideran los recurrentes vulnerados por el Proyecto el número 4 del art. 39, en cuanto dispone que «los niños gozarán de la protección prevista en los acuerdos internacionales que velan por sus derechos». No se trata –precisan– de que tales Acuerdos sirvan para interpretar las normas reguladoras de los derechos fundamentales, como el art. 10.2 de la Constitución prescribe, sino de que la protección en ellos articulada sobre los derechos del niño sea establecida y articulada en el ordenamiento español.

E) Los recurrentes señalan como quinto motivo de inconstitucionalidad la vulneración del art. 53 de la Constitución.

Por ser –dicen– el derecho de «todos» a la vida, que abarca también a los no nacidos, un derecho fundamental, su régimen de protección y garantías se desenvuelve en tres sentidos:

a) En primer lugar, el derecho a la vida vincula a todos los poderes públicos, vinculación que se traduce en una obligación para éstos de proteger la vida misma y que no puede ser enervada por la voluntad de la madre, del mismo modo que el derecho no puede quedar al arbitrio del legislador ordinario.

b) Una segunda modalidad de garantía del derecho fundamental a la vida lo constituye la reserva expresa de ley orgánica. En virtud de dicha reserva el derecho fundamental a la vida sólo puede regularse por ley orgánica, regulación que no puede alterar o vulnerar el contenido esencial del derecho en cuestión. Acudiendo a la interpretación que el Tribunal Constitucional ha hecho sobre el contenido esencial de los derechos fundamentales, entienden los recurrentes que el Proyecto de Ley Orgánica que se impugna no regula un derecho fundamental respetando su contenido esencial, sino que suprime un derecho fundamental –el derecho a la vida del *nasciturus*– ignorando su contenido esencial, pues en este derecho no existe contenido accidental. Invocan también la sentencia del Tribunal Constitucional de la República Federal Alemana de 25 de febrero de 1975, en la que se manifiesta que las normas relativas a los derechos fundamentales, además de contener derechos subjetivos de defensa frente al Estado, encarnan un «orden objetivo de valores» que orienta e impulsa a la legislación, a la Administración y a la Jurisprudencia. En cuanto al tema concreto de si el Estado está obligado por la Constitución a proteger la vida del *nasciturus,* el Tribunal Constitucional alemán declara que tal obligación puede derivarse del «contenido objetivo jurídico de las normas de los derechos fundamentales». Los recurrentes estiman que esta doctrina del orden objetivo de valores es aplicable al ordenamiento constitucional español por diversas razones: 1.ª, porque, habiendo sido admitida sin apenas discusión en todo lo que se refiere a los derechos fundamentales de naturaleza social o de participación, no tiene por qué quedar limitada a tales derechos, ya que supondría un contrasentido su admisión para derechos fundamentales que pudieran denominarse colectivos y su negación para derechos fundamentales personales; 2.ª, porque dentro de los aspectos que concurren en el derecho fundamental a la vida se encuentran dos que están directamente relacionados con un orden objetivo de valores: La existencia de vida en el *nasciturus,* y el carácter de valor absoluto de esa vida: 3.ª, porque con carácter general se admite que el no nacido es titular de derechos patrimoniales, sucesorios o hereditarios que, aunque ciertamente condicionados, no dejan de ser derechos cuya posibilidad de ejercicio se suprimiría radicalmente suprimiendo la vida de su titular en ciernes.

c) La tercera modalidad de tutela constitucional del derecho fundamental a la vida la constituye la garantía jurisdiccional, a través de diversas vías: Recurso de inconstitucionalidad, procedimiento especial de protección, recurso de amparo. La diferencia del derecho en cuestión respecto de otros derechos fundamentales estriba en dos peculiaridades: La imposibilidad de restitución del bien de la vida, una vez suprimida ésta, y la imposibilidad de que el sujeto del derecho pueda ejercer por sí mismo los medios de tutela jurisdiccional que la Constitución le otorga.

Todo este sistema de garantías –concluyen los recurrentes– se ve infringido por el Proyecto impugnado, vulnerándose, pues, lo dispuesto en el art. 53 de la Constitución.

F) Bajo la rúbrica de motivo sexto de inconstitucionalidad, proceden los recurrentes a analizar concretamente las «indicaciones» contempladas en el proyectado art. 417 bis del Código Penal, declarando que si hasta el momento han sometido al proyecto de Ley Orgánica impugnado a un juicio global de inconstitucionalidad, en la posterior argumentación examinarán cada una de tales indicaciones con el fin de determinar hasta qué punto se acentúa, directa o indirectamente, esa inconstitucionalidad.

1.º Supuesto del llamado «aborto terapéutico». En el caso de conflicto entre la vida de la madre y la del *nasciturus,* que en ello radica el aborto terapéutico en sentido estricto, estiman los recurrentes que no es necesaria esta indicación, pues cabe dentro de la eximente general de estado de necesidad. Por otra parte, recuerdan que, según los técnicos en la materia, los casos de este tipo son cada vez menos frecuentes, prácticamente casi inexistentes. A continuación, consideran la inclusión, en este primer supuesto de aborto terapéutico, del conflicto entre la vida del *nasciturus* y la salud de la madre. A su juicio, la despenalización del aborto en tal caso es inconstitucional al dar prevalencia al bien jurídico de menor entidad, además de serlo por no exigir que no haya otro medio para preservar la salud de la madre, por no fijar el requisito de un examen pericial judicializado y por no tener en cuenta el consentimiento del padre. Por otra parte, dado el amplio significado que la Organización Mundial de la Salud atribuye al término «salud», que define como el estado perfecto de bienestar físico, mental y social, y no sólo como ausencia de enfermedad, advierten los recurrentes la ambigüedad de esta indicación en el Proyecto, que ha sido denunciada en el informe del Consejo General de Colegios Oficiales de Médicos, así como en el de la Real Academia de Ciencias Morales y Políticas. También manifiestan que no puede aceptarse la idea de que, una vez que el legislador ha ponderado y jerarquizado los bienes jurídicos en conflicto, debe pronunciarse en favor de la vida, la salud, la libertad y la intimidad de la madre, porque se trata de bienes que constituyen el contenido objetivo de derechos fundamentales, mientras que la vida del *nasciturus* es meramente un bien jurídico derivado de la dignidad humana, por lo que no es objeto de una protección directa. Estiman los recurrentes que la vida, existente desde el momento de la concepción, es algo más que un bien jurídico; es un valor absoluto que no puede ser objeto de limitación, pues ello supone la eliminación y negación, también absoluta, del valor mismo. En su opinión, de la Constitución no se deduce que la vida sea un bien jurídico, sino un derecho fundamental atribuible a todos, y al calificarlo de mero bien jurídico se degrada y rebaja de rango el derecho a la vida, sin que esta degradación encuentre apoyo constitucional alguno. A lo anterior añaden que el art. 39.2 de la Constitución podría servir también para justificar la protección de la vida del *nasciturus* interpretando la expresión «protección integral» como comprensiva del derecho a la vida de la madre y el derecho la vida del concebido y no nacido. Pero no debe entenderse por ello que a protección del derecho a la vida de éste pueda venir solamente de la protección de otros derechos fundamentales de la madre –a la integridad corporal, a la salud, a la libertad o a la intimidad–, pues se trata de derechos de distinta naturaleza.

Resumiendo: En caso de conflicto entre dos vidas, supuesto hoy día casi inexistente, la práctica y la doctrina judicial han venido resolviendo el problema mediante la aplicación de las causas de justificación; y en caso de conflicto con la salud, la libertad o la intimidad, debe ceder aquel de los derechos que sea limitable, pues la alternativa es la supresión absoluta de uno de los derechos en conflicto. Aún precisan, finalmente, los recurrentes que, en el supuesto de que la protección del derecho a la vida del no nacido sólo pudiera fundamentarse en los derechos de la madre, es cierto que con esta protección se excluirían los ataques del Estado o de terceros, vedándose así la constitucionalidad del aborto no voluntario o impuesto, pero no ocurriría lo mismo con los provenientes de la madre, cuando lo cierto, a juicio de los recurrentes, es que no puede encontrarse fundamento constitucional que permita a la madre atentar voluntariamente contra la vida del *nasciturus,* pues, por una parte, sus derechos fundamentales, en cuanto limitables y regulables, deben ceder frente al derecho absoluto a la vida del ser en gestación, y, por otra parte, si el único mecanismo constitucional de proteger la vida al no nacido fuere por mediación de la madre, ésta se constituiría en depositaria de unos derechos de naturaleza constitucional de los que no podría disponer.

2.º Supuesto del llamado «aborto ético», esto es. despenalización del aborto cuando el embarazo sea consecuencia de un hecho constitutivo de delito de violación del art. 419 del Código Penal, siempre que el aborto se practique dentro de las doce primeras semanas de gestación y que el mencionado hecho hubiera sido denunciado. A propósito de este supuesto, citan los recurrentes un informe de la Real Academia de Ciencias Morales y Políticas, así como algunas opiniones referentes al tema, para terminar, afirmando que la denominada indicación ética viola el art. 15 de la Constitución al hacer prevalecer el derecho al honor sobre el derecho a la vida, y viola también el art. 39.2 de la misma al desproteger a uno de los hijos con independencia de su filiación.

3.º Supuesto del llamado «aborto eugenésico», o sea, despenalización del abono cuando sea probable que el feto habrá de nacer con graves taras físicas o psíquicas, siempre que se cumplan determinadas circunstancias de tiempo y de diagnóstico pericial. También en este aspecto citan los recurrentes los informes a que han hecho anteriormente referencia, así como una de las conclusiones del Consejo General del Colegio de Médicos y el informe de la Real Academia de Medicina, para concluir que la indicación en cuestión vulnera el art. 15 de la Constitución, y también el 49 de la misma, que ordena a los poderes públicos llevar a cabo una política de previsión y tratamiento de los disminuidos físicos, sensoriales y psíquicos.

G) Como motivo séptimo de inconstitucionalidad, alegan los recurrentes que las ambigüedades constitucionales que el proyectado art. 417 bis del Código Penal contiene y su redacción, según la técnica de los tipos penales abiertos, suponen la violación del principio de seguridad jurídica reconocido en el art. 9.3 de la Constitución. También señalan que el proyecto se ha limitado a despenalizar el aborto, pero sin incluir previsión alguna sobre las consecuencias que la modificación por él introducida origina en otros campos jurídicos, como el civil, el laboral, el administrativo, el procesal o el de la seguridad social.

Los recurrentes puntualizan las siguientes «circunstancias» o deficiencias del Proyecto:

1.ª No se explicita en el cómo debe entenderse la «gravedad» del peligro para la vida o la salud de la madre.

2.ª No se concretan cuestiones fundamentales relativas al supuesto de «violación».

3.ª No se precisa qué ha de entenderse por «probabilidad» y otros aspectos relativos al aborto eugenésico.

4.ª No se prevé un procedimiento administrativo que garantice que se han cumplido los requisitos señalados por la ley, vulnerándose con ello posiblemente el art. 103 de la Constitución y el 40 de la Ley de Procedimiento Administrativo.

5.ª Se atribuye al Médico el ejercicio de tareas o funciones públicas o cuasi judiciales, pero no se prevé la abstención u objeción de conciencia del mismo.

6.ª No se prevé el procedimiento para la prestación del consentimiento por parte de la menor de edad o sometida a tutela.

7.ª No se prevé el consentimiento del padre, con lo que se le impide ejercitar la defensa del «nasciturus» en el caso de que fuere contrario al aborto, y, en general, cumplir su deber de prestar asistencia a su hijo, de acuerdo con lo establecido en el art. 39.3 de la Constitución; tampoco se tienen en cuenta las consecuencias del reformado art. 154 del Código Civil, que atribuye conjuntamente la patria potestad a ambos padres.

8.ª No se prevé la presencia del Ministerio Fiscal, cuya misión es promover la acción de la justicia en defensa de la legalidad, de los derechos de los ciudadanos y del interés público.

9.ª No se determina la posibilidad y grado de cobertura del aborto por la Seguridad Social.

10. No se siguen los criterios ni se guardan las cautelas previstas en la Ley 30/1979, de 27 de octubre, sobre extracción y trasplante de órganos.

Todo lo expuesto justifica, a juicio de los recurrentes, la impugnación del Proyecto por vulneración del principio de seguridad jurídica contenido en el art. 9.3 de la Constitución, y los lleva a interesar una sentencia interpretativa para la hipótesis de que se estimare constitucional el Proyecto impugnado.

2. En virtud de lo dispuesto por providencia de 14 de diciembre de 1983, dictada según lo establecido en las normas complementarias aprobadas por el Pleno de este Tribunal Constitucional el 14 de julio de 1982, los recurrentes, a través de su comisionado, señor Ruiz Gallardón, completan la impugnación, haciendo las siguientes consideraciones:

A) Como «ampliación del motivo primero de inconstitucionalidad en relación con el motivo sexto», recuerdan, en primer término, que en su escrito de interposición del recurso previo de inconstitucionalidad sostenían, como motivo primero de impugnación, que el proyectado art. 417 bis del Código Penal viola el art. 15 de la Constitución, haciendo luego, en el motivo sexto del recurso, aplicación concreta de la inconstitucionalidad a las tres indicaciones contenidas en el Proyecto, es decir, al conflicto entre la vida del no nacido y la vida o la salud de la madre, a la indicación ética y a la eugenésica. Estas dos últimas indicaciones contrarían específicamente, a su juicio, los arts. 39 y 49 de la Constitución, respectivamente, pero, además, estiman que la totalidad del Proyecto y cada una de las indicaciones son contrarias al art. 15 de la misma, ya que la expresión «todos tienen derecho la vida», contenida en este precepto constitucional, protege por igual a los no nacidos y a los nacidos, por cuanto la vida comienza desde el momento mismo de la concepción.

Para fundamentar esta afirmación, y a efectos de completar los razonamientos expuestos en el escrito de interposición del recurso, proceden los recurrentes, como entonces anunciaron, a interpretar el art. 15 «conforme a la realidad social del tiempo en que ha de ser aplicada la norma», criterio hermenéutico que, aunque polémico, consideran de especial importancia en el presente caso por cuanto la exposición de motivos que en su día acompañaba el Proyecto de Reforma urgente y parcial del Código Penal, en que se inserta el art. 417 bis impugnado, aludía precisamente en relación a este artículo a la «necesidad de adecuar la legislación penal en materia de aborto a la actual realidad sociológica del país». La realidad social del tiempo en que ha de ser aplicada la norma constituye, a juicio de los recurrentes, uno de los más importantes argumentos en contra del Proyecto.

Con el fin de probar el aserto anterior, señalan, en primer lugar, que los avances científicos y técnicos, puestos de manifiesto en los documentos que aportan –una declaración de la Real Academia Nacional de Medicina en Defensa de la Vida Humana, una declaración del Consejo General de Colegios Oficiales de Médicos de España, una declaración de la Asociación Ginecológica de España y otra del Consejo General de Colegios Oficiales de Farmacéuticos–, permiten llegar a la conclusión de que la vida de un ser humano se inicia en el primer instante de la concepción. Luego pasan a considerar los valores éticos subyacentes a las normas jurídicas, y a este respecto invocan la declaración de la Real Academia de Ciencias Morales y Políticas, que se acompaña también a través de un documento, y las manifestaciones hechas en torno al tema por la Conferencia Episcopal Española, la Asociación Musulmana en España, la Iglesia Anglicana en España, y la Iglesia Ortodoxa Griega en España, al adherirse expresamente al manifiesto de la Unión de Movimientos en favor del Prenacido. En tercer lugar, consideran la posible incidencia del Proyecto en la problemática sociológica y de política criminal relativa al aborto, y expresan su opinión de que el Proyecto en cuestión no va a acabar en absoluto con el aborto clandestino y que la despenalización no viene a resolver un problema grave de política criminal, porque la estadística judicial sobre delitos de aborto en España es insignificante, mientras que el establecimiento de normas despenalizadoras del aborto en los términos propiciados por el Proyecto puede originar un incremento considerable de ellos. Igualmente señalan los problemas prácticos que podrían derivarse de la aprobación del Proyecto, que podría suponer legalizar en la práctica cualquier tipo de aborto, así como la extensión del fenómeno que la legislación del aborto genera. Finalmente, añaden que no puede soslayarse la realidad internacional, que muestra una tendencia a reconsiderar el problema en los países que en su día legalizaron el aborto, advirtiéndose una fuerte corriente contraria a los propósitos despenalizadores del mismo. En este sentido aportan una lista de Asociaciones «Pro Vita» europeas y norteamericanas, así como algunas de otros continentes.

De todo lo anteriormente expuesto –manifiestan los recurrentes– se deduce, de una parte, que es científicamente indiscutible que la vida humana comienza en el instante de la fecundación, y de otra, que la realidad social española, como la tendencia progresiva en el ámbito comparado, fuerza a interpretar el art. 15 de la Constitución en el sentido de que el término «todos» incluye y protege al concebido y no nacido, y, consecuentemente, a concluir que el art. 417 bis del Proyecto, al permitir la destrucción del ser concebido mediante la legalización del aborto en determinados supuestos, que por su ambigüedad incluso dejan relativizado el tipo penal, es probadamente inconstitucional.

B) A continuación llevan a cabo los recurrentes la «ampliación del motivo segundo de inconstitucionalidad en relación con el motivo primero y el motivo sexto, apartado primero». El motivo segundo –recuerdan– denunciaba la violación del art. 1.° de la Constitución, por entender que el Proyecto es contrario a los principios y criterios que informan el estado social. Pues bien, ahora, como ampliación de dicho motivo, quieren hacer resaltar que, a su juicio, con dicho Proyecto se infringen también los principios y criterios que informan el Estado de Derecho reconocido en el propio art. 1.° de la Constitución, pues entienden que vulnera el principio esencial de la separación de poderes, por cuanto implica una invasión de las funciones y competencias del órgano de la justicia constitucional y una invasión de las competencias del orden judicial penal ordinario.

Por lo que al primer punto respecta, estiman que el legislador ordinario ha interpretado el art. 15 de la Constitución de forma distinta de la que se deduce de su proceso de elaboración constitucional, y ha realizado, por otra parte, una mera interpretación, asumiendo así competencias hermenéuticas que la Ley Orgánica del Tribunal Constitucional atribuye a éste, e infringiendo la doctrina constitucional emanada de la Sentencia de este Tribunal de 5 de agosto de 1983. En segundo lugar, entiende que el legislador ordinario ha venido a asumir las competencias que desempeñaba la jurisdicción penal ordinaria, especialmente en lo que se refiere a la circunstancia primera del art. 417 bis, y recuerdan que el Tribunal Supremo ha enjuiciado en diversas ocasiones los supuestos de delito de aborto, dando lugar a una jurisprudencia contenida en las Sentencias que mencionan a continuación. Con la regulación del primer supuesto de despenalización del aborto contenido en el Proyecto –precisan– el legislador sustrae el ejercicio de la potestad jurisdiccional a los Juzgados y Tribunales, a quienes corresponde exclusivamente en todo tipo de procesos, conforme al párrafo tercero del art. 117 de la Constitución, cuando lo adecuado sería fijar con alcance general las eximentes y dejar, en buena técnica, que su concurrencia sobre cada tipo fuera un enjuiciamiento propio del caso concreto. Pero una anomalía más grave constitucionalmente –señalan– se produce al transferir al Médico la responsabilidad de apreciar la concurrencia de dicha causa de exención de responsabilidad, siendo así que dicha apreciación es inexcusable competencia jurisdiccional.

En definitiva, concluyen que tanto al ejercitar el legislador competencias interpretativas que sólo corresponden al Tribunal Constitucional, y además en sentido contrario al querido por el constituyente, como por haber sustraído al orden judicial penal sus competencias de calificación y enjuiciamiento jurídico, resulta infringido el principio de separación de poderes, elemento esencial del Estado de Derecho, y. en consecuencia, violado el art. 1.º de la Constitución por conexión con el art. 1.º de la LOTC; y asimismo resultan vulnerados los principios de legalidad y seguridad jurídica (art. 9.3 de la Constitución) en relación con los de necesidad e intangibilidad de las competencias dé los Juzgados y Tribunales, consagrados en el art. 117.3 de la Constitución.

C) Como «ampliación del motivo sexto de inconstitucionalidad en relación con el motivo primero», proceden los recursos, en primer término, a analizar la cuestión de si resulta aplicable, como pretende el Proyecto en su exposición de motivos, la doctrina o el principio de no exigibilidad de otra conducta, al modo en que se utilizó en la Sentencia del Tribunal Constitucional alemán de 25 de febrero de 1975. Tras analizar esta Sentencia llegan a la conclusión de que los supuestos que pudieran estar allí comprendidos quedan cubiertos en nuestro Derecho a través de la eximente de estado de necesidad, ya que ésta se perfila aquí con una extensión desconocida en el Derecho comparado. En nuestro país –precisan– el hecho de que exista el delito de aborto tipificado en el Código Penal no significa que toda mujer abortista sea castigada, pues la no exigibilidad actúa a través de la eximente de estado de necesidad, y así ni un solo caso de condena se ha dado en la jurisprudencia española por las causas que pretende recoger la indicación primera. Es cierto, añaden, que la doctrina penal más moderna ha venido a incorporar la no exigibilidad de otra conducta como elemento negativo de la culpabilidad, pero entienden que la misma despliega su eficacia en el ámbito subjetivo, es decir, respecto de una persona concreta en una situación concreta: La concurrencia o la ausencia de culpabilidad no se determina en virtud de una Ley, caracterizada por la generalidad abstracta, sino en virtud de una Sentencia que enjuicia el caso concreto. Finalmente, tras efectuar este examen desde el punto de vista de la culpabilidad, pasan a contemplar la cuestión desde la perspectiva de la antijuridicidad, para concluir que, si se parte de que el derecho a la vida existe desde el momento mismo de la concepción, resulta, como corolario jurídico, el deber de todos de abstenerse de acciones contrarias a tal derecho, deber que es exigible por el Estado, a través de la pena, frente a cualquiera y por encima de cualquier otro bien jurídico que no está subordinado.

D) Por último, bajo el epígrafe de «ampliación del motivo séptimo de la inconstitucionalidad», los recurrentes manifiestan que a las ambigüedades denunciadas en el escrito inicial, que entrañan una violación del principio de la seguridad jurídica reconocido en el art. 9.3 de la Constitución, debe añadirse una nueva ambigüedad, el peligro que el aborto implica para la vida y la salud de la madre, lo que, a su juicio, entraña una vulneración del art. 43 de la Constitución. En efecto –seña-lan– en el supuesto de que una peligrosa situación clínica de la madre, previa al embarazo, pudiera verse potenciada a causa de la gestación concomitante hasta el punto de poner en peligro su vida, confirmándose así la excepcional circunstancia clínica a que alude la Ley, no puede olvidarse que el acto abortivo, en sí mismo, incorpora a la salud ya pre-caria de la madre un innegable nuevo riesgo que puede acabar con su vida.

3. Por escrito de 10 de febrero de 1984, el Abogado del Estado, en nombre del Gobierno, se opone al recurso previo de inconstitucionali-dad haciendo las siguientes alegaciones:

A) Por lo que se refiere al «primer motivo de inconstitucionalidad» alegado por los recurrentes, considera que, con independencia de posi-bles discusiones de tipo valorativo, es necesario analizar el alcance del precepto impugnado, que se limita a despenalizar ciertos supuestos de aborto con carácter excepcional, manteniendo la penalización en los demás casos, lo que supone que la vida en gestación sigue considerán-dose un bien jurídico protegible.

Los recurrentes sostienen que tales supuestos deberían hallarse pe-nados, entendiendo que la falta de previsión penal entraña la infracción de una serie de preceptos de la Constitución. En el fondo de su postura late la tesis de la necesidad incondicionada y absoluta de utilizar nor-mas penales para proteger esos derechos, lo que les fuerza a una inter-pretación del art. 15 de la Constitución. Esto es: Tal necesidad no se presenta en la demanda como una consecuencia exegética deducida del análisis de la Constitución, sino más bien como un *prius* condicionante de la interpretación misma. Pero, a juicio del Abogado del Estado, la exigencia incondicional de una *ratio penal,* sin matizaciones ni distin-gos, no puede ser compartida ni contradicha en un escrito procesal que debe discurrir por el cauce de la reflexión jurídica; se trata, en definiti-va, de materia de política criminal y no es jurídicamente debatible.

Ahora bien, si la necesidad de penar el aborto, como única y no últi-ma *ratio,* representa una cuestión metajurídica, la pregunta de si la Constitución impone precisamente este deber constituye una cuestión jurídica. Lo que hay que plantearse no es si es necesaria una norma pe-nal, sino si la Constitución, en este caso, la impone. La respuesta es negativa: No existe en el Derecho español, ni en ordenamiento jurídico alguno, una absoluta y fatal correspondencia entre infracción jurídica y sanción penal, y sobre todo, no hay en el texto constitucional el más leve indicio de que así haya de ser. Por otra parte, de acuerdo con la concepción constitucional clásica, los derechos se afirman frente al Estado, son límites a la acción del poder político; tal es el sentido –señala el Abogado del Estado– del art. 53 de la Constitución, según el cual «los derechos y libertades reconocidos en el capítulo segundo del presente título vinculan a todos los poderes públicos». Bien es cieno que con ello –añade– no quiere negarse la concepción de la Constitución como un todo y la influencia indirecta que los preceptos reguladores de los derechos fundamentales puedan tener en la interpretación de los restantes preceptos legales; pero lo que se pretende es afirmar la imposibilidad de inferir la necesidad de una norma penal como única solución o alternativa legítima para la tutela de un bien jurídico. La solución de concebir los derechos fundamentales como derechos ejercitables frente al Estado ha llevado a casi todas las legislaciones de nuestro entorno cultural a rechazar que del derecho a la vida pueda inferirse una obligación positiva del Estado para implantar mecanismos coercitivos de signo penal en todo caso; así lo ha entendido –precisa el Abogado del Estado– el Tribunal Constitucional austríaco y, en forma implícita, el Tribunal Supremo de los Estados Unidos y la Corte Constitucional italiana. Única excepción es la Sentencia del Tribunal Constitucional de la República Federal Alemana de 25 de febrero de 1975, que –admitiendo la legalidad constitucional de la llamada solución de indicaciones– ha seguido el camino de juzgar la cuestión planteada en función de unos juicios de valor, pero sus planteamientos han sido muy controvertidos por la doctrina. Por lo demás, recuerda el Abogado del Estado que los propios recurrentes, aun dentro de la línea de los juicios de valor, se ven forzados a criticar la Sentencia alemana, por declarar ésta inexigible la continuidad del embarazo en las cuatro indicaciones cuya constitucionalidad deja a salvo, precediendo a dicha consideración la declaración de que la fijación de las penas compete al legislador, que la pena nunca puede ser un fin en sí misma, y que el legislador debe hacer un uso prudente y cuidadoso de las sanciones penales al no ser éstas sino el último extremo recurso posible para el cumplimiento de los fines de la política legislativa.

Pasa después el Abogado del Estado a considerar la interpretación de la palabra «todos» dentro del art. 15 de la Constitución, para concluir que, desde el sentido de las palabras, al reconocerse a «todos» la titularidad de un derecho, sólo podrán incluirse en el término aquellos a quienes el Derecho reconoce como sujetos aptos para ostentar titularidades jurídicas. El problema, pues, se remite al sector del ordenamiento, que precisa quiénes pueden ser titulares de derechos. Por otra parte –añade–, el resto del art. 15 sólo es aplicable a las «personas».

En cuanto a la interpretación sistemática aducida también por los recurrentes, que quieren poner de relieve, por ejemplo, la contradicción existente entre las medidas la protección propias del Estado social (art 1.º de la Constitución) y el contenido del precepto impugnado, el Abogado del Estado se remite a sus alegaciones posteriores sobre otros motivos de inconstitucionalidad, aunque pone de manifiesto que la razón sistemática se divide con cierta arbitrariedad, haciendo servir a unos preceptos para unos efectos y no para otros. Por otra parte, indica que en la Constitución las prohibiciones, cuando existen, aparecen en forma precisa y concreta: así la prohibición de la pena de muerte (art. 15), la de los Tribunales de Honor (art. 26), la de imponerse por la Administración Civil sanciones privativas de libertad (art. 25,3) y, particularmente, la expresa mención de sanciones penales y administrativas para proteger un derecho, que realiza el art. 45.3, en relación con el medio ambiente. Por lo tanto, la omisión de protección penal será constitucionalmente ilegítima cuando así viniere expresamente contemplado en la Constitución. Y así, en la jurisprudencia del Tribunal Supremo norteamericano, la posibilidad de prohibir el aborto se ha examinado siempre como una posibilidad de los Estados miembros de perseguir penalmente, o no perseguir, tal conducta, pero nunca como la obligación de castigar con sanción penal, inexistente incluso en el ámbito en que se entiende que existe vida humana protegible como bien superior de la libertad de la madre (veintiocho semanas de gestación). En definitiva, no se prevé la obligatoriedad de una persecución penal en el caso que nos ocupa; sólo su posibilidad, ejercible o no.

Los recurrentes hacían referencia también a los antecedentes históricos bajo la invocación del artículo 3.º del Código Civil, que menciona a los mismos como elemento auxiliar de la interpretación jurídica. El Abogado del Estado los divide en dos grupos: De un lado, las normas sancionadoras del aborto contenidas en los diversos Códigos Penales; de otro, el conjunto de preceptos que implican una protección al *nasciturus*. A su juicio, ambos son irrelevantes. La tradición legislativa relativa al primer grupo no puede constituirse en medio interpretativo cuando precisamente lo que persigue el proyecto impugnado es una innovación legislativa que rompe con el pasado. Y las normas civiles protectoras de los derechos del *nasciturus* suponen simplemente la atribución de derechos *in fieri*, pendientes en cuanto a su eficacia del hecho posterior e incierto del nacimiento, de tal modo que sólo a partir del instante en que se produce tal condición se perfecciona el derecho.

Una especial consideración merecen al Abogado del Estado los antecedentes legislativos en la elaboración de la Constitución, de los que hace una detallada referencia para concluir que con la fórmula adoptada finalmente en el art. 15 no se decidió ni a favor ni en contra del aborto. La fórmula «todos» constaba antes del debate parlamentario en el anteproyecto, y tal redacción no suscitó la oposición ni enmienda alguna de ningún grupo parlamentario, incluidos los defensores del aborto. Luego la ponencia introdujo el término «persona», como consecuencia de una enmienda justificada en una «mayor corrección técnica», y, por otra parte, se presentó una enmienda –la 776– que incluía explícitamente al *nasciturus*, enmienda que no fue discutida ni incluso aludida en el debate en la Comisión, pero que demuestra que había parlamentarios que no estimaban que él término «todos» supusiera la interdicción constitucional del aborto. Por último, es en el Pleno del Congreso cuando un Diputado propone la vuelta a la vieja fórmula «todos tienen derecho a la vida» con una intención muy concreta: la de hacer posible que la protección jurídica se extendiera al *nasciturus y* con ello asegurar, a su entender, que cualquier forma de aborto no fuera posible en el futuro. Sin embargo, concluye el Abogado del Estado que, aunque la enmienda se aprobó por mayoría, se reconoció por los diversos grupos que con ello no quedaba zanjada la cuestión del aborto. En ningún momento –constata– hubo realmente un debate sobre el aborto; el propio Diputado de UCD, que explicó el voto de su grupo, decisivo para que se aprobara la enmienda del grupo de Alianza Popular, explicó que «ninguna de las dos fórmulas que aquí están en cuestión es una forma abortista», con lo que evidenció la desconexión entre la cuestión del aborto y la alternativa terminológica que se sometía a votación.

Por último, el Abogado del Estado, tras considerar la tesis de los recurrentes según la cual «la realidad social del momento en que ha de ser aplicado el art. 15 de la Constitución» exige interpretar éste como referido al no nacido, concluye que tal afirmación se apoya en una serie de escritos de algunas corporaciones, colegios e instituciones privadas, esto es, se trata de un reflejo de la existencia de muchas opiniones sobre el tema, por lo que dicho criterio hermenéutico no resulta decisivo.

B) En el motivo segundo del recurso previo de inconstitucionalidad los recurrentes estiman conculcado por el Proyecto en cuestión el art. 1.° de la Constitución, según el cual España se constituye en un Estado social, y ello por entender que existe una contradicción entre la preocupación por la defensa de los derechos fundamentales propia del Estado social y la falta de protección al más primario y fundamental de todos, que entraña el art. 417 bis del Proyecto.

Señala el Abogado del Estado que el significado, función y alcance de la cláusula del Estado social es difícil de reconducir a una definición sintética. Su significado originario suele vincularse, de un lado, al reconocimiento de ciertos derechos típicos, diferenciados de los clásicos derechos de libertad (de los que en nuestra Constitución hay amplio testimonio en la lista de derechos fundamentales), y de otro, a la enunciación de ciertos principios con significación principalmente programática (que en nuestra Constitución aparecen fundamentalmente relacionados en el capítulo tercero bajo la rúbrica de principios rectores de la política social y económica). No cabe ocultar –añade– que en la jurisprudencia constitucional alemana la cláusula del Estado social ha pasado de ser una cláusula puramente habilitante a ser una cláusula vinculante, pero tal conceptuación se ha efectuado con enormes cautelas y consignando fuertes límites, que impiden entender existente un deber del Estado ante cualquier necesidad o ante cualquier medida que pueda entenderse que favorece a algún derecho o principio directivo, aún constitucionalmente proclamado, porque se llegaría a destruir el propio

Estado de derecho, y el ordenamiento jurídico quedaría anulado si cada ciudadano pudiera exigir del Estado una determinada prestación invocando un principio rector de la política social que hubiera de favorecer sus intereses. Por otra parte –señala–, en la demanda no se tiene en cuenta para nada la posición de la madre embarazada, ni se valoran en ninguna medida los derechos de la misma. En cualquier caso –añade–, lo cierto es que la cláusula del Estado social deja inevitablemente abiertas todas las soluciones al legislador, de tal forma que sólo prohíbe una política unívoca y tendencialmente antisocial. En definitiva: No se duda de que la vida en gestación es un objetivo protegible, pero la determinación de los medios y de los límites en su aplicación debe ser dominio del legislador. Recuerda finalmente el Abogado del Estado que este Tribunal Constitucional ha interpretado la cláusula del Estado social como un instrumento de aseguramiento real de los derechos existentes y reconocidos, sin hacer surgir para el Estado deberes que no tengan una expresa configuración positiva.

Examina luego el Abogado del Estado la tesis de los demandantes de que el Proyecto impugnado viola también el principio del Estado de derecho, proclamado asimismo en el art. 1.o de la Constitución y, en concreto, la teoría de la división de poderes al invadir las funciones jurisdiccionales, tamo del Tribunal Constitucional como del orden judicial penal ordinario.

En cuanto al primer extremo, se basa la demanda no tanto en que el legislador ordinario haya interpretado mal el art. 15 de la Constitución como en el hecho de que lo haya interpretado, entendiendo que la mera interpretación corresponde al Tribunal Constitucional, de modo que el legislador ha asumido competencias que la Ley orgánica del mismo (LOTC) atribuye a este Tribunal. Para el Abogado del Estado este planteamiento no es aceptable, pues la norma cuestionada –dice– no pretende interpretar el art. 15 de la Constitución, sino establecer unos supuestos de exención de responsabilidad penal. Y en cualquier caso, la objeción de la demanda, en los términos en que está formulada, impediría la promulgación de cualquier norma jurídica, por cuanto siempre y ante cualquier mandato cabría inferir idéntica objeción.

En segundo lugar, manifiesta el Abogado del Estado que no encuentra la menor justificación al reproche de que el legislador ha invadido las competencias del orden judicial penal. Es difícil, a su juicio, admitir la hipótesis abstracta de que el legislador invada competencias judiciales, si no es por la vía de privar a los órganos del poder judicial de las funciones constitucionalmente reservadas a ellos, atribuyéndoselas a otros con distinta incardinación constitucional. Tal cosa no sucede en el proyecto impugnado, que no realiza ninguna operación de sustracción, sino que se limita a introducir una nueva regulación sustantiva en la legislación penal, lo que entra dentro de sus atribuciones ya que el llamado a definir las infracciones punibles es el legislador, según resulta de los arts. 62.2 y 25 de la Constitución. La función de los Jueces consiste en aplicar la Ley, «juzgando y haciendo ejecutar lo juzgado», por lo que no puede decirse que se viole el art. 117 de la Norma Fundamental por el hecho de sustraer determinados supuestos de la lista de hechos tipificados como punibles. Y ello es así por cuanto la competencia del juzgador desde el punto de vista de sus poderes procesales no se reduce por efecto de una destipificación penal: En todo caso, el juicio sobre si un hecho debe o no conceptuarse como infracción punible queda reservado al juzgador, que no está sujeto a otro límite que el del imperio de la Ley. Añade finalmente el Abogado del Estado que tampoco aparece justificada la afirmación de que la exigencia de un dictamen facultativo previo implique sustraer poderes al Juez. Tal intervención –precisa– se preceptúa como un elemento más de la norma que excluye la sanción en ciertos casos de aborto, como medida de garantía y de certeza del presupuesto de hecho del precepto, lo que sucede en la regulación positiva de la mayor parte de los países de nuestro entorno.

C) Entra a continuación el Abogado del Estado a analizar el motivo tercero de inconstitucionalidad alegado por los recurrentes, en el que se denuncia la violación del art. 10.2 de la Constitución, en relación con el 96.1 de la misma. Para el Abogado del Estado, ateniéndonos a los Convenios ratificados por España, si se tiene en cuenta su letra y la práctica interpretativa por los países signatarios, se llega a una conclusión contraria a la que pretenden los demandantes, pues en todos se da una inequívoca identificación entre el derecho a la vida y su titularidad por la persona humana. Del análisis de esos textos internacionales –«Declaración de Derechos Humanos» de 1948, «Convenio Europeo para la Protección de los Derechos Humanos y Libertades Fundamentales» de 1950 y «Pacto Internacional de Derechos Civiles y Políticos» de 1966 (omitido, por cierto –dice–, en la relación contenida en la demanda)– se desprende que la interpretación de los recurrentes carece de justificación. Pero existe, además, un hecho capital y es que ninguno de los tratados referidos en la demanda ha sido interpretado por ningún país signatario, ni por ningún Organismo supranacional, en el sentido de estimar atentatorio al texto de aquéllos la despenalización del aborto. Y si en algunas decisiones de Tribunales extranjeros se hace referencia a los Acuerdos y Tratados internacionales como posible obstáculo a la Ley de despenalización del aborto, tal hipótesis ha sido expresamente desestimada. Al respecto cita el Abogado del Estado la Sentencia del Tribunal Constitucional austríaco de 11 de octubre de 1974, en la que se razona que «si la regulación del art. 2.º de la Convención de Derechos Humanos no se refiere al embrión, la no punibilidad de la interrupción del embarazo no puede ser contraria a dicho precepto», y la decisión del Consejo Constitucional francés, ante el que se invocó el art. 2.º del Tratado de Roma y que rechazó el argumento, destacando sobre todo la compatibilidad de la Ley impugnada con el art. 2.º de la Declaración de los Derechos del Hombre y del Ciudadano. También cita al Tribunal de Estrasburgo, el cual ha declarado en uno de sus informes que «nada prueba que las partes signatarias de la Convención hubieran querido comprometerse por tal o cual solución debatida… que no hubiera sido objeto de debates públicos al tiempo de la elaboración de la Convención», y añade que más significativo es aún el que, en un caso en que se postulaba frente al Gobierno alemán la no punibilidad del aborto, la defensa procesal de dicho Gobierno alegara que «no parecía que el art. 2.º de la Convención fuera aplicable a la vida en formación». En definitiva, concluye el Abogado del Estado que ni de los textos internacionales, ni de su proyección aplicativa, cabe inferir un criterio interpretativo de los tratados internacionales como excluyente de la posibilidad de despenalizar el aborto. Más aún: En la época en que España suscribió estos tratados, las soluciones legislativas de la mayor parte de los Estados signatarios excluían la penalidad del aborto en términos incluso menos restrictivos que los que recoge hoy el proyecto impugnado, con lo que difícilmente podría verse en el acto de suscripción y ratificación un entendimiento de su significado, diverso del aceptado y aplicado en la mayoría de los países signatarios.

D) Examina luego el Abogado del Estado el motivo de inconstitucionalidad denunciado por los recurrentes en el apartado cuarto de su escrito, en el que sostienen que el Proyecto impugnado vulnera el art. 39.2 y 4 de la Constitución.

Señala el Abogado del Estado que la argumentación de este motivo discurre por un doble cauce: En cuanto el Proyecto impide al padre su intervención para otorgar el consentimiento del aborto, y en cuanto genera desigualdades respecto de los hijos nacidos. En su opinión, toda esta argumentación parte de considerar las expresiones «hijos» o «niños» como comprensivas del concebido y no nacido, añade que la protección de los hijos (o niños, puesto que el precepto en el conjunto de sus apartados está obviamente contemplado a los hijos menores) a que se refiere el art. 39 de la Constitución se encuentra indiscutiblemente ligada a la noción de persona. Por otra parte, la demanda apunta a la igualdad de derechos y deberes del marido y de la mujer según el Código Civil, aunque de ello no infiere ninguna lesión del art. 14 de la Constitución. Estima el Abogado del Estado que, pese a no haberse argumentado nada en tal sentido, debe destacarse el total olvido que en la demanda se hace de la distinta posición de la mujer embarazada y del varón progenitor. La simple consideración de los supuestos de despenalización del aborto contemplados en la norma impugnada evidencia –dice– la improcedencia de cualquier forma de consentimiento del varón. En el caso de aborto por indicación terapéutica, el conflicto de derechos se sitúa exclusivamente entre el fruto de la concepción y la madre; en el caso de indicación ética, no se comprende que hayan de prolongarse las consecuencias del delito, agravando la situación de la embarazada al requerir el consentimiento del propio violador; finalmente, en el tercer supuesto de despenalización, el compromiso del padre, de soportar los cuidados y gastos del *nasciturus,* no eliminaría la aflicción o penosidad del hecho para la madre. En definitiva –concluye el Abogado del Estado–, si la posibilidad del aborto en determinados casos se basa en la no exigibilidad de otra conducta por parte de la madre, pese al sacrificio que ello supone del bien jurídico que es la vida en formación, con mayor razón prevalecerá aquella no exigibilidad frente a los eventuales derechos del padre, que sólo asumirían, en su caso, un significado instrumental y supeditado a dicho bien jurídico.

E) y F) Como quinto motivo de inconstitucionalidad señalaban los recurrentes la vulneración del art. 53 de la Constitución, en cuanto a las garantías del derecho fundamental a la vida. Luego, bajo la rúbrica de «motivo sexto» procedían a analizar las «indicaciones» contempladas en el proyectado art. 417 bis del Código Penal. El Abogado del Estado contesta en forma global a ambos apartados.

Señala, en primer lugar, que la demanda, en el tratamiento impugnatorio del precepto en cuestión, parte de unas premisas generales que merecen unas consideraciones previas:

1.ª Equiparación absoluta del feto con la persona nacida, que no tiene fundamento alguno en la Constitución y, a mayor abundamiento, tampoco en el texto penal vigente ni en la larga serie de los que le han precedido, pues la misma diferenciación del tipo penal respecto del homicidio y el infanticidio hacen innecesarias mayores demostraciones.

2.ª Desatención absoluta de los derechos de la madre ante la situación del embarazo, cuando esta situación viene caracterizada precisamente por una confluencia de derechos tan intensa que no encuentra parangón en ningún otro supuesto contemplado en el ordenamiento. El derecho a la vida de la madre, al desarrollo de su personalidad, a la salud, al honor, a su intimidad, etc., son aspectos que no pueden dejarse de lado so pena de asumir una visión parcial y por ende inexacta del problema. De todos ellos, merece una especial consideración el derecho a la intimidad. También la demanda parece rechazar la existencia de conflicto entre bienes jurídicos, afirmando que la vida constituye un valor absoluto, no susceptible de limitación y ante el que deben ceder todos los demás derechos por presuponer todos y cada uno de ellos el derecho a la vida. Esta argumentación –señala el Abogado del Estado–, que sólo se sostiene sobre la base de una total equiparación entre el feto y la persona nacida, olvida además que no existen derechos ilimitados –el propio derecho a la vida cede legítimamente ante la propia defensa de la persona y de los bienes–, que todo derecho puede entrar en conflicto con otros derechos e intereses, y que la valoración de estos intereses y el señalamiento de los correspondientes límites es tarea primordial del legislador.

3.ª Remisión de las funciones de tipificación penal a los Tribunales. En esencia parece sostenerse en la demanda que los supuestos de despenalización del aborto podían muy bien incluirse en los casos de exención de responsabilidad criminal por estado de necesidad. Pero la Ley –manifiesta el Abogado del Estado– no puede renunciar a regular la vida social con sus características de generalidad y abstracción, y menos aún en una disciplina para la que el principio de legalidad constituye un instrumento de su propio ser. La culpabilidad como elemento conceptual de la propia noción de delito no puede ser extraña al legislador, ni puede dejar de ser por tanto una categoría jurídica, porque una definición jurídica del acto violatorio tiene que basarse exclusivamente en la noción de norma jurídica, y ésta, y sólo ésta, es la llamada a definir la culpabilidad a los efectos de integrar el tipo, y si el Juez declara la culpabilidad, estará inevitablemente aplicando la norma. Que la norma penal defina la culpabilidad de una u otra forma, o incluya el mandato en la parte general de un texto o en la regulación concreta de una figura penal es algo que compete exclusivamente al legislador. Por ello, bajo la apariencia de una actitud «judicialista» se esconde en la demanda un puro y simple rechazo de la norma.

4.ª Rechazo de la norma por los riesgos potenciales de su propio incumplimiento. En algunos pasajes de la demanda –recuerda el Abogado del Estado– se expresa el temor de que la despenalización de los casos de aborto contenidos en el art. 417 bis del Código Penal constituyan un portillo abierto al aborto libre. Esta argumentación discurre, a su juicio, por cauces ajenos al objeto del presente proceso, que no tiene por misión –dice– asumir la responsabilidad de los resultados de la Ley, sino enjuiciar los enunciados de ésta bajo la perspectiva del texto constitucional.

Hechas estas consideraciones previas, pasa el Abogado del Estado a examinar la impugnación concreta del precepto en cuestión, y a este respecto recuerda que el proyectado art. 417 bis del Código Penal exime de penalidad al aborto si se practica por un Médico con el consentimiento de la mujer cuando concurra alguna de las circunstancias que se expresan a continuación.

Para el caso de conflicto entre la vida de la madre y la del *nasciturus,* dentro de la «indicación terapéutica», los recurrentes señalan, en primer término, que cabe la eximente de estado de necesidad, razonamiento –dice el Abogado del Estado– que, de ser congruente consigo mismo, debiera haber hecho prescindir de la impugnación; a continuación alegan que la exención comprende «casos excepcionales cada vez menos frecuentes» y que hoy existen medios para lograr salvar la vida de la madre y la del hijo, razonamiento que a juicio del Abogado del Estado, no excluye la razón de ser del precepto, y menos aún demuestra su inconstitucionalidad, puesto que el que la norma haya de tener una aplicación más o menos frecuente no elimina el problema en los casos en que aparezca. En cuanto al caso de conflicto con la salud, el Abogado del Estado se remite a las consideraciones que hizo anteriormente. Por otra parte, señala la conveniencia de traer a colación, dentro de un marco valorativo, la doctrina de la «conducta no exigible» que, como los propios demandantes reconocen, es sostenida por la doctrina más moderna como causa de exención de responsabilidad. Es legislador –dice– tiene derecho a valorar qué conductas merecen castigo y cuáles no, en su función ordenadora de la convivencia. Además –añade–, ni siquiera la demanda contiene una afirmación contraria al espíritu de la Ley, esto es, que aún en caso de grave peligro para la salud de la madre la interrupción del embarazo deba dar lugar a sanciones para ésta. En definitiva –concluye– las divergencias de los recurrentes con la Ley en este punto vienen a quedar reducidas a una modesta diferenciación de matiz técnico, que no se justifica en un recurso de inconstitucionalidad.

Por lo que se refiere a la «indicación ética», recuerda el Abogado del Estado que la demanda se limita también a formular reservas de tipo técnico, si se prescinde del juicio moral y de las medidas que podrían coadyuvar a evitar el aborto en tales casos. El argumento –dice– va más dirigido contra el potencial abuso de la Ley que contra la Ley misma, argumento que no resulte atendible si se tiene en cuenta que en el caso de que la denuncia de violación se revelare falsa, o a través de cualquier confabulación se hiciere abuso de la norma, existiría un delito independiente, además de cesar el supuesto de no punibilidad previsto en el proyecto. Finalmente, al Abogado del Estado pone de manifiesto que para los demandantes la indicación ética entraña una violación del art. 15 de la Constitución al hacer prevalecer –dicen– el derecho al honor sobre el derecho a la vida; a lo que contraargumenta que no es la consideración del derecho al honor de la madre la única motivación que está en la raíz de la indicación: Es sobre todo la inexigibilidad de otra conducta, pues forzar a la mujer embarazada por consecuencia de un delito, a vivir perpetuamente vinculada a un hecho indeseado e indeseable es exigir más de lo que es esperable de la conducta humana normal.

En cuanto a la «indicación eugenésica», los recurrentes denuncian como vulnerado el art. 49 de la Constitución, precepto –señala el Abogado del Estado– que se refiere en todo caso a la acción asistencial del Estado y que no está pensando en los concebidos y sobre todo no contempla los graves conflictos de derechos que surgen en los casos comprendidos en el proyectado art. 417 bis del Código Penal. La indicación eugenésica –añade– tiene una evidente conexión con el supuesto del art. 417 bis primero; se trata de no exigir a quien psicológicamente no pueda soportarlo, un embarazo cuyo fruto –con la certeza que ofrecen las modernas técnicas– baya de presentar graves taras físicas o psíquicas.

Una vez concluido el examen de los supuestos de no punibilidad del aborto, señala el Abogado del Estado que, por otra parte, estos planteamientos no constituyen ninguna originalidad novedosa de doctrina penalista, sino que tienen su plasmación positiva en la vigente legislación penal. En efecto, una consideración del art. 414 del Código Penal vigente muestra que el aborto llamado «honoris causa» ha merecido un tratamiento singular en todas las Leyes penales, sujetándose a la más leve de las penas privativas de libertad. Por consiguiente, si para la protección del derecho al honor se minimiza la pena hasta ese grado, mal se puede reprochar la destipificación del delito cuando entran en consideración otros derechos confluentes que revelan un conflicto más grave.

G) Por último, considera el Abogado del Estado el motivo séptimo del recurso, en el que se alude a supuestas «ambigüedades constitucionales» del proyectado art. 417 bis del Código Penal, que se estima violan el principio de seguridad jurídica reconocido en el art. 9.3 de la Constitución, sobre todo porque el proyecto no contiene previsión alguna sobre las consecuencias que la modificación por el introducida supone en otros campos jurídicos.

Señala al respecto, en primer lugar, que, en su opinión, las observaciones formuladas atienden a problemas más o menos teóricos de integración o interpretación jurídica, bien de la propia norma, bien de ésta en su relación con otros preceptos del ordenamiento jurídico, pero no tienen que ver con él principio de segundad jurídica, al no discutirse su legalidad formal o su certeza material. Por otra parte –añade–, la demanda se resuelve en un enunciado casuístico de «circunstancias», pero no funda en ellas ninguna objeción directa de inconstitucionalidad, sino que recaba del Tribunal Constitucional una sentencia interpretativa, petición que, como ha recordado ya este Tribunal, resulta de improcedente planteamiento por las partes. No obstante, el Abogado del Estado pasa a comentar así las mencionadas «circunstancias»:

1.ª Por lo que se refiere a la expresión peligro grave para la salud, el concepto de salud es un término empleado en la Constitución, como el objeto de un derecho protegible, y la aplicación o interpretación del concepto está confiada a los órganos encargados de juzgar sobre el derecho, en su caso.

2.ª En cuanto a la violación, el delito habrá de ser denunciado, y al Juez le compele perseguirlo si llega a demostrarse su existencia, o, en caso contrario, proceder por simulación de delito contra la persona que hubiere fingido su comisión.

3.ª No es objetable la norma porque su presupuesto de hecho constituya un juicio de probabilidad.

4.ª La práctica médica no exige la secuencia de ningún proceso administrativo.

5.ª No se desprende del proyecto obligación específica para los facultativos, por lo que resulta ocioso preguntarse sobre la objeción de conciencia.

6.ª Se trata de una cuestión de derecho civil, que no es misión del Código Penal resolver.

7.ª Ya fue objeto de consideración esta objeción, como motivo sustantivo de impugnación.

8.ª No se señala por qué la intervención del Ministerio Fiscal ha de ser preceptiva.

9.ª El régimen de la Seguridad Social respecto al aborto es cuestión ajena al recurso.

10. La Ley 30/1979, de 27 de octubre, sobre extracción y trasplante de órganos, no puede erigirse en parámetro de validez del proyecto impugnado.

11. Finalmente, en cuanto a la circunstancia invocada en el motivo cuarto del escrito de ampliación, esto es, «el peligro que implica el aborto para la vida y la salud de la madre», no puede negarse que este nesgo es el qué la norma trata de conjurar en la primera de las indicaciones, *y* en otro caso no sería distinto del de cualquier persona ante una intervención quirúrgica.

4. Habiéndose recibido del Congreso de los Diputados los diarios de sesiones del Pleno del mismo correspondientes a la segunda legislatura, así como el diario de «Sesiones de la Comisión de Justicia Interior», todo ello referido al proyecto impugnado, y del Ministerio de Justicia el expediente de elaboración del anteproyecto de la Ley Orgánica de reforma urgente y parcial del Código Penal, en el que se incluía el artículo 417 bis, este Tribunal Constitucional, por providencia de 22 de febrero de 1984, dispone la habilitación de un plazo común de diez días para que toda esta documentación pueda ser conocida por las partes y puedan alegar con relación a ella y dentro del indicado plazo lo que estimaren conveniente a su derecho.

El señor Ruiz Gallardón, en la representación que le corresponde en el presente proceso, formula en el indicado plazo sus alegaciones, en escrito de 7 de marzo de 1984, dirigidas a los siguientes puntos:

A) El expediente remitido es, a su juicio, incompleto.

B) El Ministerio de Justicia ha remitido una inabarcable documentación que considera improcedente, integrada por cuatro gruesos volúmenes conteniendo información sobre el ordenamiento jurídico español en la materia, sobre la doctrina, la jurisprudencia y el derecho comparado, así como datos sociológicos e información de prensa, documentación toda ella posterior a febrero de 1983, por lo que no pudo ser tenida en cuenta por el Ministerio para la elaboración del anteproyecto.

C) La documentación es, en su opinión, presuntamente parcial. Al mismo tiempo hace una proposición de prueba que califica de documental, pública y privada, así como una proposición de prueba pericial.

Por su parte, el Abogado del Estado, en el plazo de alegaciones, manifiesta que a la vista de la documentación recibida del Congreso de los Diputados y del Ministerio de Justicia poco se podría añadir a las alegaciones formuladas en su momento: Los debates parlamentarios revelan una evidente discrepancia política sobre el contenido del proyecto de

316 JOSÉ MIGUEL CASTILLO CALVÍN

reforma; un análisis de las críticas al mismo evidencian no tanto el propósito o la convicción sobre la necesidad de someter a penas aflictivas a quienes incidan en los tipos que se despenalizan, cuanto el derecho de operar con diferentes técnicas de exención de responsabilidad para estos mismos supuestos. A juicio del Abogado del Estado, si desde el punto de vista político técnico la cuestión presenta gran interés, desde el punto de vista de la constitucionalidad del proyecto ofrece escasa utilidad. Por otra parte, añade que los estudios previos tenidos en cuenta para la valoración del anteproyecto muestran una cuidadosa consideración de los distintos aspectos que inciden en las cuestiones contempladas, y que estos estudios y trabajos no tienen otra significación que la de elementos de reflexión y análisis previos a una decisión legislativa, cuya conformidad a la Constitución ya ha razonado en su momento.

5. En relación con las peticiones formuladas por la parte recurrente sobre recibimiento y proposición de prueba, este Tribunal, después de dar traslado al Abogado del Estado del escrito y documentos aportados por plazo de cinco días, resuelve, por Auto de 9 de abril de 1984, admitir como prueba documenta! la constituida por los documentos aportados con el escrito de interposición del recurso, el de ampliación y el presentado el 7 de marzo último a que acaba de hacerse referencia en el anterior antecedente, y acuerda denegar el resto de las peticiones que sobre prueba y el contenido del expediente se hacían en el escrito presentado por el señor Ruiz Gallardón como comisionado de los recurrentes.

6. Por providencia de 21 de marzo de 1985, el Pleno del Tribunal señaló para deliberación y votación de la presente Sentencia del día 26 del mismo mes, plazo que se amplió por providencia del día 28 hasta el máximo permitido por el artículo 34.2 de la LOTC.

7. En la sesión del Pleno de 11 de abril de 1985 se sometió a votación conjunta la ponencia formulada por el ponente inicialmente nombrado, don Jerónimo Arozamena Sierra, y el texto alternativo redactado por los Magistrados doña Gloria Begué Cantón y don Rafael Gómez-Ferrer Morant. En dicha votación obtuvo mayoría el texto alternativo mencionado, en atención a lo cual el ponente señor Arozamena solicitó del Presidente que le dispensara de la redacción de la Sentencia. Por Decreto de la misma fecha el Presidente accedió a lo solicitado y nombró

ponentes para dicho acto a los Magistrados señora Begué y señor Gómez-Ferrer.

## II. FUNDAMENTOS JURÍDICOS

1. El objeto del recurso que debe ser decidido por la presente Sentencia es determinar la constitucionalidad o inconstitucionalidad del Proyecto de Ley Orgánica que introduce el artículo 417 bis en el Código Penal, por el que se declara no punible el aborto en determinados supuesto. Se trata de un caso límite en el ámbito del Derecho; en primer lugar, porque el vínculo natural del *nasciturus* con la madre fundamenta una relación de especial naturaleza de la que no hay paralelo en ningún otro comportamiento social, y en segundo término, por tratarse de un tema en cuya consideración inciden con más profundidad que en ningún otro ideas, creencias y convicciones morales, culturales y sociales. El Tribunal no puede menos de tener en cuenta, como una de las ideas subyacentes a su razonamiento, la peculiaridad de la relación entre la madre y el *nasciturus* a la que antes hemos hecho mención; pero ha de hacer la abstracción de todo elemento o patrón de enjuiciamiento que no sea el estrictamente jurídico, ya que otra cosa seria contradictoria con la imparcialidad y objetividad de juicio inherente a la función jurisdiccional, que no puede atenerse a criterios y pautas, incluidas las propias convicciones, ajenos a los del análisis jurídico.

2. El proyecto de reforma del Código Penal al que hacemos referencia en el fundamento anterior dice así:

«Articulo único.

El art. 417 bis del Código Penal queda redactado de la siguiente manera:

El aborto no será punible si se practica por un Médico, con el consentimiento de la mujer, cuando concurra alguna de las circunstancias siguientes:

1. Que sea necesario para evitar un grave peligro para la vida o la salud de la embarazada.

2. Que el embarazo sea consecuencia de un hecho constitutivo de delito de violación del art. 429, siempre que el aborto se practique dentro de las doce primeras semanas de gestación y que el mencionado hecho hubiere sido denunciado.

3. Que sea probable que el feto habrá de nacer con graves taras físicas o psíquicas, siempre que el aborto se practique dentro de las veintidós primeras semanas de gestación y que el pronóstico desfavorable conste en un dictamen emitido por dos Médicos especialistas distintos del que intervenga a la embarazada.»

Los recurrentes consideran este proyecto inconstitucional por estimar que vulnera los arts. 1.1. 9.3, 10.2, 15, 39.2 y 4, 49 y 51.1 y 3 de la Constitución. El Abogado del Estado, por su parte, considera que el Proyecto no es inconstitucional. Los razonamientos de ambas partes han quedado resumidos en los antecedentes primero, segundo y tercero de esta Sentencia, por lo que sería redundante hacerlo aquí.

3. El problema nuclear en torno al cual giran las cuestiones planteadas en el presente recurso es el alcance de la protección constitucional del *nasciturus,* por lo que procede comenzar por hacer unas consideraciones generales sobre la trascendencia del reconocimiento del derecho a la vida dentro del ordenamiento constitucional, consideraciones que iremos precisando a medida que lo requiera el desarrollo de nuestra argumentación. Dicho derecho a la vida, reconocido y garantizado en su doble significación física y moral por el art. 15 de la Constitución, es la proyección de un valor superior del ordenamiento jurídico constitucional –la vida humana– y constituye el derecho fundamental esencial troncal en cuanto es el supuesto ontológico sin el que los restantes derechos no tendrían existencia posible. Indisolublemente relacionado con el derecho a la vida en su dimensión humana se encuentra el valor jurídico fundamental de la dignidad de la persona, reconocido en el art. 10 como germen o núcleo de unos derechos «que le son inherentes». La relevancia y la significación superior de uno y otro valor y de los derechos que los encaman se manifiesta en su colocación misma en el texto constitucional, ya que el art. 10 es situado a la cabeza del título destinado a tratar de los derechos y deberes fundamentales, y el art. 15 a la cabeza del capítulo donde se concretan estos derechos, lo que muestra que dentro del sistema constitucional son considerados como el punto de arranque, como el *prius* lógico y ontológico para la existencia y especificación de los demás derechos.

4. Es también pertinente hacer, con carácter previo, algunas referencias al ámbito, significación y función de los derechos fundamentales en el constitucionalismo de nuestro tiempo inspirado en el Estado social de Derecho. En este sentido, la doctrina ha puesto de manifiesto – en coherencia con los contenidos y estructuras de los ordenamientos positivos– que los derechos fundamentales no incluyen solamente derechos subjetivos de defensa de los individuos frente al Estado, y garantías institucionales, sino también deberes positivos por parte de éste *(vide* al respecto arts. 9.2, 17.4, 18.1 y 4; 20.3, y 27 de la Constitución). Pero, además, los derechos fundamentares son los componentes estructurales básicos, tanto del conjunto del orden jurídico objetivo como de cada una de las ramas que lo integran, en razón de que son la expresión jurídica de un sistema de valores que, por decisión del constituyente, ha de informar el conjunto de la organización jurídica y política; son, en fin, como dice el art. 10 de la Constitución, el «fundamento del orden jurídico y de la paz social». De la significación y finalidades de estos derechos dentro del orden constitucional se desprende que la garantía de su vigencia no puede limitarse a la posibilidad del ejercicio de pretensiones por pane de los individuos, sino que ha de ser asumida también por el Estado. Por consiguiente, de la obligación del sometimiento de todos los poderes a la Constitución no solamente se deduce la obligación negativa del Estado de no lesionar la esfera individual o institucional protegida por los derechos fundamentales, sino también la obligación positiva de contribuir a la efectividad de tales derechos, y de los valores que representan, aun cuando no exista una pretensión subjetiva por parte del ciudadano. Ello obliga especialmente al legislador, quien recibe de los derechos fundamentales «los impulsos y líneas directivas», obligación que adquiere especial relevancia allí donde un derecho o valor fundamental quedaría vacío de no establecerse los supuestos para su defensa.

5. El art. 15 de la Constitución establece que «todos tienen derecho a la vida». La vida es un concepto indeterminado sobre el que se han dado respuestas plurívocas no sólo en razón de las distintas perspectivas (genética, médica, teológica, ética, etc.), sino también en virtud de los diversos criterios mantenidos por los especialistas dentro de cada uno de los puntos de vista considerados, y en cuya evaluación y discu-

sión no podemos ni tenemos que entrar aquí. Sin embargo, no es posible resolver constitucionalmente el presente recurso sin partir de una noción de la vida que sirva de base para determinar el alcance del mencionado precepto. Desde el punto de vista de la cuestión planteada basta con precisar:

a) Que la vida humana es un devenir, un proceso que comienza con la gestación, en el curso de la cual una realidad biológica va tomando corpórea y sensitivamente configuración humana, y que termina en la muerte; es un continuo sometido por efectos del tiempo a cambios cualitativos de naturaleza somática y psíquica que tienen un reflejo en el *status* jurídico público y privado del sujeto vital.

b) Que la gestación ha generado un *tertium* existencialmente distinto de la madre, aunque alojado en el seno de ésta.

c) Que dentro de los cambios cualitativos en el desarrollo del proceso vital y partiendo del supuesto de que la vida es una realidad desde el inicio de la gestación, tiene particular relevancia el nacimiento, ya que significa el paso de la vida albergada en el seno materno a la vida albergada en la sociedad, bien que con distintas especificaciones y modalidades a lo largo del curso vital. Y previamente al nacimiento tiene especial trascendencia el momento a partir del cual el *nasciturus* es ya susceptible de vida independiente de la madre, esto es, de adquirir plena individualidad humana.

De las consideraciones anteriores se deduce que si la Constitución protege la vida con la relevancia a que ames se ha hecho mención, no puede desprotegerla en aquella etapa de su proceso que no sólo es condición para la vida independiente del claustro materno, sino que es también un momento del desarrollo de la vida misma; por lo que ha de concluirse que la vida del *nasciturus*, en cuanto éste encarna un valor fundamental –la vida humana– garantizado en el art. 15 de la Constitución constituye un bien jurídico cuya protección encuentra en dicho precepto fundamento constitucional.

Esta conclusión resulta también de tos debates parlamentarios en torno a la elaboración del mencionado artículo del texto constitucional, cuya cercanía en el tiempo justifica su utilización como elemento interpretativo. En el Pleno del Congreso fue defendida una enmienda –aprobada por mayoría– que proponía utilizar el término «todos» en sustitución de la expresión «todas las personas» –introducida en el seno de la Comisión para modificar la primitiva redacción del precepto en el Anteproyecto por estimar que era «técnicamente más correcta»– con la finalidad de incluir al *nasciturus* y de evitar, por otra parte, que con la palabra «persona» se entendiera incorporado el concepto de la misma elaborado en otras disciplinas jurídicas específicas, como la civil y la penal, que de otra forma, podría entenderse asumido por la Constitución. La ambigüedad del término «todos» en la expresión «todos tienen derecho a la vida» no fue despejada, sin embargo, durante los debates por lo que se refiere a la extensión de la titularidad del derecho, pero en cualquier caso, como señaló el defensor de la enmienda, constituía una fórmula abierta que se estimaba suficiente para basar en ella la defensa del *nasciturus.* El precepto fue aprobado posteriormente en el Senado por 162 votos a favor, ninguno en contra y dos abstenciones. En definitiva, el sentido objetivo del debate parlamentario corrobora que el *nasciturus* está protegido por el art. 15 de la Constitución, aun cuando no permite afirmar que sea titular del derecho fundamental.

6. Los recurrentes pretenden deducir tal titularidad, no sólo de los mencionados debates parlamentarios acerca de la inclusión del *nasciturus* en el término «todos» del art. 15, sino también de la interpretación sistemática de la Constitución, así como de los tratados y acuerdos internacionales ratificados por España, a que remite el art 10.2 de la Constitución para la interpretación de las normas relativas a los derechos fundamentales y libertades en ella reconocidos. No existe, sin embargo, fundamento suficiente en apoyo de su tesis.

Por lo que se refiere a la primera, los mismos recurrentes reconocen que la palabra «todos» utilizada en otros preceptos constitucionales (arts. 27, 28, 29, 35 y 47) hace referencia a los nacidos, como se deduce del contexto y del alcance del derecho que regulan, pero estiman qué de ello no puede concluirse que ese mismo significado haya de atribuirse a dicho término en el art. 15. La interpretación sistemática de éste ha de hacerse, a su juicio, en relación con otros preceptos constitucionales (arts. 1.1, 10, 14, 39 y 49). Pero los mismos términos generales en que esta argumentación se desarrolla y la misma vaguedad de la conclusión a que llegan los recurrentes la convierten en irrelevante por lo que se

322     JOSÉ MIGUEL CASTILLO CALVÍN

refiere a la cuestión concreta planteada de la titularidad del derecho a la vida que pueda corresponder al *nasciturus.*

En cuanto a la interpretación del art. 15. de conformidad con la Declaración Universal de Derechos Humanos y los tratados y acuerdos internacionales ratificados por España, lo cierto es que la versión auténtica francesa utilizada expresamente el término «persona» en el art. 6.° del Pacto Internacional de Derechos Civiles y Políticos –al igual que lo hace la versión auténtica española– y en el art. 2.° del Convenio Europeo para la Protección de los Derechos Humanos y Libertades Fundamentales. Y si bien el Tribunal de Derechos humanos no ha tenido ocasión de pronunciarse sobre este extremo, la Comisión Europea de Derechos Humanos, en su función relativa a la admisión de demandas, sí lo ha hecho en relación con el art. 2.° del Convenio en el asunto 8416/1979, en su decisión de 13 de mayo de 1980, poniendo de manifiesto por lo que se refiere a la expresión *everyone o toute personne* de los textos auténticos que, aun cuando no aparece definida en el Convenio, la utilización que de dicha expresión se hace en el mismo y el contexto dentro del cual se emplea en el mencionado art. 2.° lleva a sostener que se refiere a las personas ya nacidas y no es aplicable el *nasciturum* (Ftos. jcos. 9 y 17), asimismo, al examinar el término «vida», la Comisión se planteó en qué sentido puede interpretarse el art. 2.° en cuestión en relación con el feto, aunque no llego a pronunciarse en términos precisos sobre tal extremo por estimar que no era necesario para decidir sobre el supuesto planteado (indicación médica para proteger la vida y la salud de la madre), limitándose a excluir de las posibles interpretaciones, la de que el feto pudiera tener un «derecho a la vida» de carácter absoluto (FFJJ-17 a 23).

7. En definitiva, los argumentos aducidos por los recurrentes no pueden estimarse para fundamentar la tesis de que el *nasciturus* le corresponda también la titularidad del derecho a la vida, pero, en todo caso, y ello es lo decisivo para la cuestión objeto del presente recurso, debemos afirmar que la vida del *nasciturus*, de acuerdo con lo argumentado en los fundamentos jurídicos anteriores de esta sentencia, es un bien jurídico constitucionalmente protegido por el art. 15 de nuestra Norma fundamental.

Partiendo de las consideraciones efectuadas en el FJ-4, esta protección que la Constitución dispensa al nasciturus implica para el Estado con carácter general dos obligaciones. La de abstenerse de interrumpir o de obstaculizar el proceso natural de gestación, y la de establecer un sistema legal para la defensa de la vida que suponga una protección efectiva de la misma y que dado, el carácter fundamental de la vida, incluya también, como última garantía, las normas penales. Ello no significa que dicha protección haya de revestir carácter absoluto, pues, como sucede en relación con todos los bienes y derechos constitucionalmente reconocidos, en determinados supuestos puede y aún debe estar sujeta a limitaciones, como veremos posteriormente.

8. Justo al valor de la vida humana y sustancialmente relacionado con la dimensión moral de ésta, nuestra Constitución ha elevado también a valor jurídico fundamental la dignidad de la persona, que, sin perjuicio de los derechos que le son inherentes, se halla íntimamente vinculada con el libre desarrollo de la personalidad (art. 10) y los derechos a la integridad física y moral (art. 15), a la libertad de ideas y creencias (art. 16), al honor, a la intimidad personal y familiar y a la propia imagen (art. 18.1). Del sentido de estos preceptos puede deducirse que la dignidad es un valor espiritual y moral inherente a la persona, que se manifiesta singularmente en la autodeterminación consciente y responsable de la propia vida y que lleva consigo la pretensión al respecto por parte de los demás.

La dignidad está reconocida a todas las personas con carácter general pero cuando el intérprete constitucional trata de concretar este principio no puede ignorar el hecho obvio de la especificidad de la condición femenina y la concreción de los mencionados derechos en el ámbito de la maternidad, derechos que el Estado debe respetar y a cuya efectividad debe contribuir, dentro de los límites impuestos por la existencia de otros derechos y bienes asimismo reconocidos por la Constitución.

9. Las consideraciones anteriores nos permiten entrar a examinar el Proyecto objeto del presente recurso para enjuiciar la presunta inconstitucionalidad de los supuestos de declaración de no punibilidad del aborto en él contenido, aducida por los recurrentes.

El legislador parte de una normativa preconstitucional que utiliza la técnica penal como forma de protección de la vida del *nasciturus* (arts. 411 a 417 del Código Penal), normativa que no revisa con carácter general, limitándose a declarar no punible el aborto en determinados supuestos, que responden a las denominadas indicaciones terapéutica, ética y eugenésica (FJ-2). La cuestión que se suscita es, pues, la de examinar si el legislador puede excluir en supuestos determinados la vida del *nasciturus* de la protección penal.

En primer lugar, las causas de exención de la responsabilidad establecidas en el art. 8.º del Código Penal tienen una aplicación general respecto de los delitos sancionados en este Código, que no ha sido puesta en duda en el presente recurso, y de la que es posible deducir que –en principio y con los límites que les son inherentes– también pueden regir, en su caso, respecto del delito de aborto (arts. 411 y ss. del Código Penal). Pero, ciñéndonos estrictamente a la cuestión planteada por los recurrentes, hemos de considerar si le está constitucionalmente permitido al legislador utilizar una técnica diferente, mediante la cual excluya la punibilidad en forma específica para ciertos delitos.

La respuesta a esta cuestión ha de ser afirmativa. Por su parte, el legislador puede tomar en consideración situaciones características de conflicto que afectan de una manera específica a un ámbito determinado de prohibiciones penales. Tal es el caso de los supuestos en los cuales la vida del *nasciturus*, como bien constitucionalmente protegido, entra en colisión con derechos relativos a valores constitucionales de muy relevante significación, como la vida y la dignidad de la mujer, en una situación que no tiene parangón con otra alguna, dada la especial relación del feto respecte de la madre, así como la confluencia de bienes y derechos constitucionales en juego.

Se trata de graves conflictos de características singulares, que no pueden contemplarse tan sólo desde la perspectiva de los derechos de la mujer o desde la protección de la vida del *nasciturus*. Ni ésta puede prevalecer incondicionalmente frente a aquéllos, ni los derechos de la mujer pueden tener primacía absoluta sobre la vida del *nasciturus,* dado que dicha prevalencia supone la desaparición, en todo caso, se un bien no sólo constitucionalmente protegido, sino que encama un valor central del ordenamiento constitucional. Por ello, en la medida en que no puede afirmarse de ninguno de ellos su carácter absoluto, el intérprete constitucional se ve obligado a ponderar los bienes y derechos en función del supuesto planteado, tratando de armonizarlos si ello es posible o, en caso contrario, precisando las condiciones y requisitos en que podría admitirse la prevalencia de uno de ellos.

Por otra parte, el legislador, que ha de tener siempre presente la razonable exigibilidad de una conducta y la proporcionalidad de la pena en caso de incumplimiento, puede también renunciar a la sanción penal de una conducta que objetivamente pudiera representar una carga insoportable, sin perjuicio de que, en su caso, siga subsistiendo el deber de protección del Estado respecto del bien jurídico en otros ámbitos. Las Leyes humanas contienen patrones de conducta en los que, en general, encajan los casos normales, pero existen situaciones singulares o excepcionales en las que castigar penalmente el incumplimiento de la Ley resultaría totalmente inadecuado; el legislador no puede emplear la máxima constricción –la sanción penal– para imponer en estos casos la conducta que normalmente seria exigible pero que no lo es en ciertos supuestos concretos.

10. Los recurrentes alegan que no puede conocerse el alcance de los supuestos previstos por el legislador, dada la imprecisión de alguno de los términos que éste utiliza, lo que, a su juicio, vulnera el principio de seguridad jurídica consagrado en el art. 9.3 de la Constitución.

El Tribunal no puede compartir esta alegación de los recurrentes, pues aun cuando tales términos puedan contener un margen de apreciación, ello no los transforma en conceptos incompatibles con la seguridad jurídica, ya que son susceptibles de definiciones acordes con el sentido idiomático general que eliminan el temor de una absoluta indeterminación en cuanto a su interpretación.

En efecto, el término «necesario» –que se utiliza en el núm. 1 del art. 417 bis del Código Penal en la redacción del Proyecto– sólo puede interpretarse en el sentido de que se produce una colisión entre la vida del *nasciturus* y la vida o salud de la embarazada que no puede solucionarse de ninguna otra forma.

En especial, y en relación con el supuesto de grave peligro para la salud, el término «grave» expresa con claridad la idea de que ha de tratarse de un peligro de disminución importante de la salud y con permanencia en el tiempo, todo ello según los conocimientos de la ciencia médica en cada momento. Por otra parte, el término salud se refiere a la salud física o psíquica, como se deduce con toda evidencia de los debates parlamentarios.

Finalmente, en cuanto al número 3 del mencionado artículo, el término «probable» expresa la idea de razonable presunción de verdad, y responde, como apunta el Abogado del Estado, a la presumible prudencia de los dictámenes médicos en los que los términos absolutos de seguridad o certeza suelen quedar excluidos, sin que en este caso la sustitución de un concepto jurídico indeterminado por otro pudiera contribuir, a juicio de este Tribunal, a una mayor precisión en el supuesto de hecho. Por otra parte, el término grave expresa, de un lado, la importancia y profundidad de la tara y, de otro, su permanencia en el tiempo.

11. Una vez analizada la objeción de indeterminación de los supuestos alegada por los recurrentes, basada en la imprecisión de los términos, es preciso examinar la constitucionalidad de cada una de las indicaciones o supuestos de hecho en que el proyecto declara no punible la interrupción del estado de embarazo.

a) El núm. 1 contiene en realidad dos indicaciones que es necesario distinguir: El grave peligro para la vida de la embarazada y ei grave peligro para su salud.

En cuanto a la primera, se plantea el conflicto entre el derecho a la vida de la madre y la protección de la vida del *nasciturus.* En este supuesto es de observar que si la vida del *nasciturus* se protegiera incondicionalmente, se protegería más a la vida del no nacido que a la vida del nacido, y se penalizaría a la mujer por defender su derecho a la vida, lo que descartan también los recurrentes, aunque lo fundamenten de otra manera; por consiguiente, resulta constitucional la prevalencia de la vida de la madre.

En cuanto a la segunda, es preciso señalar que el supuesto de «grave peligro» para la salud de la embarazada afecta seriamente a su derecho a la vida y a la integridad física. Por ello, la prevalencia de la salud de la madre tampoco resulta inconstitucional, máxime teniendo en cuenta que la exigencia del sacrificio importante y duradero de su salud bajo la conminación de una sanción penal puede estimarse inadecuada, de acuerdo con las consideraciones contenidas en el fundamento jurídico 9.

b) En cuanto a la indicación prevista en el núm. 2 –que el embarazo sea consecuencia de un delito de violación y siempre que el aborto se practique dentro de la doce primeras semanas– basta considerar que la gestación ha tenido su origen en la comisión de un acto no sólo contrario a la voluntad de la mujer, sino realizado venciendo su resistencia por la violencia, lesionando en grado máximo su dignidad personal y el libre desarrollo de su personalidad, y vulnerando gravemente el derecho de la mujer a su integridad física y moral, al honor, a la propia imagen y a la intimidad personal. Obligaría a soportar las consecuencias de un acto de tal naturaleza es manifiestamente inexigible, la dignidad de la mujer excluye que puede considerársele como mero instrumento, y el consentimiento necesario para asumir cualquier compromiso u obligación cobra especial relieve en este caso ante un hecho de tanta trascendencia como el de dar vida a un nuevo ser, vida que afectará profundamente a la suya en todos los sentidos.

Por ello la mencionada indicación no puede estimarse contraria a la Constitución.

c) El núm. 3 del artículo en cuestión contiene la indicación relativa a la probable existencia de graves taras físicas o psíquicas en el feto. El fundamento de este supuesto, que incluye verdaderos casos límite, se encuentra en la consideración de que el recurso a la sanción penal entrañaría la imposición de una conducta que excede de la que normalmente es exigible a la madre y a la familia. La afirmación anterior tiene en cuenta la situación excepcional en que se encuentran los padres, y especialmente la madre, agravada en muchos casos por la insuficiencia de prestaciones estatales y sociales que contribuyan de modo significativo a paliar en el aspecto asistencial la situación, y a eliminar la inseguridad que inevitablemente ha de angustiar a los padres acerca de la suerte del afectado por la grave tara en el caso de que les sobreviva.

Sobre esta base y las consideraciones que antes hemos efectuado en relación a la exigibilidad de la conducta, entendemos que este supuesto no es inconstitucional.

En relación con él y desde la perspectiva constitucional, hemos de poner de manifiesto la conexión que existe entre el desarrollo del art. 49 de la Constitución –incluido en el capítulo III, «De los principios rectores de la política social y económica», del título I, «De los derechos y deberes fundamentales»– y la protección de la vida del *nasciturus* comprendida en el art. 15 de la Constitución. En efecto, en la medida en que se avance en la ejecución de la política preventiva y en la generalización e intensidad de las prestaciones asistenciales que son inherentes al Estado social (en la línea iniciada por la Ley de 7 de abril de 1982 relativa a los minusválidos, que incluye a los disminuidos profundos, y disposiciones complementarias) se contribuirá de modo decisivo a evitar la situación que está en la base de la despenalización.

12. Desde el punto de vista constitucional, el proyecto, al declarar no punible el aborto en determinados supuestos, viene a delimitar el ámbito de la protección penal del *nasciturus,* que queda excluido en tales casos en razón de la protección de derechos constitucionales de la mujer y de las circunstancias concurrentes en determinadas situaciones. Por ello, una vez establecida la constitucionalidad de tales supuestos, es necesario examinar si la regulación contenida en el art. 417 bis del Código Penal, en la redacción dada por el proyecto, garantiza suficientemente el resultado de la ponderación de los bienes y derechos en conflicto realizada por el legislador, de forma tal que la desprotección del *nasciturus* no se produzca fuera de las situaciones previstas ni se desprotejan los derechos a la vida y a la integridad física de la mujer, evitando que el sacrificio del *nasciturus*, en su caso, comporte innecesariamente el de otros derechos constitucionalmente protegidos. Y ello porque, como hemos puesto de manifiesto en los fundamentos jurídicos 4 y 7 de la presente Sentencia, el Estado tiene la obligación de garantizar la vida, incluida la del *nasciturus* (art. 15 de la Constitución), mediante un sistema legal que suponga una protección efectiva de la misma, lo que exige, en la medida de lo posible, que se establezcan las garantías necesarias para que la eficacia de dicho sistema no disminuya más allá de lo que exige la finalidad del nuevo precepto.

El legislador no ha sido ajeno a esta preocupación, pues indica en el proyecto, con carácter general, que el aborto debe ser practicado por un Médico con el consentimiento de la mujer, así como que el hecho debe ser denunciado en el caso de violación, y que en el tercer supuesto el pronóstico desfavorable ha de constar en un dictamen emitido por dos Médicos especialistas distintos del que intervenga a la embarazada. El propio legislador ha previsto, pues, determinadas medidas encaminadas a conseguir que se verifique la comprobación de los supuestos que están en la base de la despenalización parcial del aborto; se trata, como afirma el Abogado del Estado, de medidas de garantía y de certeza del presupuesto de hecho del precepto, en la línea de lo que sucede en la regulación positiva de países de nuestro entorno.

Se impone, pues, examinar si dichas medidas de garantía son suficientes para considerar que la regulación contenida en el proyecto cumple las antedichas exigencias constitucionales derivadas del art. 15 de la Constitución.

Por lo que se refiere al primer supuesto, esto es, al aborto terapéutico, este Tribunal estima que la requerida intervención de un Médico para practicar la interrupción del embarazo, sin que se prevea dictamen médico alguno, resulta insuficiente. La protección del *nasciturus* exige, en primer lugar, que, de forma análoga a lo previsto en el caso del aborto eugenésico, la comprobación de la existencia del supuesto de hecho se realice con carácter general por un Médico de la especialidad correspondiente, que dictamine sobre las circunstancias que concurren en dicho supuesto.

Por otra parte, en el caso del aborto terapéutico y eugenésico la comprobación del supuesto de hecho, por su naturaleza, ha de producirse necesariamente con anterioridad a la realización del aborto y, dado que de llevarse éste a cabo se ocasionaría un resultado irreversible, el Estado no puede desinteresarse de dicha comprobación.

Del mismo modo tampoco puede desinteresarse de la realización del aborto, teniendo en cuenta el conjunto de bienes y derechos implicados –la protección de la vida del *nasciturus* y el derecho a la vida y a la salud de la madre que, por otra parte, está en la base de la despenalización en el primer supuesto–, con el fin de que la intervención se realice en las debidas condiciones médicas disminuyendo en consecuencia el riesgo para la mujer.

Por ello el legislador debería prever que la comprobación del supuesto de hecho en los casos del aborto terapéutico y eugenésico, así como la realización del aborto, se lleve a cabo en centros sanitarios públicos o privados, autorizados al efecto, o adoptar cualquier otra solución que estime oportuna dentro del marco constitucional.

Las exigencias constitucionales no quedarían incumplidas si el legislador decidiera excluir a la embarazada de entre los sujetos penalmente responsables en caso de incumplimiento de los requisitos mencionados en el párrafo anterior, dado que su fundamento último es el de hacer efectivo el deber del Estado de garantizar que la realización del aborto se llevará a cabo dentro de los límites previstos por el legislador y en las condiciones médicas adecuadas para salvaguardar el derecho a la vida y a la salud de la mujer.

Por lo que se refiere a la comprobación del supuesto de hecho en el caso del aborto ético, la comprobación judicial del delito de violación con anterioridad a la interrupción del embarazo presenta graves dificultades objetivas, pues dado el tiempo que pueden requerir las actuaciones judiciales entraría en colisión con el plazo máximo dentro del cual puede practicarse aquélla. Por ello entiende este Tribunal que la denuncia previa, requerida por el proyecto en el mencionado supuesto, es suficiente para dar por cumplida la exigencia constitucional respecto a la comprobación del supuesto de hecho.

Finalmente, como es obvio, el legislador puede adoptar cualquier solución dentro del marco constitucional, pues no es misión de este Tribunal sustituir la acción del legislador, pero sí lo es, de acuerdo con el art. 79.4.b) de la LOTC, indicar las modificaciones que a su juicio –y sin excluir otras posibles– permitieran la prosecución de la tramitación del Proyecto por el órgano competente.

13. Consideran los recurrentes que el consentimiento en los supuestos previstos en los núms. 1 y 3 del art. 417 bis del Código Penal, en la redacción dada por el proyecto, no debería corresponder únicamente a la madre y hacen especial referencia a la participación del padre, estimando que la exclusión de ésta vulnera el art. 39.3 de la Constitución.

El Tribunal entiende que la solución del legislador no es inconstitucional, dado que la peculiar relación entre la embarazada y el *nasciturus* hace que la decisión afecte primordialmente a aquélla.

14. Finalmente, los recurrentes alegan que el proyecto no contiene previsión alguna sobre las consecuencias que la norma penal origina en otros ámbitos jurídicos, aludiendo en concreto a la objeción de conciencia, al procedimiento a través del cual pueda prestar el consentimiento

la mujer menor de edad o sometida a tutela y a la inclusión-del aborto dentro del régimen de la Seguridad Social.

Al Tribunal no se le oculta la especial relevancia de estas cuestiones, como también la de todas aquellas derivadas del derecho de la mujer a disponer de la necesaria información, no sólo de carácter médico –lo que constituye un requisito del consentimiento válido–, sino también de índole social, en relación con la decisión que ha de adoptar.

Pero tales cuestiones, aunque su regulación pueda revestir singular interés, son ajenas al enjuiciamiento de la constitucionalidad del proyecto, que debe circunscribirse a la norma penal impugnada, de conformidad con lo dispuesto en el art. 79 de la LOTC.

No obstante, cabe señalar, por lo que se refiere al derecho a la objeción de conciencia, que existe y puede ser ejercido con independencia de que se haya dictado o no tal regulación. La objeción de conciencia forma parte del contenido del derecho fundamental a la libertad ideológica y religiosa reconocido en el art. 16.1 de la Constitución y, como ha indicado este Tribunal en diversas ocasiones, la Constitución es directamente aplicable, especialmente en materia de derechos fundamentales.

Y en cuanto a la forma de prestar consentimiento la menor o incapacitada, podrá aplicarse la regulación establecida por el derecho positivo, sin perjuicio de que el legislador pueda valorar si la normativa existente es la adecuada desde la perspectiva de la norma penal cuestionada.

FALLO

En atención a todo lo expuesto, el Tribunal Constitucional, POR LA AUTORIDAD QUE LE CONFIERE LA CONSTITUCION DE LA NACION ESPAÑOLA,

Ha decidido:

Declarar que el Proyecto de Ley Orgánica por el que se introduce el art. 417 bis del Código Penal es disconforme con la Constitución, no en razón de los supuestos en que declara no punible el aborto, sino por incumplir en su regulación exigencias constitucionales derivadas del art. 15 de la Constitución, que resulta por ello vulnerado, en los términos y con el alcance que se expresan en el fundamento jurídico 12 de la presente Sentencia.

Publíquese esta Sentencia en el «Boletín Oficial del Estado».

Madrid a 11 de abril de 1985.–Firmado: Manuel García-Pelayo y Alonso.–Jerónimo Arozamena Sierra.–Angel Latorre Segura.–Manuel Díez de Velasco Vallejo.–Francisco Rubio Llorente.–Gloria Begué Cantón.–Luis Díez Picazo.–Francisco Tomás y Valiente.–Rafael Gómez-Ferrer Morant.–Angel Escudero del Corral.–Antonio Truyol Serra.–Francisco Pera Verdaguer.–Rubricados.

*Voto particular que formula el Magistrado don Jerónimo Arozamena Sierra en el recurso previo de inconstitucionalidad núm. 800/1983*

1.° Disiento de la fundamentación y del fallo que han formulado mis colegas. A mi juicio debió declararse la inexistencia de la inconstitucionalidad alegada por el grupo recurrente y, en consecuencia, debió el proceso legislativo seguir su curso. Contra lo por mí propuesto, y que alcanzó el voto conforme de seis Magistrados, incluido el que suscribe este voto particular, la Sentencia de que discrepo ha concluido a mi entender, con un pronunciamiento que traspasa los límites juridico-funcionales de la potestad jurisdiccional que incumbe al Tribunal Constitucional.

Nuestro cometido, cuando se declara en el recurso previo la inconstitucionalidad del texto impugnado, o de una parte de ese texto, es concretar ésta y el precepto o preceptos constitucionales infringidos (art 79.4 b LOTC). Lo que está vedado al Tribunal es establecer modificaciones o adiciones del texto impugnado o establecer o adicionar otros preceptos. Esto es lo que hace la Sentencia cuando dice al legislador lo que debería hacer para adecuar los preceptos a la Constitución. Se equivoca la Sentencia opino con todos los respetos, cuando recoge (fundamento 12. *in fine),* que corresponde al Tribunal «indicar las modificaciones que a su juicio –y sin excluir otras posibles– permitieran la prosecución de la tramitación del proyecto por el órgano competente». Ni dice esto el art. 79.4 b, de la LOTC ni se concuerda con los principios que rigen la relación entre jurisdicción constitucional v legislación.

2.° El constituyente no resolvió –no tomó postura– en el art. 15 el problema jurídico-penal del aborto. Es un tema abierto a la disponibilidad del legislador democrático –se ha hecho con el quórum reforzado de las leyes orgánicas–, sin que la fórmula por la que se ha decidido (la de indicaciones, referida a tres supuestos) se encuentre en oposición con el art. 15 (y los otros a los que se acogen los recurrentes para sostener la inconstitucionalidad: Arts. 1.°, 1, 39.2, 39.4, 43, 53.1 y 9.3). Para el juicio de confrontación constitucional debe partirse de que es al legislador (que goza de una presunción de constitucionalidad) al que incumbe la conformación jurídica de las relaciones sociales. Inferir del art. 15, como hace la Sentencia, que el precepto es inconstitucional por omisión de determinadas precisiones en el texto no resulta convincente. Se está, en realidad, a mi entender, conformando la modalidad excluyente de la responsabilidad penal, según un juicio que no es de constitucionalidad.

El art. 15 comienza con expresión de función adjetival (todos) no seguida de un sustantivo. De la fórmula gramatical utilizada (y la supresión en el texto de la palabra «persona») no puede inferirse, a mi juicio, que la Constitución dejara decidida una determinada toma de posición impeditiva de una actuación legislativa penal. El análisis del texto del art. 15, de su proceso de creación y de sus conexiones sistemáticas, conducen a la idea de que el tema del aborto (y su tratamiento penal) quedó abierto al legislador. Junto a estos caminos interpretativos, es obligado, por mandato del art. 10.2 de la Constitución, acudir a los textos internacionales que dice este precepto, y que tienen el valor de factor interpretativo, según el art. 10.2 de las normas relativas a los derechos fundamentales y a las libertades. No vamos a hacer largas consideraciones para algo que, a mi juicio, aparece claro: El art. 3.° de la Declaración Universal de Derechos Humanos, el art. 6.1 del Pacto Internacional de Derechos Civiles y Políticos y el art. 2.° del Convenio europeo son argumentos irrebatibles para sostener que el art. 15 de nuestra Constitución, interpretado desde estos textos internacionales, no es impeditivo de un sistema de tratamiento del aborto que excluya su punición, y, desde luego, no lo es del configurado en el art. 417 bis del Código Penal (según el proyecto impugnado), como revela, además, la existencia de sistemas variados de tratamiento del aborto en los países signatarios de los indicados textos internacionales.

3.° El legislador organiza su sistema penal según los principios del Estado de derecho, el principio de culpabilidad y el principio de humanidad. Cuando configura como punible una determinada conducta (en el caso, el aborto consentido), puede excepcionar conductas, o configurar causas (genéricas o específicas) de justificación, o de inculpabilidad por inexigibilidad de la conducta. Actúa el legislador según el principio de merecimiento de la pena no atrayendo al campo represivo punitivo conductas que no son merecedoras de sanción penal. Cierto que el *nasciturus* es un bien que merece protección penal. La lesión de ese bien se protege penalmente, pero no toda realización del tipo penal fundamenta la antijuridicidad de la conducta. Junto a las causas de antijuridicidad existen otras causas de inexigibilidad. El que el legislador configure, con mayor o menor rigor técnico, los supuestos excluidos de punición no son atentatorioS a principio constitucional alguno. La apreciación de si una conducta es o no generalmente exigible y, en consecuencia, si su realización ha de ser o no castigada con una pena depende de una serie de factores que aprecia el legislador. Los poderes del legislador hechos efectivos en el art. 417 bis para excluir las responsabilidades penales en el caso del aborto consentido, no puede decirse que han traspasado límites constitucionales y, desde luego, no han incidido en violación del art. 15 de la Constitución.

5.° La insuficiencia del proyecto (la acusación de que es ambiguo o fragmentario) se alegó por los recurrentes desde la perspectiva de la seguridad jurídica (art. 9.3 de la Constitución). La Sentencia lo trata partiendo del art. 15. Sobre la inconsistencia de inferir partiendo del art. 15 que el Proyecto de Ley incurre en omisión que provoca su inconstitucionalidad ya he expuesto antes cuál es mi opinión. El texto del que discrepo no analiza, propiamente, lo que es el verdadero motivo del recurso basado en el art. 9-3.° Creo que debió estudiarse este motivo (como otros sobre los que pasa por alto la Sentencia: Arts. 1.°-1, 39.2 y 39.4) para concluir desestimándolos.

Opino que hubiera sido procedente declarar que el Proyecto de Ley Orgánica de reforma del art. 417 bis del Código Penal es conforme con la Constitución.

Madrid a 15 de abril de 1985. –Jerónimo Arozamena Sierra. –Firmado y rubricado.

*Voto particular que formula el Magistrado don Luis Díez Picazo a la Sentencia dictada en el recurso previo de inconstitucionalidad núm. 800/1983*

Quiero exponer con la mayor brevedad posible las razones por las que disiento de esta Sentencia, que guardan, en buena medida, relación con mi modo de entender la función de la Constitución y la inconstitucionalidad de las leyes:

a) En la Sentencia de 8 de abril de 1981 (recurso de inconstitucionalidad número 192/1980, «Boletín Oficial del Estado» de 23 de abril de 1981) decíamos que en «un plano hay que situar las decisiones políticas y el enjuiciamiento político que tales decisiones merezcan y en otro plano distinto la calificación de inconstitucionalidad, que ha de hacerse con arreglo a criterios estrictamente jurídicos». Yo sigo profesando la misma idea: Considerar que una ley no es inconstitucional es la conclusión de un juicio jurídico, que no supone –entiéndase bien– hacerse partidario de la ley o solidarizarse con ella.

b) En la recordada Sentencia de 8 de abril de 1981 dijimos también algo que yo continúo profesando. Era esto: «La Constitución es un marco de coincidencias suficientemente amplio como para que dentro de él quepan opciones políticas de muy diferente signo. La labor de interpretación de la Constitución no consiste necesariamente en cerrar el paso a las opciones o variantes, imponiendo autoritariamente una de ellas. A esta conclusión habrá que llegar únicamente cuando el carácter unívoco de la interpretación se imponga por el juego de los criterios hermenéuticos. Queremos decir que las opciones políticas y de gobierno no están previamente dadas de una vez por todas».

c) Recuerdo ahora también alguna otra opción del Tribunal: Cuando dijimos que el objeto de un juicio de inconstitucionalidad son los textos legales estrictamente considerados y no el bloque normativo del que forman parte. Es claro, en mi opinión, que el juicio de inconstitucionalidad afecta a los textos legales y no a bloques del ordenamiento o a eventuales resultados de los mismos.

También mantengo como firme que no hay inconstitucionalidad por las omisiones en que pueda considerarse que el legislador ha incidido.

d) Según mi modesto criterio, la inconstitucionalidad como contradicción de una ley con un mandato de la Constitución debe resultar inmediatamente de un contraste entre los dos textos. Puede admitirse que subsiga a una regla constructiva intermedia que el intérprete establezca. Me parece, en cambio, muy difícil una extensión ilimitada o demasiado remota de las reglas constructivas derivadas de la Constitución para afirmar la inconstitucionalidad por la contradicción de la Ley enjuiciada con la última de las deducciones constructivas.

La cosa es todavía más arriesgada cuando en lo que llamo «deducciones constructivas» hay larvados o manifiestos juicios de valor, porque se puede tener la impresión de que se segrega una segunda línea constitucional, que es muy difícil que opere como un límite del poder legislativo, en quien encarna la representación de la soberanía popular.

e) Tampoco creo que sea función del Tribunal colaborar en la función legislativa, orientarla, o perfeccionarla. No creo que el art. 79.4 de la Ley Orgánica del Tribunal autorice esa tesis.

f) En lo que concierne en concreto a la Ley aquí discutida, coincido con la Sentencia en la legitimidad constitucional del llamado sistema de indicaciones y de las indicaciones contenidas en el Proyecto de Ley, aunque no comparto todas las razones en que tal conclusión se funda. Creo, simplemente, que el legislador es dueño de exceptuar supuestos concretos de la punibilidad general en atención a su justificación a la concurrencia en ellos de circunstancias que inciden sobre el reproche de culpabilidad o a lo que se ha llamado el juicio sobre el merecimiento de la pena.

g) Si se llega a esta conclusión, me parece que ni se puede, ni se debe ir más allá. Cuando se señalan condiciones de seguridad del aborto, se está pasando insensiblemente del terreno del Código Penal a una hipotética Ley de legalización o liberalización que aquí no se ha producido. Me resulta muy difícil entender, constitucionalmente. que una conducta sea punible o deje de serlo por el número de Médicos intervinientes o por el lugar en que se realice, porque una cosa es el Código Penal y otra la hipotética reglamentación administrativa de los abortos justificados o inculpables.

Madrid, a 15 de abril de 1985. –Luis Díez Picazo.–Firmado y rubricado.

*Voto particular del Magistrado excelentísimo señor don Francisco Tomás y Valiente en el recurso previo de inconstitucionalidad 800/1983*

1.° Mi opinión defendida a lo largo de la deliberación es que el Proyecto de Ley Orgánica impugnado es en todo conforme con la Constitución. De ahí mi discrepancia con el fallo y con el fundamento jurídico 12 en el que principalmente se basa su declaración de disconformidad con la Constitución. No obstante, dado el carácter explicativo del propio fallo y las salvedades que en él se contienen, debo indicar, antes de razonar mi discrepancia, los puntos del fallo y de los fundamentos con los que estoy de acuerdo.

2.° Mi acuerdo es total con la declaración de constitucionalidad de los supuestos en que el proyecto del art. 417 bis del Código Penal declara no punible el aborto, declaración contenida en el fallo y razonada en los fundamentos 9.o, 10 y 11. Muestro mi sustancial conformidad con los términos y razonamientos en ellos expuestos, e incluso *ex silentio* con lo que allí no se dice, pues no hay en ellos ni en ningún otro pasaje de la Sentencia afirmación alguna que permita suponer que esos y sólo esos tres supuestos o indicaciones son los únicos que el legislador podría declarar no punibles. En este aspecto el Tribunal se ha limitado a enjuiciar el texto impugnado y nada más.

3.° Manifiesto también mi acuerdo sin reservas con la idea de que el *nasciturus* no es titular de un derecho fundamental a la vida, tesis por mí ya defendida en mi voto particular concurrente en la Sentencia 75/1984 de la Sala Segunda, y que se plasma ahora en la presente Sentencia como resultado de razonamientos no idénticos al mío, pero coincidentes en su conclusión. Véanse al respecto el inciso final del fundamento jurídico 5.°, todo el 6.° y el primer párrafo del 7.° con cuya afirmación de que el *nasciturus*, aun no siendo titular del derecho a la vida, constituye un bien jurídico constitucionalmente protegido, también estoy de acuerdo. Cualquier jurista conoce la compatibilidad y la enorme diferencia entre ambos conceptos, pues sólo es titular de derechos quien es persona y el *nasciturus* no es persona.

Así, pues, según la Sentencia, no hay un conflicto entre los derechos de la mujer y un inexistente derecho fundamental del *nasciturus* a la vida, sino un conflicto entre los derechos fundamentales de la mujer embarazada y un bien jurídicamente protegido que es la vida humana en formación (fundamento jurídico 9.°). En esto mi conformidad con la Sentencia es completa.

4.° Nunca he sido un entusiasta de la filosofía de los valores. Tal vez por ello no comparto (y aquí comienzan mis discrepancias) las abundantes consideraciones axiológicas incluidas en los fundamentos 3.°, 4.° y 5.° Al margen de las imprecisiones o titubeos terminológicos que contienen y que sería prolijo e inútil referir aquí, no encuentro fundamento jurídico-constitucional único pertinente, para afirmar, como se hace, que la vida humana «es un valor superior del ordenamiento jurídico constitucional» (fundamento jurídico 3.° o «un valor fundamental» (fundamento jurídico 5.°) o «un valor central» (fundamento jurídico 9.°). Que el concepto de persona es el soporte y el *prius* lógico de todo derecho me parece evidente y yo así lo sostengo. Pero esta afirmación no autoriza peligrosas jerarquizaciones axiológicas, ajenas por lo demás al texto de la Constitución, donde, por cierto, en su art. 1.1 se dice que son valores superiores del ordenamiento jurídico la libertad, la justicia, la igualdad y el pluralismo político: Esos y sólo esos. Frente a tan abstractas consideraciones sobre la vida como valor, llama la atención que en la Sentencia no se formule ninguna sobre el primero de los que la Constitución denomina valores superiores: La libertad. De ahí, de esa omisión, que no olvido, deriva quizá la escasa atención que se presta a los derechos de libertad de la mujer embarazada.

5.° Comprendo, aun sin compartirla, la oposición a la no punición del aborto en defensa de un supuesto derecho fundamental del *nasciturus* a la vida. Es esa una línea clásica de razonamiento desde la que se podría llegar, con innegable coherencia interna, a un fallo de inconstitucionalidad en determinadas regulaciones de despenalización o de legalización del aborto. Abandonado, sin embargo, en la Sentencia ese posible punto de partida, se entra en su fundamento 12 en un planteamiento insólito en países con Constituciones y Códigos Penales como los nuestros. Conviene tener presente que el proyecto del art. 417 bis no contiene ni una legalización ni tampoco una despenalización del aborto (fundamento jurídico 12), sino la simple declaración de no punibilidad de determinadas conductas, manteniendo intacto el tipo delictivo del 411 del Código, a mi juicio de muy dudosa constitucionalidad. Que en ese contexto la ponderación del legislador penal sea tachada de inconstitucional por falta de dos llamadas garantías provoca mi radical discrepancia por las siguientes razones:

a) Constituye un salto lógico (o ilógico), porque entre la invocación al art. 15 y la conclusión de que hacen falta dos garantías más (¿por qué esas y sólo esas?) no existe un juicio de inferencia lógica.

b) Una de las garantías exigidas, la del dictamen de «un Médico de la especialidad correspondiente» para comprobar la existencia del supuesto de hecho del aborto terapéutico, es imprecisa en su formulación (¿qué especialidad?) y de imposible cumplimiento en casos de urgencia.

c) No se comprende por qué la existencia de que «la realización del aborto» haya de tener lugar en establecimiento sanitario se refiere sólo al aborto terapéutico y al eugenésico, pero no al llamado aborto ético.

d) Lo que se denomina en la Sentencia, comprobación de los supuestos de hecho, es algo que corresponde al Juez penal, dado que las conductas reguladas en el art. 417 del Código Penal continúan siendo delictivas. La intervención preventiva y a esos efectos de un Médico es trasladar a éste deberes y responsabilidades ajenas.

Nada impide, por lo demás, añadir a estas exigencias otras innovaciones a iniciativa del legislador, como podría ser la asistencia a las mujeres que interrumpan el embarazo en Centros y a cargo de la Seguridad Social. El mismo texto da cabida a estos y otros perfeccionamientos deseables. Lo cual pone de manifiesto que estamos ante un juicio de perfectibilidad sobre cuya pertinencia conviene detener nuestra atención.

6.o En efecto; más allá de la discrepancia intrínseca respecto a la formulación de las garantías exigidas, mi oposición más rotunda se dirige al hecho mismo de la exigencia. Veamos por qué:

a) El juicio de constitucionalidad no es un juicio de calidad o de perfectabilidad. El Tribunal Constitucional puede y debe decir en qué se opone a la Constitución un determinado texto normativo, y, en consecuencia, por qué es inconstitucional. Lo que no puede es formular juicios de calidad.

b) La jurisdicción constitucional es negativa, puede formular exclusiones o vetos sobre los textos a ella sometidos. Lo que no puede hacer es decirle al legislador lo que debe añadir a las Leyes para que sean constitucionales. Si se actúa así, y así ha actuado en este caso este Tribunal, se convierte en un legislador positivo.

c) Cada Institución debe actuar como lo que es, no «como si» fuera lo que no es. Pocas lógicas hay tan funestas como la lógica del «como si» (*als ob*). El Tribunal Constitucional, frecuentemente instado a actuar «como si» fuese eso que en un lenguaje ni técnico ni inocente se ha dado en llamar «la tercera Cámara», ha caído por esta vez en la tentación.

d) Por esta sola vez, puesto que al resolver los anteriores recursos previos (léase por todas la Sentencia 76/1983 sobre el proyecto de la LOAPA) nunca entendió este Tribunal que sus competencias llegaran tan lejos, aunque ya entonces, por supuesto, estaba vigente el artículo 79.4, b), LOTC, ahora citado como apoyo para señalar al legislador, lo que debe hacer a fin de que su Ley sea conforme con la Constitución.

e) El artículo 79 de la LOTC, el mismo que creó fuera de la Constitución, el recurso previo de inconstitucionalidad, en su párrafo 4, b) (modelo de pésima redacción), impone dos deberes dirigidos a dos sujetos distintos, Al Tribunal le exige que, en su caso, concrete la inconstitucionalidad de la norma impugnada y el precepto o preceptos constitucionales infringidos. Al otro sujeto –«el órgano competente»– le exige que para seguir la tramitación del proyecto suprima o modifique los preceptos, se entiende, declarados inconstitucionales. No puede interpretarse nunca, a mi juicio, que sea el Tribunal quien le indique al legislador qué modificaciones deben ser ésas. De otro modo, es decir, si el Tribunal indicase las modificaciones a introducir, carecería de sentido el párrafo 5 del mismo artículo 79, LOTC, puesto que si, según éste, «el pronunciamiento en el recurso previo no prejuzga la decisión del Tribunal» en los recursos que pudieran interponerse contra la Ley ya corregida o modificada, es evidente porque tales modificaciones no han sido dictadas de modo vinculante por el Tribunal Constitucional.

f) La técnica usada en este fundamento no tiene nada que ver con la de las denominadas sentencias interpretativas, en las que, de entre las posibles interpretaciones de un texto legal impugnado, el Tribunal declara conforme con la Constitución una de ellas, precisamente en defensa de la presunción de constitucionalidad de las normas emanadas del legislador democrático.

g) Cuando sobre tan exigua, confusa y discutible base, interpretada de forma innovadora *ad casum*, el Tribunal se atreve a tanto, transgrede los límites de sus competencias y roza una frontera sumamente peligrosa: la del arbitrismo o decisionismo judicial. Por eso, y contra eso, expreso mi profunda y preocupada discrepancia.

Con estos argumentos y coincidiendo en lo sustancial con los de otros cinco Magistrados sostuve, como ellos, con mi voto, la ponencia presentada y defendida por el Ponente inicial del presente caso, que concluía con un fallo declaratorio de la constitucionalidad del Proyecto de Ley impugnado.

Madrid, 15 de abril de 1985. –Francisco Tomás y Valiente. –Firmado y rubricado.

*Voto particular de los Magistrados don Ángel Latorre Segura y don Manuel Díez de Velasco Vallejo en el recurso previo de inconstitucionalidad núm. 800/1983*

1.° Haciendo uso de las facultades que nos otorga el artículo 164 de la Constitución Española (C.E.) y el art. 90, número 2, de la Ley Orgánica del Tribunal constitucional (LOTC), reflejamos por medio del presente voto particular nuestra opinión discrepante, tanto en lo que se refiere a la decisión o fallo como a su correspondiente fundamentación. Las opiniones aquí sostenidas fueron defendidas en el curso de las deliberaciones apoyando la Ponencia presentada por el Ponente inicialmente nombrado, don Jerónimo Arozamena Sierra, y coincidiendo en lo esencial la posición sostenida por los Magistrados firmantes con las de otros cuatro colegas de este Tribunal en dichas deliberaciones.

2.° Nuestra primera y fundamental discrepancia recae sobre las atribuciones que al dictar esa Sentencia ha asumido el Tribunal Constitucional (TC). En efecto, el TC no se limita a pronunciarse en el fallo sobre la constitucionalidad de los diversos extremos del Proyecto de Ley impugnado, sino que, por remisión en el mismo fallo al fundamento jurídico 12 de la Sentencia, indica al legislador lo que debe de hacer. En el caso del llamado aborto «terapéutico», el legislador debe exigir el dictamen de un especialista. Tanto en este supuesto como en el del llamado aborto «eugenésico», eí legislador debe prever una intervención del Estado mediante la obligación de que el aborto se realice en centros sanitarios públicos o privados autorizados al efecto o mediante cualquier solución que el mismo legislador estime oportuna.

Estas previsiones suponen, a nuestro juicio, que el TC asume la función de introducir enmiendas en los proyectos de Ley que se someten a su enjuiciamiento mediante el recurso previo de inconstitucionalidad. Tal función excede de las ya muy amplias competencias que no sólo la Constitución, sino también la LOTC, asignan a este Tribunal Constitucional, cuya actuación no puede aproximarse a la de una «tercera Cámara» sin provocar un peligroso desequilibrio en nuestro sistema jurídico-político, invadiendo facultades que corresponden al poder legislativo.

3.° Por lo que acabamos de exponer no podemos compartir la opinión expresada en la Sentencia de que el art. 79, núm. 4. b), de la LOTC autoriza a este TC a indicar las modificaciones que, a su juicio, permitan la prosecución de la tramitación del Proyecto de Ley por el órgano competente que, sin duda, son las Cortes Generales. Tal interpretación debe ser rechazada, ya que conduce a la inaceptable conclusión de que este Tribunal Constitucional puede actuar como legislador positivo, en contra de la naturaleza propia de su función. La interpretación adecuada de este precepto es que las Cortes Generales pueden, libre y soberanamente, a la vista de lo resuelto en una sentencia que sustancia un recurso previo, o bien suprimir los preceptos del Proyecto de Ley declarados inconstitucionales o bien modificarlos con la finalidad de ajustarlos a la

Constitución. Tal es así que el número 5 del mismo art. 79 de la LOTC dispone, con carácter general, que «el pronunciamiento en el recurso previo no prejuzga la decisión del Tribunal en los recursos que pudieran interponerse tras la entrada en vigor con fuerza de Ley del texto impugnado en la vía previa».

4.º Refiriéndonos a determinados aspectos concretos de la Sentencia hemos de mostrar nuestra conformidad con algunas de sus afirmaciones. Entre ellas que el feto no es titular del derecho fundamental a la vida, lo que no excluye que exista un deber del Estado de proteger la vida humana en las diversas fases de su evolución, incluida la intrauterina. No creemos, en cambio, que esta protección tenga que revestir forma penal en todos los casos porque no impone tal tipo de protección ningún precepto constitucional. Estimamos, en todo caso, y de acuerdo con la Sentencia, que no es inconstitucional la despenalización de los supuestos previstos en el Proyecto de Ley impugnado.

5.º Nuestro disentimiento en este aspecto recae sobre la argumentación en que se basa la declaración de inconstitucionalidad en los supuestos del aborto «terapéutico» y «eugenésico», ya que ningún reproche de inconstitucionalidad se formula al supuesto del aborto «ético». En efecto, tras declarar que los tres supuestos de despenalización son en sí conformes a la Constitución se afirma que en los citados supuestos «terapéutico» y «eugenésico» faltan garantías suficientes para la verificación de los supuestos de hecho, así como para la debida protección de la vida y de la salud de la embarazada, y que la previsión legal de esas garantías es una exigencia constitucional derivada del art. 15 de la Constitución. Entendemos que del «derecho a la vida y a la integridad física y moral» reconocido en el citado artículo constitucional, sea cual sea el alcance que se dé a estos derechos, no cabe inferir que debe imponerse por el Estado una sanción penal para los casos en que este TC no considere suficientes las garantías previstas. Las normas despenalizadoras no contienen habitualmente, ni se ve por qué razón sea constitucionalmente exigible, que contengan garantías de la verificación de los supuestos de hecho. En caso de que éstos se invoquen fraudulentamente, o en su verificación el encargado de hacerlo (en este caso el Médico) incurra en negligencia punible, actuarán los Tribunales de Justicia, que son los órganos competentes para ello. Y en cuanto a las medidas necesarias para la mejor protección de la vida y salud de la embarazada tampoco vemos cómo esa protección requiere constitucionalmente, en virtud del art. 15, más garantías que las que el mismo Código Penal establece para otros casos, incluso algunos tan delicados y que tanto afectan a la intimidad de la persona como los previstos en el art. 428 del citado Código.

6.º Prescindiendo por razones de brevedad de detallar otros puntos de discrepancia o de asentimiento con la Sentencia, debemos, sin embargo, poner de manifiesto la escasa precisión utilizada en ella respecto a la conocida como «cláusula de conciencia», cuya derivación directa del art. 16, número 1, de la C.E, compartimos, y que puede ser utilizada como es lógico por el Médico del que se solicite la práctica abortiva para negarse a realizarla. Dicha cláusula, basada en razones ideológicas o religiosas, es un derecho constitucional solamente del Médico y demás personal sanitario al que se pretenda que actúe de una manera directa en la realización del acto abortivo.

7.º Resumiendo lo expuesto concluimos reiterando nuestra disconformidad con la Sentencia, fundamentalmente por dos razones: Porque invade competencias del Poder Legislativo y porque opinamos que el TC debió declarar la inexistencia de la inconstitucionalidad alegada por los recurrentes respecto al Proyecto de Ley impugnado.

Madrid, 16 de abril de 1985.–Firmado: Ángel Latorre Segura.–Manuel Díez de Velasco Vallejo.–Rubricados.

*Voto particular que formula el Magistrado don Francisco Rubio Llorente a la Sentencia de fecha 11 de los corrientes, dictada en el recurso previo de inconstitucionalidad núm. 800/1983*

He votado en contra de la presente Sentencia y sostuve con mi voto, junto con otros cinco Magistrados, la ponencia que fue objeto de deliberación en primer término. En ella se declaraba conforme con la Constitución el Proyecto de Ley objeto del recurso, y esta es, en mi opinión, la conclusión necesaria del razonamiento jurídico en el caso sometido a nuestra consideración.

Las razones de mi disentimiento pueden resumirse en el simple juicio de que con esta decisión la mayoría traspasa los límites propios de la jurisdicción constitucional e invade el ámbito que la Constitución reserva al legislador, vulnera así el principio de separación de poderes, inherente a la idea de Estado de Derecho y opera como si el Tribunal Constitucional fuese una especie de tercera Cámara, con facultades para resolver sobre el contenido ético o la oportunidad política de las normas aprobadas por las Cortes Generales. Es cierto que esta errónea concepción de la jurisdicción constitucional parece muy extendida en nuestra sociedad; que precisamente con motivo de este recurso se han expresado en la prensa multitud de opiniones que implícita o explícitamente partían del supuesto de que el fundamento de nuestra Sentencia había de ser el juicio sobre la licitud o ilicitud ética del aborto, o la conveniencia de su despenalización, y que (y ello es aún más penoso) destacadas figuras políticas, e incluso miembros del Gobierno, han efectuado declaraciones que manifiestamente arrancaban del mismo convencimiento. Es evidente, sin embargo, que por difundida que esté, tal idea es errónea e incompatible con nuestra Constitución y con los principios que le sirven de base. El Tribunal Constitucional, que no ostenta la representación popular, pero que sí tiene el tremendo poder de invalidar las leyes que los representantes del pueblo han aprobado, no ha recibido este poder en atención a la calidad personal de quienes lo integran, sino sólo porque es un Tribunal. Su fuerza es la del Derecho y su decisión no puede fundarse nunca, por tanto, en cuanto ello es humanamente posible, en nuestras propias preferencias éticas o políticas, sino sólo en un razonamiento que respete rigurosamente los requisitos propios de la interpretación jurídica. En la fundamentación de la presente Sentencia falta ese razonamiento riguroso y es esa falta de rigor la que conduce a la, a mi juicio, errada decisión.

Aunque no resulta fácil ni grato hacer la crítica pública de un razonamiento suscrito por colegas que merecen todo mi respeto, es indispensable, para que esta disidencia no quede reducida a un juicio apodíctico, señalar en concreto algunos al menos de los errores conceptuales y de las quiebras lógicas perceptibles en el texto de la Sentencia. Para ello analizaré separadamente cada una de las dos partes bien diferenciadas que cabe distinguir en ésta.

La primera de ellas, la más extensa puesto que abarca los once primeros fundamentos, sirve de apoyo exclusivamente a aquel inciso del fallo en el que se dice que la inconstitucionalidad del Proyecto de Ley no resulta de los supuestos de no punibilidad del aborto que en él se contemplan o, lo que es lo mismo, fundamenta el juicio de que no es en principio contraria a la Constitución una Ley que declare no punible el aborto practicado, con el consentimiento de la madre, por serias razones terapéuticas, éticas o eugenésicas. No discrepo, como queda dicho, de esta conclusión; sí discrepo, y muy enérgicamente, del razonamiento que a ella conduce, cuya línea central sitúa ya al Tribunal fuera del ámbito que le es propio y puede conducir, por tanto, en otros casos, a decisiones absolutamente inadecuadas.

No opera este razonamiento, en efecto, con las categorías propias del Derecho (en primer lugar, y naturalmente, con el concepto mismo del derecho subjetivo), sino con las de la ética. Pese a las consideraciones difícilmente inteligibles (y, en la medida en que lo son, para mí resueltamente inaceptables) que en el fundamento 4.° se hacen sobre «el ámbito, significación y función de los derechos fundamentales en el constitucionalismo de nuestro tiempo», los Magistrados que han formado en esta ocasión la mayoría no razonan a partir del reconocimiento de un derecho fundamental del *nasciturus* a la vida, que expresamente niegan en los Fundamentos 5.°, 6.° y 7.°, sino apoyados sobre la idea de que, siendo la vida humana «un valor superior del ordenamiento jurídico constitucional» (Fundamento 3.o), el Estado está obligado a «establecer un sistema legal para la defensa de la vida que suponga una protección efectiva de la misma y que, dado el carácter fundamental de la vida (sic), incluya también como última garantía las normas penales» (Fundamento 7.°). Los derechos fundamentales que efectivamente, están implicados en este difícil tema de la sanción penal del aborto consentido (al libre desarrollo de la personalidad –art. 10–, a la integridad física y moral –art. 15–, a la libertad de ideas y creencias –art. 16–, a la intimidad personal y familiar –art. 18–) apenas son invocados de manera retórica en el fundamento 8.° o como justificación de la no punición del abono en los dos siguientes.

Paso por alto en este momento, en aras de la brevedad, el análisis de los defectos lógicos y conceptuales que creo apreciar en las consideraciones hechas sobre el «concepto indeterminado» de la vida y otros extremos, así como sobre el error de no haber entrado a fondo en el problema que la tipificación penal del aborto consentido plantea desde el punto de vista del derecho de la mujer a su intimidad y a su integridad física y moral. Lo que ahora me importa, por el motivo ya antes indicado, es subrayar que este modo de razonar no es el propio de un órgano jurisdiccional porque es ajeno, pese al empleo de fraseología jurídica, a todos los métodos conocidos de interpretación. El intérprete de la Constitución no puede abstraer de los preceptos de la Constitución el valor o los valores que, a su juicio, tales preceptos «encarnan», para deducir después de ellos, considerados ya como puras abstracciones, obligaciones del legislador que no tienen apoyo en ningún texto constitucional concreto. Esto no es ni siquiera hacer jurisprudencia de valores, sino lisa y llanamente suplantar al legislador o, quizás más aún, al propio poder constituyente. Los valores que inspiran un precepto concreto pueden servir, en el mejor de los casos, para la interpretación de ese precepto, no para deducir a partir de ellos obligaciones (¡nada menos que del poder legislativo, representación del pueblo!) que el precepto en modo alguno impone. Por esta vía, es claro que podía el Tribunal Constitucional, contrastando las Leyes con los valores abstractos que la Constitución efectivamente proclama (entre los cuales no está, evidentemente, el de la vida, pues la vida es algo más que «un valor jurídico») invalidar cualquier Ley por considerarla incompatible con su propio sentimiento de la libertad, la igualdad, la justicia o el pluralismo político. La proyección normativa de los valores constitucionalmente consagrados, corresponde al legislador, no al Juez.

Pese a lo dicho, lo cierto es que todas las consideraciones que anteceden sobre los once primeros fundamentos de la Sentencia podrían excusarse, pues, todos esos fundamentos, en cuanto que no conducen al fallo (es claro que los fallos del Tribunal Constitucional han de declarar si las Leyes son o no contrarias a la Constitución, no el porqué de lo uno o de lo otro, cuestión ésta sobre la que volveremos después) son una simple, aunque desmesurada, suma de *obiter dicta* que para nada obligan hacia el futuro. La fundamentación real de la decisión real, es decir, de la declaración de inconstitucionalidad, se concreta en un único fundamento, el duodécimo, en el que es examinado el art. 417

bis. para determinar si «en la redacción dada por el Proyecto, garantiza suficientemente el resultado de la ponderación de bienes y derechos en conflicto realizada por el legislador, de tal forma que la desprotección del *nasciturus* no se produzca fuera de las situaciones previstas, ni se desprotejan los derechos a la vida y la integridad física de la mujer». Dicho en otros términos, lo que el Tribunal hace aquí es examinar si los supuestos de no punición aparecen descritos en términos tales que sólo puedan escapar al castigo aquellos que efectivamente se encuentren en ellos; entiende que no es así y, por tanto, declara la inconstitucionalidad.

Dejando de lado el hecho de que, en primer lugar, se pasa así del control de constitucionalidad al control de la perfección técnica de la Ley *y* de que, en segundo término, se opera con ello una irónica inversión del principio de legalidad penal, que de ser garantía de la libertad del ciudadano se transforma en mecanismo dirigido a asegurar la efectividad del castigo, que no es poco dejar, limitaré mi atención al análisis de la idea del Estado de Derecho, a mi entender gravemente errónea, que subyace a este modo de razonar.

Del valor «vida» (vida humana, hay que suponer) se ha deducido la obligación del legislador de sancionar penalmente todo atentado contra seres vivos, aunque no sean personas; como esta obligación no es, sin embargo, absoluta, el Tribunal acepta la posibilidad de que el legislador, en supuestos determinados por la colisión entre derechos fundamentales y el bien protegido, exima de sanción a los responsables del aborto. Este razonamiento, que no comparto, no conduce a declarar la licitud constitucional del Proyecto, pues, dando un nuevo paso, el Tribunal proclama ahora, en este Fundamento, sin justificación alguna, la necesidad de que el legislador establezca condiciones y requisitos previos que garanticen *a priori* la existencia del supuesto en el que el aborto no es punible. El examen de los hechos y la determinación de las consecuencias jurídicas que a los mismos corresponden quedan así sustraídos al Juez y confiados al médico, y los supuestos excepcionales de no punición del aborto se transforman en situaciones que permiten la obtención de una autorización para abortar.

Como es evidente, la idea que subyace a los razonamientos de este género es, comúnmente, la de que, dada la perversidad natural de los hombres y su tendencia a hacer mal uso de la libertad que se les otorgue, es más prudente partir del principio de la prohibición general, de manera que sólo sean lícitas las conductas autorizadas, que, de su opuesto, el principio general de libertad, según el cual es lícito todo lo no expresamente prohibido. Probablemente mis colegas de la mayoría no aceptarán conscientemente ese principio antiliberal, pero es lógicamente imposible, partiendo del principio de libertad, declarar inconstitucional una Ley porque no instituye, junto al control represivo de las conductas (en rigor, en lugar de este control) un control preventivo. Esas medidas a las que en la Sentencia se condiciona la constitucionalidad de la Ley (dictamen de un segundo médico en el caso del abono terapéutico; necesidad de que el aborto se practique en centros públicos o privados debidamente autorizados) son seguramente plausibles, como lo son muchas otras de las que ofrece el Derecho comparado (necesidad de dejar transcurrir un lapso mínimo de tiempo desde que se formaliza la decisión de abortar hasta el momento en el que el aborto se realiza, necesidad de que la embarazada reciba previamente información sobre las ayudas que puede recibir si opta por la continuación del embarazo, etc.). Si no se acepta la necesidad constitucional del control preventivo, y ciertamente no puede aceptarse, no hay razón alguna, sin embargo, para subordinar a ellas el ejercicio de la libertad y, en consecuencia, tampoco para que este Tribunal las imponga al legislador, pues sólo a éste corresponde decidir, con entera libertad, sobre el contenido de las Leyes, dentro de los límites que la Constitución establece, como garantía de la libertad de los individuos. Al fundamentar la declaración de inconstitucionalidad en la omisión en el proyecto de estos requisitos o condiciones (o cualesquiera otros equivalentes) que no son constitucionalmente necesarios, el Tribunal impone a las Cortes sus propias preferencias de política legislativa y esta imposición, que no encuentra naturalmente base alguna en la Constitución o en la Ley, es arbitraria.

La Sentencia no es interpretativa, puesto que la Sentencia interpretativa ni es posible en el recurso previo, ni puede ser utilizada para invalidar la norma, sino al contrario, para preservar la validez; no respeta lo preceptuado en el art. 79.4 LOTC, que ordena al Tribunal indicar la infracción constitucional y deja a las Cortes el cuidado de efectuar las supresiones o modificaciones necesarias para evitarla y, por último, pese a las proclamaciones retóricas en contrario, ignora absolutamente los derechos fundamentales a la integridad física y moral y a la intimidad que la Constitución consagra y de los cuales sí son titulares las mujeres embarazadas, cuya dignidad, tantas veces citada y aún definida en la Sentencia, al parecer ha de seguir siendo protegida por el tradicional procedimiento de considerar delictivo todo aborto, sean cuales fueren sus circunstancias.

Madrid, a 16 de abril de 1985. –Francisco Rubio Llorente. –Firmado y rubricado.

Fuente: www.tribunalconstitucional.es